La rédaction et la recherche

GLOBAL LIBRARY

La rédaction et la recherche

Un guide pour les étudiants en théologie

Kevin Gary Smith

Avec les contributions de
Noel Woodbridge
Mark Pretorius
Beth Perry

© Kevin Gary Smith, 2024

Publié en 2024 par Langham Global Library,
Une marque de Langham Publishing
www.langhampublishing.org

Les éditions Langham Publishing sont un ministère de Langham Partnership.

Langham Partnership
PO Box 296, Carlisle, Cumbria, CA3 9WZ, UK
www.langham.org

Numéros ISBN :
978-1-83973-997-2 Format papier
978-1-78641-059-7 Format ePub
978-1-78641-060-3 Format PDF

Conformément au « Copyright, Designs and Patents Act, 1988 », Kevin Gary Smith déclare qu'il est en droit d'être reconnu comme étant l'auteur de cet ouvrage.

Tous droits réservés. La reproduction, la transmission ou la saisie informatique du présent ouvrage, en totalité ou en partie, sous quelque forme ou par quelque procédé que ce soit, électronique, mécanique, photographique, est interdite sans l'autorisation préalable de l'éditeur ou de la Copyright Licensing Agency. Pour toute demande d'autorisation de réutilisation du contenu publié par Langham Publishing, veuillez écrire à publishing@langham.org.

Sauf indication contraire, les citations bibliques sont tirées de la Bible version Louis Segond 1910 (publiée en 1910 par Alliance Biblique Universelle).

Cet ouvrage est une traduction de : *Writing and Research. A Guide for Theological Students*, Carlisle, Langham Global Library, 2016, une édition révisée et mise à jour de l'ouvrage de Kevin Smith : *Academic Writing and Theological Research. A Guide for Students*, Johannesburg, South African Theological Seminary Press, 2008.

Traduction à partir de la version anglaise originale de 2008 : Glenn Smith.
Traduction et relecture des parties révisées de l'édition anglaise révisée de 2016 : Joëlle Giappesi.

Les citations qui figurent dans ce livre et sont tirées d'ouvrages en anglais ont toutes été traduites par les traducteurs.

British Library Cataloguing in Publication Data
A catalogue record for this book is available from the British Library

ISBN : 978-1-83973-997-2

Mise en page et couverture : projectluz.com

Langham Partnership soutient activement le dialogue théologique et le droit pour un auteur de publier. Toutefois, elle ne partage pas nécessairement les opinions et avis avancés ni les travaux référencés dans cette publication et ne garantit pas son exactitude grammaticale et technique. Langham Partnership se dégage de toute responsabilité envers les personnes ou biens en ce qui concerne la lecture, l'utilisation ou l'interprétation du contenu publié.

Préface

Je me souviens très bien de ma perplexité et de mon désarroi lorsque j'ai tenté de rédiger mon premier article de recherche au séminaire. Il y avait à la bibliothèque plusieurs guides pour m'aider dans cette démarche, mais dans bien des cas, leur manque de clarté ne faisait qu'ajouter à ma confusion. Le professeur Kevin Smith s'est efforcé de fournir aux étudiants en théologie un guide novateur et utile pour leurs recherches et leurs écrits.

J'ai été heureux de recevoir, il y a quelques années, un exemplaire de la première édition anglaise de ce livre que de nombreux étudiants dans divers pays et régions du monde ont qualifié de guide simple à utiliser. Avec cette édition révisée, l'auteur a ajouté de nouveaux éléments qui améliorent encore l'ouvrage.

Ce guide se caractérise par le fait qu'il s'adresse en particulier aux étudiants et aux chercheurs en théologie. Il est bien organisé et traite de sujets difficiles à trouver dans d'autres guides de ce type, tels que le plagiat, les logiciels pour l'étude de la Bible et d'autres types de recherche théologique.

À une époque où les pays du Sud ont beaucoup à apporter à la formation théologique dans le monde et à divers domaines de la théologie, des études bibliques et de la missiologie, ce guide arrive à point nommé pour aider les étudiants et les chercheurs. Il leur permettra de présenter leur travail dans un format attrayant et intelligible, conforme aux normes internationales de rédaction universitaire.

Il s'agit d'un ouvrage indispensable qui devrait être disponible sur le bureau de chaque étudiant et dans toutes les bibliothèques. Merci au professeur Smith pour son service très apprécié rendu à la formation théologique mondiale.

Riad Kassis
Directeur international de Langham Partnership

Avant-propos

Ce livre est le fruit de plusieurs années d'expérience de travail avec des étudiants de premier et de troisième cycles du South African Theological Seminary (SATS). Il a un seul objectif : *aider les étudiants en théologie à mieux rédiger leurs travaux et leurs thèses*. Mes collègues et moi-même avons souvent été témoins des difficultés et des pièges auxquels nos étudiants ont eu à faire face. Nous avons senti qu'il était temps de mettre sur papier les leçons que nous avions apprises afin que les futurs étudiants puissent apprendre de leurs prédécesseurs.

Nous avons divisé l'ouvrage en deux parties. La première partie est consacrée à la rédaction des travaux universitaires en général. Elle concerne tous les étudiants, que ce soit pour des travaux de première année ou pour une thèse de doctorat. La deuxième partie a été principalement écrite pour les étudiants de troisième cycle qui préparent leur thèse. Elle traite des aspects de la recherche théologique allant du niveau intermédiaire au niveau avancé.

Bien que je sois seul responsable (pour le meilleur ou pour le pire) de la rédaction et de la correction finale de chaque chapitre, je suis entièrement redevable à trois collègues pour leurs contributions. Le professeur Mark Pretorius a effectué les recherches et a rédigé les premières ébauches des chapitres sur la rédaction des travaux et le plagiat. Ayant corrigé d'innombrables travaux écrits, il s'appuie sur des années d'expérience personnelle pour aborder les défis liés à la rédaction de travaux et au plagiat. Le professeur Noel Woodbridge a dirigé avec succès plusieurs thèses impliquant la recherche empirique. Il est mieux qualifié que moi pour écrire sur la théologie pratique et la recherche descriptive. Je lui en suis très reconnaissant. Il a aussi considérablement contribué au chapitre présentant une méthode de recherche exégétique. Mme Beth Perry a apporté une aide précieuse à la préparation des chapitres sur les références bibliographiques, en aidant à retravailler les lignes directrices dans un style conforme aux normes du *SBL Handbook of Style* (pour l'édition anglaise).

En vertu de cette précieuse contribution de Noel, de Mark et de Beth, et du fait que dans une certaine mesure le travail reflète l'expérience partagée, la plupart des références aux auteurs sont à la première personne du pluriel (nous, nos et notre). Lorsque les références passent à la première personne du singulier (moi, je, mon/ma/mes), elles indiquent mes commentaires ou expériences personnelles.

Étant donné que nous servons au SATS, notre référence vient du système sud-africain de l'enseignement supérieur. Même si certains aspects, tels le système de référence préféré et les exigences concernant la longueur du mémoire ou de la thèse reflètent les normes locales, nous croyons que la plus grande partie du livre est suffisamment générique pour profiter aux étudiants en théologie en général. L'édition française a été adaptée pour présenter les normes francophones, même si celles-ci varient selon les institutions.

Nous utilisons librement le terme *mémoire* pour les travaux de recherche au niveau de la licence et du master, alors que nous réservons le terme *thèse* pour le niveau du doctorat. Ainsi, nous pouvons parler d'une thèse de doctorat, mais pour un master nous parlons d'un mémoire. Certains établissements utilisent ces appellations d'une manière différente. C'est tout simplement une question de préférence. Votre établissement peut donc utiliser ces termes d'une manière différente de la nôtre.

Enfin, je voudrais exprimer ma profonde gratitude à tous ceux qui m'ont aidé à réaliser cet ouvrage : mes amis et collègues du SATS qui ont soutenu ce projet de nombreuses manières, y compris Reuben van Rensburg, Jenny Mason, Arthur Song, Sam Kunhiyop, Dan Lioy, Frank Jabini, et tant d'autres. Je suis particulièrement reconnaissant au Langham Partnership pour leur patience et leur soutien lors de la préparation de l'édition révisée, en particulier à Peter Fleck, dont les encouragements constants ont permis de mettre ce livre entre vos mains.

Kevin Smith

Partie A

La rédaction d'un travail académique

Les huit premiers chapitres sont consacrés aux principes de base d'une bonne rédaction d'un travail académique. Comment bien rédiger un devoir ? Comment produire un travail écrit bien informé ? Comment citer correctement mes sources ? Comment maintenir l'intégrité dans ma rédaction ? À quoi devrait ressembler un bon travail de rédaction ? Ce sont là des questions essentielles pour tous les étudiants. Les conseils pratiques seront donc précieux, que vous sortiez tout juste du lycée ou que vous soyez en train de préparer votre thèse de doctorat.

Le chapitre 1 traite de la façon de bien rédiger votre travail. Nous commencerons par le piège le plus commun à tous les étudiants : ne pas lire les questions ou les directives attentivement ou correctement. Ensuite, nous donnerons des conseils sur la recherche d'informations pour répondre à une question. Enfin, nous examinerons les éléments des trois parties d'un travail, c'est-à-dire celles de l'introduction, du développement et de la conclusion.

Le chapitre 2 traite des choses à faire et à éviter en vue d'une bonne rédaction académique. Nous examinerons les principes de développement d'une argumentation cohérente. Nous donnerons également quelques conseils pour écrire dans un style clair et précis, et nous aborderons la façon de présenter un travail écrit.

Aux chapitres 3 à 5, nous présentons la façon de référencer les sources, un aspect fondamental de la rédaction académique. Nous exposons les grandes lignes de la méthode de référence auteur-date, en consacrant le chapitre 3 aux références dans le texte lui-même. Le chapitre 4 explique comment citer ses sources en utilisant des notes de bas de page, si vous utilisez cette méthode de citation. Le chapitre 5 est consacré aux principes de présentation d'une bibliographie, présentant les deux méthodes de référencement. Le chapitre 6 aborde l'épineuse question du plagiat, qui est devenu une véritable épidémie dans le monde de l'enseignement supérieur, et ce, à cause de la facilité qu'offre le copier-coller des informations provenant d'Internet.

Le chapitre 7 illustre la manière dont les travaux et les thèses devraient être présentés, tandis que le chapitre 8 introduit l'utilisation de logiciels pour l'étude de la Bible, concluant ainsi la partie A.

La partie B commence par une introduction aux différents sujets qui peuvent être abordés dans un travail universitaire.

1

La rédaction de travaux universitaires

Dans la plupart des programmes d'enseignement supérieur, les travaux écrits constituent la forme principale d'évaluation. L'objectif de ce chapitre est de présenter les principes de base pour bien rédiger une dissertation, un mémoire ou une thèse. La rédaction implique deux étapes principales : le plan et l'écriture. Nous parlerons de chacune d'elles.

Élaborer un plan de dissertation

Un proverbe dit : « Hâtez-vous lentement. » Nous pouvons certainement l'appliquer à la rédaction des travaux écrits. La cause la plus commune des travaux renvoyés et à corriger est la rédaction faite à la hâte. Dans leur impatience à *écrire* leur dissertation, les étudiants omettent de planifier comme il se doit. Et comme l'a si bien dit un conférencier : « Échouer dans la planification, c'est planifier l'échec ! » Lorsque vous devez rédiger un travail universitaire, investissez le temps nécessaire à la planification du travail ; vous gagnerez ainsi du temps pour plus tard.

Comprendre la question

La première et la plus importante partie de la planification d'un travail de recherche est de bien comprendre la question centrale. Cela vous semblera sûrement tellement évident que vous n'y prêterez peut-être pas beaucoup attention. Pourtant, nous avons corrigé des milliers de travaux d'étudiants qui n'avaient tout simplement pas bien lu la question de recherche posée. Lisez la question. Relisez-la jusqu'à ce que vous ayez dans votre esprit une image claire de ce qui est demandé.

Un moyen utile de vous assurer que vous comprenez bien la question est de prendre note des mots-clés dans les consignes du devoir. Les verbes d'action, en particulier, soulignent ce que l'examinateur attend de vous. Voici quelques exemples de mots-clés :

- *Analysez* : divisez le matériel en sections ou éléments que vous devez examiner intégralement.
- *Comparez* : identifiez les similitudes et/ou les différences entre les idées, les faits, les points de vue, et ainsi de suite.
- *Contrastez* : indiquez les différences entre certains objets ou certaines caractéristiques.
- *Critiquez* : indiquez les bonnes et les mauvaises caractéristiques, et après avoir examiné tous les faits, donnez votre propre opinion[1].

Si vous n'êtes pas sûr à 100 pour cent de la signification d'un mot-clé, vérifiez-le dans un bon dictionnaire. Cela est particulièrement important si le français n'est pas votre langue maternelle.

Trouver les informations pertinentes

Une fois que vous comprenez la question, vous devez trouver les informations pertinentes pour vous aider à y répondre. Vous trouverez des informations dans le manuel du cours, ou dans le guide d'étude, mais certains éléments nécessiteront des recherches supplémentaires à la bibliothèque et/ou sur Internet. Il importe de savoir quelles sources utiliser et comment les utiliser.

Les exigences relatives à l'utilisation des sources varient en fonction du niveau de vos études. Dans un devoir de première année universitaire, vous pouvez vous en sortir avec seulement deux ou trois sources de qualité moyenne. Mais cela ne serait pas acceptable pour une dissertation de troisième année, pour laquelle vous auriez besoin d'au moins une douzaine de références de qualité. Dans le cas d'une thèse de doctorat, la norme est de 250-300 ouvrages ou articles d'érudition.

Lorsque vous cherchez des sources pour un travail universitaire, essayez de trouver des ouvrages d'érudition récents. Ces ouvrages sont généralement bien documentés ; ils présentent bien plus de faits que d'opinions. Les articles de publications théologiques revus par des pairs sont probablement les meilleures sources. Les livres bien documentés arrivent en seconde place. Les articles provenant d'Internet sont souvent de faible valeur. Bien qu'il existe de nombreux articles d'érudition sur Internet bien documentés, il y en a aussi des milliers qui ne satisfont pas les critères de base. De plus, il serait inacceptable d'utiliser *seulement* des articles provenant d'Internet.

Identifier l'auteur est une clé pour déterminer la valeur académique d'un article. Si l'auteur est un éminent érudit ou un expert en la matière, l'article devrait être très utile. Mais si l'auteur est simplement une personne ordinaire qui exprime des opinions personnelles, utilisez-le avec prudence. Dans Wikipédia, par exemple, *n'importe qui* peut écrire des articles ; il se peut fort bien que l'article ait été écrit par quelqu'un qui ne connaît pas grand-chose sur

---

1. Mark Pretorius, « How to Write a Good Assignment », article non publié, 2008, p. 4.

le sujet. En revanche, la plupart des articles sur www.bible.org ont été rédigés par des érudits bibliques bien connus. Il serait donc préférable d'utiliser Bible.org plutôt que Wikipedia.com.

Comme vous ne pouvez pas toujours faire confiance aux informations provenant du Web, vous devriez vous poser les questions suivantes afin d'en déterminer la valeur :

- L'auteur est-il identifié ?
- Qu'est-ce qui fait de lui un expert (ou au moins une source digne de confiance) ?
- L'auteur est-il membre d'une organisation réputée ?
- L'information est-elle tendancieuse ? Fait-elle la promotion d'un point de vue particulier ?
- Le site est-il destiné à un public spécifique ?
- S'il s'agit d'un élément controversé, présente-t-on les différents points de vue ?

Pouvez-vous vérifier les affirmations à partir d'autres sources ?

La façon d'utiliser la documentation est également très importante. Au niveau de la licence, vous pouvez souvent vous en sortir en les citant sans aucun esprit critique. Cependant, au niveau du master et du doctorat, vous ne pouvez pas simplement les citer. Vous devez maîtriser vos sources, en interagissant avec elles de façon critique. Il importe que vous *interagissiez* avec les sources, et ce, à tous les niveaux. Ne vous contentez pas de les citer ; discutez-en, expliquez-les et faites-en une bonne évaluation. N'acceptez pas tout ce que vous lisez. Dites si vous êtes d'accord ou non avec l'auteur, et pourquoi.

N'utilisez pas à l'excès une source donnée. Cette erreur est très répandue. Souvent, lorsque des étudiants trouvent une bonne source, ils la citent comme si elle présentait la vérité absolue sur un sujet donné. Pourtant, même des spécialistes peuvent maintenir des positions divergentes sur tel et tel sujet. Autant que cela est possible, essayez d'interagir avec plusieurs sources, particulièrement celles qui présentent des points de vue différents. Si, par exemple, vous avez une position doctrinale charismatique, n'utilisez pas seulement les auteurs qui partagent vos convictions.

Combien de sources devrait-on citer ? Il n'existe pas de norme formelle en la matière. Cependant, une règle simple fait état d'une référence par page. Ainsi, un document de 5 pages aurait au moins cinq sources dans la bibliographie, et une thèse de 200 pages au moins deux cents sources. Cette règle fonctionne bien dans le cas des documents imposants, mais pour des documents plus courts, vous devriez sans doute mentionner plus d'une source par page.

Les deux points les plus importants à retenir à propos de l'utilisation des sources sont les suivants : (a) l'utilisation de bons ouvrages d'érudition, et (b) l'interaction avec les sources plutôt que de les citer tout simplement. Après avoir compris la question centrale et rassemblé les informations pertinentes, il ne reste plus qu'à rédiger votre document.

Rédigez votre dissertation

Chaque dissertation doit comprendre trois parties : l'introduction, le développement et la conclusion. L'introduction et la conclusion sont certainement les sections les plus importantes.

L'introduction et la conclusion permettent à l'écrivain de souligner l'objectif global et l'importance d'une dissertation. D'une manière générale, l'introduction expose l'intention, alors que la conclusion démontre comment les objectifs du travail de recherche ont été atteints. Ensemble, ils constituent le cadre de votre travail écrit, offrant les premiers et les derniers arguments pour convaincre votre lecteur de son importance[2].

Le développement est le cœur de la dissertation, dans lequel vous allez présenter et défendre vos idées. Pour atteindre vos objectifs, vous aurez besoin de structure, d'unité et d'argumentation. Examinons chacune de ces sections.

L'introduction

Dans la plupart des travaux écrits, l'introduction est un bref « exposé au début de votre travail, qui démontre comment vous comprenez la question et comment vous prévoyez d'y répondre[3] ». Elle doit être inférieure à 10 pour cent de la longueur de la rédaction, ce qui constitue en général entre un paragraphe et une page.

Bien qu'il n'existe pas de règles établies pour la rédaction de l'introduction, celle-ci devrait répondre à quelques objectifs de base :

- *Formuler l'objectif (problème) de la recherche.* Le but de la dissertation est de répondre à une question particulière, c'est-à-dire résoudre un problème. Votre introduction devrait indiquer clairement le problème et/ou l'objectif.
- *Présenter le sujet de la dissertation et ses limites.* Vous devez introduire le sujet de la rédaction, et indiquer quels seront les éléments que vous aborderez et ceux que vous laisserez de côté.
- *Présenter votre thèse centrale sur le sujet.* Une déclaration centrale (thèse) est à la base de l'unité d'une dissertation qui sera bien présentée. Vous devez indiquer, en une ou deux phrases, le point principal (déclaration centrale) que vous allez essayer de soutenir dans votre dissertation.
- *Présenter l'argument (la structure) de votre rédaction.* Démontrez à l'avance la direction que prendra votre argument, c'est-à-dire la façon dont le contenu sera organisé et la pensée développée.

Après avoir lu votre introduction, le lecteur devrait être en mesure de comprendre clairement votre sujet (y compris ses limites), vos affirmations, et la façon dont votre travail présentera ces affirmations.

---

2. Princeton Writing Program, « Introductions and Conclusions », 2001 ; page consultée le 10 mai 2008, http://web.princeton.edu/sites/writing/Writing_Center), p. 1.
3. Pretorius, « How to Write a Good Assignment », p. 4.

La conclusion

La conclusion doit servir à bien mener à terme votre travail. « [L]e but est de démontrer au lecteur que votre argument a pleinement atteint les objectifs que vous aviez présentés dans l'introduction[4]. » Vous pouvez atteindre ce but en utilisant deux approches particulières, à savoir, le *rappel* et le *résumé*. Vous commencez par rappeler l'objectif (et le problème) ainsi que la thèse (déclaration principale) que vous aviez présentée dans l'introduction. Ensuite, vous résumez votre argument et vous formulez vos conclusions.

De même que pour l'introduction, la conclusion devrait être inférieure à 10 pour cent du travail, généralement entre un paragraphe et une page. Pretorius offre trois conseils en ce qui concerne la conclusion :

- Ne présentez pas de nouvelles idées !
- N'utilisez pas de citations directes.
- Ne donnez pas d'explications détaillées[5].

Pour éviter que votre conclusion ressemble à un remaniement terne de votre travail, voici quelques suggestions pour la rendre intéressante. Toutefois, ces conseils ne s'appliquent qu'aux rédactions de niveau supérieur :

- Indiquez où se situe votre idée principale par rapport à son domaine d'étude plus vaste.
- Expliquez les implications de votre recherche et de votre interprétation.
- Faites des recommandations en vue des recherches futures sur des sujets connexes[6].

L'introduction et la conclusion sont d'une telle importance que le lecteur devrait être en mesure d'avoir une bonne vue d'ensemble de la dissertation simplement en lisant le début et la fin. Par conséquent, ne soyez pas négligent dans la façon de les rédiger. Prenez le temps de vous assurer qu'elles contiennent toutes les informations essentielles.

Le développement

Le développement est la partie principale de votre devoir. Il devrait constituer 80-90 pour cent de la dissertation. Ici, vous devez faire la démonstration de votre point principal au moyen d'une argumentation soutenue. Dans cette section, nous allons examiner trois caractéristiques essentielles du développement d'un devoir écrit :

- la structure,
- l'unité,
- l'argumentaire.

---

4. Princeton Writing Program, « Introductions and Conclusions », p. 3.
5. Pretorius, « How to Write a Good Assignment », p. 7.
6. Princeton Writing Program, « Introductions and Conclusions », p. 3-4.

La structure. Le développement d'un devoir écrit doit garder une structure simple et claire. Il comporte généralement un seul niveau de titres. Dans certains cas, les consignes d'un travail écrit peuvent contenir un plan et des titres à suivre. Par exemple, une *dissertation* sur ce que vous pouvez apprendre des péchés de David tels qu'ils sont rapportés dans 1 Samuel 11-12 et les Psaumes 32 et 51 pourrait vous demander d'utiliser les titres suivants : les causes, les particularités, les conséquences, et les remèdes. Si les instructions n'indiquent pas de plan à suivre, vous devez développer un plan simple qui présente les sections et les idées principales.

L'unité. « Tout travail d'érudition est avant tout un exercice qui consiste à affirmer, développer et défendre une idée (ou peut-être un ensemble d'idées étroitement liées)[7]. » L'idée principale (ou un ensemble d'idées) de votre travail, souvent appelée *la thèse*, est présentée dans l'introduction et développée ensuite. Le développement lui-même de l'idée principale à travers toute la dissertation contribue directement à son unité et à sa cohérence. Ainsi, vous devriez laisser tomber absolument tout ce qui ne contribue pas au développement de votre thèse.

L'argumentaire. Non seulement le développement présente-t-il une idée centrale, mais il la développe aussi *d'une manière logique*. Dans les rédactions académiques, le développement logique de l'idée principale est appelé « l'argumentaire ».

> Un travail d'érudition est un exercice ayant pour but de développer et de défendre des idées. [...] L'analyse et l'explication de votre affirmation sont appelées un argument. En effet, l'argument de votre dissertation est une réponse à la question *Comment l'idée centrale ou la thèse de cette dissertation peut-elle être jugée valable ou plausible ?*[8]

Tout travail de recherche rédigé en vue de répondre à une question comporte généralement deux parties principales, le *quoi* et le *pourquoi*. Le *quoi* concerne ce que vous croyez être la réponse. Le *pourquoi* présente les raisons pour lesquelles vous proposez cette réponse. Vos raisons doivent être convaincantes. « À chaque étape de la présentation de votre argument, vous devrez fournir des preuves suffisantes et une analyse de ces preuves[9]. »

De nombreux travaux écrits ne correspondent pas au modèle d'une idée principale présentée dans l'introduction suivie du développement de l'argument (ensemble de raisons) pour soutenir la déclaration. Au lieu de cela, ils tissent tout au long de la dissertation un modèle de développement idée/argument (quoi-pourquoi) : chaque section ou paragraphe commence par une idée (déclaration), puis présente le développement de cette idée au moyen d'arguments logiques (preuves et analyse). En reprenant l'exemple de l'étude sur les péchés de David, la section sur les *causes* (le pourquoi) du péché pourrait présenter quatre causes qui représenteraient une déclaration ou une idée. Chacune de ces causes devrait être soutenue

---

7. Princeton Writing Program, « Developing a Central Idea », 1999 ; page consultée le 10 mai 2008, http://web.princeton.edu/sites/writing/Writing_Center), p. 1.
8. Princeton Writing Program, « Developing an Argument », 1999 ; page consultée le 10 mai 2008, http://web.princeton.edu/sites/writing/Writing_Center), p. 1.
9. *Ibid.*, p. 2.

(c'est-à-dire que l'auteur devrait présenter des preuves bibliques pour prouver que la cause revendiquée aurait contribué à son péché).

En résumé

Tout au long de vos études universitaires, même si vous ne faites que trois années de licence en théologie, vous devrez écrire des dizaines de devoirs qui compteront pour la plus grande partie de vos notes. La maîtrise des principes de base de la rédaction des devoirs vous aidera certainement à obtenir de bons résultats. Elle peut aussi vous épargner des centaines d'heures de travail et beaucoup d'argent (réinscriptions). L'essentiel est de bien planifier votre dissertation avant de commencer à l'écrire. Surtout, assurez-vous de bien comprendre la question. Au moment de la rédaction, veillez à ce que votre introduction indique clairement le but et la thèse du devoir. Dans le développement, maintenez l'unité et soutenez l'argument de façon convaincante. Enfin, présentez une conclusion claire et décisive.

2

Les travaux d'érudition

Le but d'un travail académique est la précision et la clarté scientifique. Vous devez vous exprimer *avec exactitude*, afin que les lecteurs ne puissent pas mal interpréter votre propos. Votre style d'écriture doit donc être *simple* et *précis*.

La plupart des étudiants n'ont pas l'habileté naturelle de bien rédiger un travail universitaire. Celle-ci s'acquiert à travers la pratique. Il faut écrire et réécrire, jusqu'à ce que le produit final soit clair, très bien soutenu et convaincant. La meilleure façon d'affiner vos compétences, c'est d'écrire : la pratique produit le progrès ! Aussi, lisez des écrivains reconnus et apprenez d'eux. Nos objectifs dans ce chapitre sont modestes : vous présenter quelques-uns des conseils les plus importants et vous avertir à propos des pièges courants dans lesquels les débutants tombent.

La structure

La structure est un élément clé pour la clarté. Un document bien organisé qui indique à tous les niveaux le courant de pensée de l'auteur est plus facile à suivre qu'un document où le lecteur doit essayer de deviner la direction que prend l'auteur et le lien entre ses idées. Cela est particulièrement vrai dans les travaux académiques, alors que le contenu est souvent technique et les relations entre les idées principales peuvent être assez complexes. Pour aider les lecteurs à suivre leur argumentation, les auteurs académiques habiles vont utiliser plusieurs techniques :

- les triades,
- les titres,
- les liens et résumés,
- les notes de bas de page.

À première vue, la maîtrise de ces techniques peut sembler difficile. Mais avec un peu de pratique, elles finiront par devenir un réflexe. Examinons brièvement la manière dont chacune d'elles peut vous aider à structurer votre document pour un maximum de clarté.

Les triades

À tous les niveaux, de la thèse entière au simple paragraphe, il convient d'utiliser des triades pour donner une structure claire à votre rédaction. Le principe est simple. Chaque partie d'un document devrait comporter trois divisions : l'introduction, le développement et la conclusion. L'unité et la progression devraient caractériser la rédaction, depuis l'introduction jusqu'à la conclusion.

Les triades s'appliquent à tous les niveaux. Au sens large, une étude doit avoir une introduction qui présente clairement le problème de la recherche et le plan suivi, un développement qui analyse systématiquement les données relatives au problème et une conclusion qui résume les résultats. Chaque chapitre de l'étude aura une introduction qui indiquera le sujet et le but du chapitre, un développement qui présentera le contenu d'une manière logique, et une conclusion qui résumera les résultats et qui fera la transition avec le chapitre suivant. Chaque section d'un chapitre débutera avec clarté, maintiendra un développement logique et se terminera par une conclusion appropriée. Les triades s'appliquent même au niveau du paragraphe. La plupart des paragraphes commencent avec une phrase clé qui introduit le sujet du paragraphe. Le paragraphe lui-même développe cette phrase clé et se termine souvent par un résumé ou une phrase qui sert de lien avec un autre paragraphe. Vous pouvez appliquer les mêmes principes à des essais, critiques de livres, articles de journaux et pratiquement tout autre sorte d'écrits académiques.

Les triades au niveau de l'étude. L'étude dans son ensemble comporte généralement une structure en trois parties. Le premier chapitre contient l'introduction et présente le sujet de la recherche, ses objectifs, le plan qui sera suivi et un aperçu du contenu de l'étude. La majeure partie de l'étude consiste en un certain nombre de chapitres qui présentent et analysent les données. Le dernier chapitre est la conclusion. Celle-ci résume les résultats de l'étude et propose des recommandations appropriées pour agir et/ou pour des recherches supplémentaires.

Les triades au niveau du chapitre. Généralement d'un à trois paragraphes, la section d'ouverture d'un chapitre sert d'introduction. Celle-ci peut situer le chapitre par rapport aux chapitres précédents. Elle introduit le thème principal, énonce la thèse du chapitre et offre un aperçu de son développement et de sa structure. Divisé généralement en sections, l'ensemble du chapitre présente une argumentation cohérente qui soutient la thèse principale. Les paragraphes de la fin résument habituellement l'argument et servent de lien avec le chapitre suivant.

Les triades au niveau de la section. Chaque section principale d'un travail écrit ou d'un chapitre doit avoir un paragraphe d'introduction et un paragraphe de conclusion qui forment ainsi le cadre du développement. Ils introduisent le sujet et résument les idées principales. Le développement présente et défend les idées principales.

Les triades au niveau du paragraphe. La plupart des paragraphes ont une phrase clé qui est habituellement la première phrase. L'ensemble du paragraphe développe cette phrase au moyen d'explications, d'illustrations, d'éléments convaincants ou d'applications. Le paragraphe se termine par un résumé, une conclusion ou une phrase de transition, bien qu'une conclusion formelle ne soit pas toujours possible.

Les triades forment le modèle de base d'un document. Cela est vrai à tous les niveaux, du simple paragraphe au livre tout entier. Toutefois, à l'intérieur même de ce cadre fondamental, les titres serviront à présenter le squelette de l'argument, indiquant clairement ses principales divisions. Examinons comment utiliser correctement les titres.

Les titres

Lorsqu'ils sont bien utilisés, les titres peuvent servir de structure qui permettra aux lecteurs de bien voir la logique et le développement d'un document en un seul coup d'œil (soulignez les mots *lorsqu'ils sont bien utilisés*). La plupart des étudiants ont recours aux titres. Il est rare de rencontrer un étudiant bien instruit qui considère une dissertation comme étant une longue suite de textes ininterrompue par des titres (si vous avez été formé ainsi, il est temps de désapprendre cet enseignement). Toutefois, nombreux sont ceux qui utilisent les titres d'une manière incorrecte. Nous présentons donc quelques directives pour l'utilisation des titres.

Assurez-vous que les titres décrivent bien le courant de pensée. En examinant les titres, le lecteur devrait être en mesure de voir en un coup d'œil les divisions logiques de votre sujet et la façon dont le contenu est organisé. Les titres résument l'argument. Pour le faire efficacement, ils doivent décrire correctement le contenu qu'ils représentent. Considérez l'exemple ci-dessous d'une étude sur le livre de Tite. En regardant les titres, vous pouvez dire exactement ce qui sera couvert dans chaque section de l'étude et la façon dont celle-ci sera développée. Les titres décrivent et résument le contenu d'un seul coup d'œil.

Utilisez la numérotation ou les styles pour distinguer les différents niveaux de titres. Les lecteurs doivent être capables d'identifier les niveaux de titres d'un seul coup d'œil. Il y a deux façons de les aider à y parvenir. En premier lieu, utilisez différents styles de police et de paragraphe pour les différents niveaux. Par exemple, le niveau 1 pourrait être gras, centré, avec une taille de police à 14 points, tandis que le niveau 2 pourrait être en italique, aligné à gauche, avec une taille de police à 12 points. Ensuite, vous pouvez numéroter les titres. L'exemple qui suit combine l'application de styles et la numérotation :

1. L'arrière-plan de Tite

1.1. *L'auteur du livre*

1.2. *Le contexte du livre*

1.3. *La structure du livre*

2. Les thèmes de Tite

2.1. *Nommer des anciens*

2.2. *Enseigner la saine doctrine*

2.3. *Réduire au silence les faux docteurs*

En utilisant des numéros et des styles, vous aiderez les lecteurs à déterminer le niveau d'un titre d'un seul coup d'œil.

Maintenez un nombre raisonnable de niveaux. L'utilisation exagérée de titres peut embrouiller les lecteurs. Nous utilisons des titres pour donner un aperçu clair du développement de l'argument. Quand un lecteur voit un titre numéroté 6.2.4.2.8.3, il se sent perdu et dépassé. Une numérotation à un ou deux niveaux sera suffisante pour indiquer clairement le courant de pensée ; aller au-delà aura pour effet de l'obscurcir.

Combien de niveaux faut-il ? Cela dépend en partie de la longueur de votre document. Outre le titre principal, deux niveaux de titres sont suffisants pour les documents plus courts (par exemple, les dissertations, articles, etc.). Beaucoup d'éditeurs de livres limitent les auteurs à un ou deux niveaux dans les chapitres. Pour les thèses de doctorat, on peut aller jusqu'à trois ou quatre niveaux tout au plus. En principe, n'allez jamais au-delà de quatre niveaux.

Assurez-vous qu'il n'y a pas de titres orphelins[1]. Vous devez toujours avoir au moins deux titres. Ils divisent les sections en des sections plus petites. Avoir un seul titre, c'est comme essayer de partager un gâteau en un seul morceau. Vos titres divisent votre texte en deux ou plusieurs morceaux. Par conséquent, il ne convient pas d'avoir seulement un titre à un certain niveau. Ne faites pas ceci :

1. **L'arrière-plan de Tite**
    1.1. *L'auteur du livre*
    1.2. *Le contexte livre*
    1.3. *La structure du livre*
2. **Le rôle de Tite**
    2.1. *Tite était pasteur provisoire*
3. **Les thèmes de Tite**
    3.1. *Nommer des anciens*
    3.2. *Enseigner la saine doctrine*
    3.3. *Réduire au silence les faux docteurs*

Dans ce plan, la section 2.1. est un titre orphelin. L'auteur devrait soit le supprimer, soit ajouter une section correspondante 2.2.

Les liens et les résumés

Dans plusieurs cas, la rédaction d'un travail académique nécessite une argumentation complexe et logique. Les techniques de transition (ce que nous appelons aussi *faire le pont*)

---

[1]. C'est-à-dire des titres isolés. Il faut également éviter de laisser un titre seul au bas d'une page, séparé du texte qui l'accompagne.

et de synthèse aident les lecteurs à suivre l'argumentation. Ces techniques sont si étroitement liées qu'il est préférable de les traiter comme un aspect particulier d'une bonne rédaction.

Le concept de *faire des ponts* se réfère à la construction d'un lien entre deux parties d'un argument. Les phrases ou les paragraphes de liaison fonctionnent comme un pont et assurent une bonne transition entre les différentes sections. Ils agissent un peu à la manière d'une charnière qui relie une porte à son cadre.

Vous devez construire un pont chaque fois que vous terminez une section de l'argument et que vous abordez un nouvel aspect. Au minimum, cela signifie que vous devez insérer des phrases de liaison entre les principales sections d'une étude. Le dernier paragraphe d'un chapitre et le premier paragraphe du chapitre suivant servent souvent de paragraphes de liaison, démontrant ainsi comment les deux chapitres sont reliés d'une façon logique, c'est-à-dire la façon dont le courant logique de l'ouvrage ou de la thèse se développe à travers ces deux chapitres.

La synthèse ou le résumé constitue un élément clé de la transition. Lorsque vous rédigez un paragraphe de transition, il commence généralement par un résumé de l'argument précédent. Puis, il indique comment ce qui va suivre sera la prochaine étape logique dans le traitement du sujet. Souvent, les premiers paragraphes d'un livre ou d'une thèse illustrent bien ce principe. Ils présentent un bref examen de l'argument du(des) chapitre(s) précédent(s) et indiquent comment le courant de pensée mène logiquement au sujet du présent chapitre.

Les étudiants oublient souvent de créer des liens explicites entre leurs idées. Ils ont passé beaucoup de temps de réflexion sur un sujet de recherche et dans leur esprit, les liens entre les différents éléments sont évidents. Mais ils oublient que leurs lecteurs, eux, n'ont probablement pas beaucoup réfléchi sur le sujet. Ainsi, les liens entre les idées ne seront pas très clairs pour eux. Ne laissez pas vos lecteurs essayer de deviner les liens ; expliquez-les plutôt.

En vous arrêtant régulièrement pour résumer votre argument et attirer l'attention des lecteurs sur les liens logiques entre ce que vous avez dit et ce que vous allez dire, vous les aiderez à suivre le fil de votre pensée. Plus l'argument est long et complexe, plus il est important d'utiliser les techniques de synthèse et de transition pour s'assurer que le courant de pensée est clair.

Les notes de bas de page

Quel rôle les notes de bas de page devraient-elles jouer dans un travail académique ? La réponse varie en fonction des deux éléments suivants : (a) le système de référence que vous utilisez et (b) l'approche de votre professeur, directeur de thèse ou éditeur. Avant d'explorer la façon dont ces facteurs peuvent influencer le rôle des notes de bas de page, vous devez savoir qu'il y a deux types de notes de bas de page dans les travaux académiques, à savoir (a) les notes de référence et (b) les notes pédagogiques. Les notes de référence servent à identifier les sources utilisées, tandis que les notes pédagogiques fournissent des informations supplémentaires que l'auteur ne souhaite pas placer dans le texte même du document.

Le système de référence auteur-date n'utilise pas de notes de référence. Dans le système de référence auteur-date (voir ch. 3), les notes de bas de page ne sont pas utilisées pour citer les sources. Les sources sont citées directement dans le texte en plaçant entre parenthèses le nom de l'auteur, la date de publication et les numéros de page. Les documents qui utilisent le système de référence auteur-date ont alors beaucoup moins de notes de bas de page que ceux qui y citent les sources.

Le système de référencement par notes de bas de page utilise les notes pour créditer les sources. Dans ce système de référencement, chaque citation ou mention à votre source doit être créditée (citée) dans une note de bas de page. Dans un travail universitaire, il y aura donc de nombreuses notes de référence.

Les professeurs et les éditeurs ont des approches différentes à l'égard de l'utilisation des notes pédagogiques. D'une part, certains les interdisent : d'après eux, si une chose mérite d'être dite, cela vaut la peine de la mentionner dans le texte lui-même. D'autres affirment que la véritable érudition doit se trouver dans les notes. Ceux-ci encouragent donc l'utilisation abondante des notes pour fournir les informations techniques. Le juste milieu consiste probablement en une approche équilibrée. Essayez de travailler autant que possible dans le texte de votre document. Mais si certaines informations sont trop techniques ou secondaires, et risquent de perturber le courant de pensée, mettez-les dans une note de bas de page. Le nombre de notes de bas de page dépendra donc en grande partie du niveau technique de votre travail. Un travail de première année n'a pas vraiment besoin de notes de bas de page, mais une thèse de doctorat peut en exiger de nombreuses.

Les triades, les titres, les liens, les résumés et les notes de bas de page donneront à votre rédaction une structure claire et une cohérence logique. Utilisez les triades, ces trois parties de la structure que sont l'introduction, le développement et la conclusion, afin de structurer votre rédaction à tous les niveaux. Utilisez des titres descriptifs, stylisés, et numérotés à deux ou trois niveaux, afin de présenter un plan clair pour chaque chapitre. Plus votre argument est complexe, plus vous avez besoin de liens et de résumés pour aider les lecteurs à suivre l'argument. Enfin, si vous utilisez le système de référence auteur-date, n'utilisez pas de notes de bas de page pour identifier vos sources ; les références dans le texte lui-même feront l'affaire. Travaillez autant que possible dans le texte principal, en réservant les notes pédagogiques pour les informations qui perturberaient le courant de pensée.

En plus de ces directives concernant la structure, votre travail académique tirera profit de l'application de certaines règles stylistiques. Nous allons explorer quelques-unes des plus importantes dans la section suivante.

Quelques conseils concernant le style

Le style d'un travail au niveau universitaire diffère beaucoup de celui d'un document de tous les jours (par exemple, une lettre, un courriel [email], un récit). Dans le passé, un style formel était la norme pour tous les écrits. Aujourd'hui, la tendance est d'adopter un style moins formel. Voici certaines choses à faire et à ne pas faire dans la rédaction d'un travail académique. Traitez-les comme de bons principes généraux, et non comme des règles absolues.

Gardez votre écriture claire, concise et concrète. Une rédaction formelle favorisait de longues phrases, empilant les propositions principales et subordonnées les unes par-dessus les autres. Ce style est dépassé. Gardez vos phrases courtes et simples ; c'est la façon de faire moderne. Favorisez des noms concrets et des verbes actifs. Faites de votre mieux pour mettre vos lecteurs à l'aise. Faites l'effort d'écrire avec autant de clarté et de précision que possible. Les auteurs expérimentés peuvent dire beaucoup en peu de mots.

Écrivez avec modestie, sans prétention. Ce que vous écrivez n'est pas le dernier mot sur la question. Par conséquent, soyez prudent dans vos déclarations, voire même hésitant dans votre ton. Vos écrits doivent refléter une attitude humble, ouverte et enseignable. Ne faites pas d'affirmations audacieuses. Évitez la généralisation. Les arguments modestes et sans prétention sont les plus convaincants.

Un usage restreint de la première personne du singulier peut être acceptable. L'usage du « je » dans la rédaction académique était interdit auparavant. Les auteurs ont plutôt appris à utiliser des expressions insolites tel « le présent auteur ». De nos jours, l'usage sporadique du « je » est devenu acceptable dans la mesure où vous n'en abusez pas. Cependant, n'utilisez pas le « nous » si vous êtes le seul auteur du document.

Évitez les généralisations et les déclarations inexactes. N'utilisez pas de mots tels que « tous », « toujours », « aucun », « jamais » et ainsi de suite, à moins que ce soit littéralement le cas. Par exemple, ne dites pas « tous les érudits admettent que... » à moins d'être certain qu'il n'y a pas une seule voix dissidente. Soyez précis. Dites exactement ce que vous voulez dire. Si vous dites « la plupart des experts... », nommez-en plusieurs dans une référence. Ne dites pas « environ 80 pour cent » si vous voulez dire 77 pour cent ; soyez précis.

Gardez-vous d'utiliser exagérément les listes à puces et numéros. Il peut être légitime d'utiliser des puces (ou des numéros) lorsque vous souhaitez détailler un certain nombre de points. Toutefois, gardez-vous d'abuser de ces listes. Les étudiants ont tendance à utiliser les puces comme des phrases incomplètes. En conséquence, elles présentent des pensées à moitié formulées. Les puces peuvent devenir une béquille et un masque pour les auteurs paresseux ou pour couvrir des idées incomplètes. Chaque fois que cela est possible, privilégiez l'élaboration de vos points à l'intérieur d'un paragraphe fluide. Lorsque vous utilisez des puces, assurez-vous que vos points expriment clairement des pensées complètes.

Préférez la voix active à la voix passive. Un travail académique doit parfois utiliser la voix passive. Cependant, il est facile de tomber dans le piège d'une utilisation excessive de la voix passive. Cela produit un style d'écriture aride et sans vie. Quand c'est possible, écrivez la phrase à la voix active. Essayez d'écrire au moins 80 pour cent de vos phrases à la voix active.

Évitez les clichés ou les expressions familières. L'abandon du style trop formel dans les écrits académiques ne signifie pas que l'argot ou les clichés soient maintenant devenus acceptables.

Vyhmeister[2] (2001, p. 92) énumère quatre niveaux de langage (voir tableau 1) et suggère que les écrits académiques devraient appartenir à la catégorie « standard ».

Formel	Standard	Familier	Argot
exceptionnel	excellent	de premier choix	cool
exaspérant	irritant	agaçant	pas de tout repos
dérangé	irrationnel	fou	dingue

Tableau 1 : Du langage formel à l'argot

Pour les étudiants en théologie, le grand piège est d'avoir recours au style du prédicateur. Ne prêchez pas dans un document de recherche. Des expressions comme « Alléluia », « Amen, frère » ou « Viens, Seigneur Jésus » appartiennent à l'Église, et non aux travaux de niveau universitaire.

N'utilisez pas d'abréviations dans le texte du document. Limitez les abréviations aux informations entre parenthèses ou dans les notes de bas de page. Dans le texte de votre document, écrivez des mots comme « pour cent » (et non pas « % »), « c'est-à-dire » (et non pas « c.-à-d. »), « par exemple » (et non pas « par ex. »). Écrivez également les noms des livres de la Bible en entier ; gardez les abréviations pour les références entre parenthèses.

La présentation est un troisième aspect essentiel d'un travail académique. La façon dont vous présenterez votre dissertation lui donnera un aspect professionnel ou amateur.

Conseils généraux sur la présentation

La présentation de votre document aura un impact majeur sur la première impression du lecteur. Ressemble-t-il à une dissertation de niveau universitaire ? Donne-t-il l'impression que l'auteur savait comment écrire une dissertation ? Dans le cas des travaux écrits, votre lecteur est aussi votre évaluateur. Nous croyons que l'impact de la première impression peut aller jusqu'à 10 pour cent de votre note finale, car il communique le message que vous êtes un étudiant sérieux et diligent. Ce sujet est si important que nous allons y consacrer un chapitre tout entier un peu plus loin. Toutefois, quelques directives préliminaires seront nécessaires ici.

Les exigences de la mise en forme varient d'un pays à l'autre et d'une institution à une autre. La plupart des établissements d'enseignement supérieur ont un guide pour la présentation des travaux écrits. Ici, nous voulons simplement présenter des directives générales pour la mise en forme d'un document. Il est de votre devoir d'adapter ces directives pour répondre aux exigences de votre institution et/ou professeur.

Formats et marges. En Afrique du Sud, ainsi qu'en Europe francophone, le format standard du papier est A4, alors que le format de la lettre est la norme aux États-Unis. Vous utilisez

---

2. L'ouvrage de Michel Beaud, *L'art de la thèse*, Paris, La Découverte, 2006, est, à notre avis, le guide général le plus pratique qui soit pour la recherche et la rédaction théologique. Nous vous encourageons à l'utiliser comme complément au présent ouvrage.

probablement l'un de ces deux formats. Pour les documents de recherche non reliés, il convient de laisser des marges de 2,5 à 3,0 cm de tous les côtés, entre le bord de la page et le texte principal. Pour les thèses et les mémoires, qui doivent être reliés, ajoutez un centimètre supplémentaire à la marge gauche. Les en-têtes et les pieds de page devraient être fixés à mi-chemin environ entre le bord de la page et les limites du texte.

Polices et interlignes. En Afrique du Sud, une police de 12 points et un interligne de 1,5 sont la norme. Aux États-Unis, on utilise plutôt le double interligne. Réduisez la taille de la police des notes de bas de page à 10 points. Certains établissements préfèrent des polices telles Times New Roman ou Arial. Suivez les exigences de votre institution.

Les travaux théologiques ont souvent recours aux textes hébreux et grecs. La plupart des collections de polices de base n'incluent pas tous les caractères nécessaires pour taper en hébreu ou en grec. La bonne nouvelle, c'est que les polices standard Arial, Times New Roman et Calibri comprennent désormais tous les caractères nécessaires pour les utiliser comme polices Unicode pour les langues bibliques. Les institutions et les publications peuvent cependant spécifier des polices hébraïques ou grecques particulières.

Le problème principal dans l'utilisation de ces polices est qu'elles sont « plus grandes » que la plupart des polices normales. Par conséquent, si vous utilisez un interligne de 1,5, les lignes contenant les caractères en hébreu ou en grec seront plus hautes que celles qui n'en ont pas. Cela varie d'une police à l'autre. Réglez plutôt l'espacement des lignes avec précision. Allez dans vos paramètres de paragraphe et, sous « espacement des lignes », sélectionnez « exactement ». Saisissez ensuite une valeur équivalente à un espacement de 1,5. Pour Arial en taille 12 points, cette valeur serait « exactement 21 points ». Toutes les lignes auront ainsi la même hauteur.

Justification. Devrait-on régler les paragraphes sur *justifier* ou sur *aligner le texte à gauche* ? Cela dépend des exigences particulières de chaque institution. Même si la justification des deux marges semble plus soignée et demeure la norme pour la plupart des éditeurs, plusieurs institutions et universités préfèrent l'alignement à gauche. Nous considérons ces deux mises en forme comme étant tout à fait acceptables, mais ici encore il est préférable de vérifier les exigences de votre institution.

Orthographe et ponctuation. L'orthographe d'un mot peut varier d'un pays à un autre. Réglez votre logiciel de traitement de texte de manière à répondre aux paramètres régionaux exigés par votre institution et assurez-vous d'utiliser les mêmes mises en forme de façon cohérente. Par exemple, si vous êtes en Belgique, en Suisse, dans la République Démocratique du Congo, au Rwanda ou au Burundi, vous devrez utiliser par défaut « septante » au lieu de « soixante-dix », et « nonante » au lieu de « quatre-vingt-dix ». La cohérence est essentielle. Cependant, n'apportez pas de corrections aux citations directes. Laissez-les telles quelles.

Même si le français était votre cinquième langue, vous seriez sans excuses pour les fautes d'orthographe et de ponctuation que le correcteur de votre logiciel de traitement de texte aurait pu identifier. Si vous tapez « tache » au lieu de « tâche », l'erreur est pardonnable parce que le vérificateur d'orthographe ne tient pas compte du contexte. Par contre, « thache » serait inacceptable puisque n'importe quel correcteur orthographique l'aurait signalé comme une erreur. Ce serait alors une preuve de négligence ou de paresse.

Nous reviendrons sur le sujet de la mise en forme au chapitre 7. Mais avant tout, nous devons examiner un aspect crucial du travail académique, à savoir, l'identification des sources que vous utilisez. Cela est tellement important que nous allons y consacrer quatre chapitres.

En résumé

Le but de tout travail académique est la précision et la clarté. La structure est l'une des clés pour atteindre cet objectif. L'utilisation des triades, des titres, des liens et des résumés ajoutent de la clarté à votre document et aident vos lecteurs à suivre votre argumentation. Le style et la présentation sont également très importants : ils peuvent soit contribuer soit nuire au but que vous visez avec votre article. Essayez de garder votre style clair et simple. Assurez-vous de présenter correctement votre document, de sorte qu'on puisse dire : « Cet étudiant sait ce qu'il fait » ; cela peut avoir une bonne influence sur votre note finale.

Nous allons maintenant considérer un aspect critique du travail académique : l'identification des sources que vous utilisez. Les chapitres 3-6 seront consacrés à ce sujet, en commençant par les références directement dans le texte.

3

Les références placées directement dans le texte

Dans un travail académique, il est impératif de citer les sources utilisées. La négligence de citer les sources est une forme de vol, que nous appelons plagiat (voir ch. 6). Il existe deux méthodes pour présenter les références bibliographiques dans les études théologiques. La première est la présentation des références directement dans le texte (également connue sous le nom de la méthode auteur-date). L'autre est le placement des références dans les notes de bas de page. Comme les institutions théologiques ont tendance à utiliser l'une ou l'autre de ces méthodes, nous présenterons les deux procédés. Ce chapitre est consacré aux références placées directement dans le texte. Le chapitre suivant sera consacré aux références dans les notes de bas de page. Vous devriez le lire en parallèle avec le chapitre qui traite de la façon de compiler une bibliographie (ch. 5).

Les avantages des références dans le texte

Cette méthode consiste à indiquer la source entre parenthèses directement dans le texte de votre document. Étant donné que la référence dans le texte est généralement composée du nom de l'auteur et de la date de publication, certains l'appellent la *méthode auteur-date*.

Les références dans le texte ont deux avantages sur les références dans les notes de bas de page. Tout d'abord, les références dans le texte prennent moins d'espace que les notes de bas de page. Si vous lisez des articles scientifiques qui utilisent des notes de bas de page, vous remarquerez que les notes peuvent prendre jusqu'à la moitié du document. Un article de 20 pages pourrait contenir jusqu'à 100 notes de bas de page. Même si la note ne contient que quelques mots, elle occupe quand même deux lignes sur la page. Les références placées dans le texte occupent beaucoup moins d'espace. De plus, les notes de bas de page perturbent beaucoup plus le développement de l'argument que les références dans le texte. Chaque fois que vous rencontrez une note de bas de page, vous devez interrompre le courant de pensée afin de pouvoir jeter un coup d'œil au bas de la page pour obtenir des informations essentielles au sujet de la source (les notes placées en fin de chapitre ou d'ouvrage sont encore pires étant donné que les informations ne figurent pas sur la même page). Les références dans le texte vous font gagner du temps en vous donnant immédiatement les informations essentielles dont vous avez besoin.

Les éléments des références dans le texte

Les références dans le texte répondent aux trois questions suivantes : (a) Qui ? (b) Quand ? (c) Où ? Elles indiquent *l'auteur* que vous citez, *l'année* de publication, et *la provenance exacte* de votre citation dans le document source. Ainsi, une référence dans le texte comporte généralement trois parties :

1. *L'auteur* : la première partie d'une référence dans le texte indique le nom de famille de l'auteur (ou des auteurs). Vous attribuez ainsi la citation à la bonne personne. Cela permet également aux lecteurs de trouver aisément la source complète dans la bibliographie, qui est généralement arrangée en ordre alphabétique d'après les noms de famille des auteurs.

2. *La date* : la date de publication suit le nom de l'auteur. Elle fournit au lecteur deux informations importantes. D'abord, elle permet de faire la distinction entre les différents ouvrages d'un même auteur. Ensuite, elle indique la date de publication de la source citée ; souvent, les ouvrages récents ont plus de poids que les anciens.

3. *La(les) page(s)* : lorsque votre citation provient d'un endroit en particulier dans une source, insérez les numéros des pages pour aider les lecteurs à retrouver aisément l'endroit. Si vous faites allusion à un ouvrage en entier sans aucune référence à une section en particulier, vous pouvez omettre les numéros de page.

En rassemblant ces trois éléments, nous obtenons une référence dans le texte qui ressemble à ceci : (Wilson, 2004, p. 132). Une virgule sépare le nom de l'auteur de la date de publication, et une virgule sépare la date et le numéro de la page[1].

Comment ajouter une référence dans le texte

Il y a deux façons d'ajouter une référence dans le texte de votre document.

Si le nom de l'auteur apparaît dans le texte, mettez la date et le numéro de la page entre parenthèses, soit après le nom ou après la citation. Voici quelques exemples :

> Wilson (2004, p. 132) explique : « Une série de mots de liaison relient ces trois Psaumes. »
>
> Montgomery croit que « d'un point de vue théologique, le Psaume 73 se trouve au centre du livre des Psaumes » (1999, p. 149).
>
> Long et White (2006) ne présentent pas de preuve concluante du but de la rédaction dans Luc 9.51–19.27.

---

1. Le style de citation auteur-date peut varier. Ces variations ne sont pas importantes ; il faut seulement être constant dans la méthode adoptée.

Njamini (2002, p. 132-148) a exploré plusieurs raisons potentielles de l'augmentation du nombre de divorces parmi les pasteurs bantous.

Les deux premiers exemples contiennent des citations directes ; ils indiquent les deux endroits où la date et les numéros de page peuvent être insérés, soit après le nom de l'auteur ou après la citation. En règle générale, la première option est préférable. Le troisième exemple se réfère à un ouvrage en général ; les numéros de page sont donc inutiles. Bien que le dernier exemple ne contienne pas de citations directes, les numéros de page indiquent l'endroit dans l'ouvrage où les informations pertinentes peuvent être trouvées.

Si le nom de l'auteur n'apparaît pas dans le texte, mettez l'auteur, la date et le numéro de page entre parenthèses à un endroit approprié dans la phrase. Voici quelques exemples :

Il « y a peu de doute que Luc 9.51–19.27 représente un voyage littéraire plutôt que littéral » (Bosman, 1992, p. 94).

La majorité des commentaires (p. ex. Williams, 1984 ; Bond, 1991 ; Long et Brown, 1995 ; Mahlangu, 2002 ; Smith et Ngi, 2006) affirment que Paul a écrit Éphésiens.

Les allusions à la maladie dans le Psaume 6 « sont peut-être des métaphores de la souffrance spirituelle ou nationale » (Mills, 1999, p. 24 ; cf. Jabini, 2004).

La référence suit généralement la citation directe (premier exemple). Le point final se place après la référence ; il n'y a donc pas de signe de ponctuation entre la fin de la citation et la référence. Le deuxième exemple énumère un certain nombre de sources sans aucune citation directe. Dans le dernier exemple, la citation directe vient de Mills ; Jabini est une seconde source soutenant la même idée.

Lorsque vous insérez de longues citations placées en retrait dans le texte, les deux mêmes approches peuvent être utilisées. La citation pourrait ressembler à l'un ou l'autre des deux exemples suivants :

Pollock (2007, p. 198) précise la démarche comme suit :
Lorsqu'il est aux prises avec une ambiguïté dans le texte grec qu'il ne peut pas conserver dans la traduction, le traducteur devrait insérer l'interprétation la plus plausible dans le texte et la traduction alternative dans une note de bas de page.

Il n'est pas toujours possible de traduire mot à mot.
Lorsqu'il est aux prises avec une ambiguïté dans le texte grec qu'il ne peut pas conserver dans la traduction, le traducteur devrait insérer l'interprétation la plus plausible dans le texte et la traduction alternative dans une note de bas de page (Pollock, 2007, p. 198).

Jusqu'ici, chacun des exemples de source que nous avons vus comportait un auteur, une date et, le cas échéant, des numéros de page. Parfois, votre source ne possède pas ces trois éléments. Voici quelques conseils pour traiter les différences au niveau de ces informations.

Gérer les différences sur les principaux éléments

Toutes les références dans le texte ne suivent pas forcément la formule standard auteur, date et page. Que faut-il écrire si un livre a six auteurs au lieu d'un seul ? Que faire lorsque l'auteur n'est pas mentionné, comme c'est souvent le cas avec les sites web ? Et s'il n'y a pas de date ? Souvent, les livres électroniques n'ont pas de numéros de page. Alors, que faire ? Comment référencer un chapitre ou une section ?

Nous ne pouvons pas examiner tous les problèmes qu'il est possible de rencontrer, cependant nous allons voir ensemble comment faire face aux difficultés les plus courantes. Si vous comprenez les principes en question, vous devriez être en mesure de résoudre d'autres problèmes.

Les problèmes liés à l'auteur

Deux problèmes opposés peuvent se poser concernant l'auteur dans une référence dans le texte : pas d'auteur ou trop d'auteurs.

Si la publication n'a pas d'auteur, remplacez l'auteur par le titre. Si le titre est long, abrégez-le. L'exemple suivant montre comment citer un article anonyme sur Internet intitulé « La doctrine du salut dans la prédication de George Raymer ».

> « Jésus est mort pour expier nos péchés » (« La doctrine du salut », 2007, p. 3).

Si la publication est un article, le titre devrait être présentée entre guillemets. Si la publication est un ouvrage, le titre est présenté en italiques.

Si la publication a 3-5 auteurs, citez tous les noms dans la première référence ; par la suite, citez le premier auteur suivi de « et autres » (ou et al.).

Première référence :	(Brown, Smith, Wilkins et Rebuli, 1998, p. 14)
Références suivantes :	(Brown et autres, 1998, p. 29)
ou	(Brown et al., 1998, p. 29)

Si l'ouvrage a 6 auteurs ou plus, citez le premier auteur suivi de « et autres » (ou et al.).

> « Si nous abandonnons notre foi en la doctrine de la création, notre foi dans l'œuvre expiatoire de Jésus n'a aucun sens » (Flanagan et autres, 2004).

Parfois, vous allez utiliser des documents *écrits par une organisation*. Cela arrive souvent dans le cas d'organismes gouvernementaux, de rapports d'organisation et de documents d'institutions. Dans de tels cas, remplacez l'auteur par le nom de l'organisation. Si ce nom est trop long, écrivez-le en entier la première fois, suivi d'une abréviation entre crochets ; par la suite, utilisez seulement l'abréviation.

Première référence :	(South African Theological Seminary [SATS], 2007, p. 12)
Références suivantes :	(SATS, 2007, p. 19)

Lorsqu'ils citent un article d'un livre collectif avec un directeur d'ouvrage, beaucoup d'étudiants commettent l'erreur de citer le directeur de l'ouvrage plutôt que l'auteur de l'article. Vous devez citer l'auteur de l'article. Par exemple, Adeyemo est le directeur d'ouvrage du *Commentaire biblique contemporain* (2008), tandis que Ngewa a écrit le commentaire sur le livre de Jean. Si vous citez cet article :

Incorrecte :	(Adeyemo, 2008, p. 1349)
Correcte :	(Ngewa, 2008, p. 1349)

La seule occasion où vous pouvez remplacer l'auteur par le directeur de l'ouvrage, c'est lorsque la source ne précise pas qui a écrit l'article. Dans de tels cas, vous pouvez remplacer l'auteur par le directeur ou par le titre. Si un dictionnaire biblique a été dirigé par Young et Kunhiyop, mais ne donne aucune indication d'auteur pour l'article « Baptism », vous pouvez le citer de l'une ou l'autre des manières suivantes :

Préférable :	(Young et Kunhiyop, 2006, p. 423)
Acceptable :	(« Baptism », 2006, p. 423)

Quel que soit votre choix, votre référence doit correspondre à celle inscrite dans la bibliographie. Les références correspondantes dans la bibliographie seraient les suivantes :

Young Linda P., Kunhiyop Samuel W., sous dir., 2006, *The African Bible Dictionary*, pp. 420-428.

« Baptism », 2006, dans *The African Bible Dictionary*, sous dir. Linda P. Young et Samuel W. Kunhiyop, pp. 420-428.

Les problèmes liés à la date

La plupart des problèmes liés à la date sont dus à la montée des médias électroniques. Les sites web omettent souvent d'indiquer la date de rédaction ou de publication d'un article. Les livres électroniques (e-books) peuvent avoir deux dates de publication : celle de l'édition imprimée et celle de la version électronique. Laquelle choisir ? Le contenu d'un article en ligne peut changer régulièrement (par exemple, Wikipédia), de sorte que la date *exacte* à laquelle vous avez accédé à l'article en question devient cruciale. En vous servant des exemples ci-dessous, vous serez capables de découvrir la manière de gérer la plupart des situations.

Si une source ne donne aucune indication de date de rédaction ou de publication, vous pouvez utiliser l'abréviation « s.d. » pour « sans date ». C'est la façon traditionnelle de citer des livres qui ne mentionnent aucune date de publication.

Exemple « sans date » :	(Tucker, s.d., p. 249)

Si un livre électronique donne des informations de publication à la fois pour l'édition imprimée et l'édition électronique, utilisez la date de l'édition électronique. Citez la version que vous utilisez, c'est-à-dire l'édition électronique. Par exemple, l'édition Logos du livre de

Warren Wiersbe, *Be Holy*, indique que l'édition imprimée a été publiée en 1994, mais que l'édition électronique l'a été en 1996. La forme correcte serait :

Correcte :	(Wiersbe, 1996, p. 31) – date de l'édition électronique
Incorrecte :	(Wiersbe, 1994, p. 31) – date de l'édition imprimée

Certains éditeurs exigent que vous incluiez les deux dates dans votre citation, en indiquant la date de la source électronique comme date principale et la date de l'édition imprimée comme date secondaire. La date secondaire est placée entre crochets, comme ceci : (Wiersbe, 1996 [1994], p. 31). Cette méthode est assez lourde, mais elle a l'avantage de donner au lecteur une idée précise de l'ancienneté de l'édition originale du livre.

Si un site web n'indique pas la date à laquelle la source a été écrite ou téléchargée, vous pouvez citer la date à laquelle vous y avez accédé. Ce n'est pas l'idéal, mais c'est mieux que d'écrire « sans date ». Si vous avez accédé en ligne à une ressource sans date le 14 janvier 2014, vous devriez simplement la référencer dans le texte par l'année 2014, et indiquer dans la bibliographie qu'il s'agit de la date d'accès et non de la date de publication. Nous vous recommandons de mettre la date d'accès entre crochets pour indiquer qu'il ne s'agit pas d'une date de publication.

Exemple :	(Wilson et Ngi, [2014], p. 24)

Où trouve-t-on la date de publication dans un livre ? Habituellement, c'est sur la page de gauche, derrière la page titre. Si vous consultez cette page dans *Théologie du Nouveau Testament* de Georges E. Ladd, vous trouverez ce qui suit :

Première édition © 1974, Wm. B. Eerdmans Publishing Co., 255 Jefferson Ave. S.E., Grand Rapids, Michigan 49503, États-Unis.

Édition révisée ©1993. Tous droits réservés.

Édition originale publiée en langue anglaise sous le titre : *A Theology of the New Testament*

ISBN : 0-8028-0680-5

Traduit de l'anglais par l'équipe Hokhma pour la première édition française en trois volumes (1984).

Traduction par S. Rat et M. Schneider pour les chapitres supplémentaires de l'édition révisée (1999).

© Excelsis, 2010 pour cette édition.

Tous droits réservés.

Quelle date devriez-vous mentionner ? La date de l'édition que vous utilisez : 2010. Les autres dates sont les dates de la première édition originale en anglais, l'édition révisée en anglais, et les dates de traduction. Faites attention également à ne pas confondre édition avec impression. Parfois, un livre peut énumérer les différentes dates d'édition ou de réimpressions du livre. Si un livre a plusieurs éditions, la page de copyright peut indiquer ce qui suit :

Première édition	1984
Deuxième édition	1993
Troisième édition	2004

Dans ce cas, il convient de mentionner seulement la date de la dernière édition, ici 2004.

Les problèmes liés aux numéros de page

Le but de l'insertion des numéros de page est d'aider les lecteurs à retrouver aisément la provenance exacte d'une citation dans un document source. Toutefois, les numéros de page ne sont pas la seule façon d'y arriver. Nous présentons donc quelques différences dans l'utilisation des numéros de page.

Dans certaines circonstances, vous pouvez omettre toute référence à un endroit particulier de la source. Dans de tels cas, mentionnez simplement l'auteur et la date (p. ex. Cook, 2004). Voici quelques exemples de situations courantes où cette directive peut s'appliquer :

- Vous faites référence à l'ensemble de la source plutôt qu'à une page ou partie spécifique de celle-ci.
- Vous citez un texte qui n'a aucune pagination et aucune autre directive n'est applicable.
- Vous citez un commentaire sur un passage particulier de l'Écriture.

De nombreuses sources utilisent des numéros de section, ceux-ci deviennent le moyen idéal de citer les références. Nous avons remarqué cela dans des documents provenant d'Internet, des thèses, des grammaires, des lexiques et des ouvrages de droit, pour ne citer que ceux-là. Si une source contient à la fois des numéros de page et de section, vous pouvez choisir d'indiquer la page ou la section. Utilisez le symbole § ou l'abréviation sect. pour indiquer un numéro de section.

| Exemple tiré du lexique de Strong : | (Strong, 1996, §1499) |
| Exemple tiré d'une thèse : | (Smith, 2007, §2.3.2) |

Vous pouvez citer un numéro de chapitre au lieu d'un numéro de page. Cela peut arriver si : (a) vous faites référence à un chapitre en entier plutôt qu'à une partie spécifique du chapitre ou (b) une source électronique a des chapitres, mais pas de numéros de page. Lorsque vous citez un ouvrage par chapitre, vous pouvez écrire le mot « chapitre » en entier ou en abrégé, soit « chap. » ou « ch. ». Voici quelques exemples :

| Un seul chapitre : | (Wilson, 2002, chapitre 3) ou (Wilson, 2002, chap. 3) |
| Plusieurs chapitres : | (Ndlovu, 1997, chapitres 3-7) ou (Ndlovu ,1997, ch. 3-7) |

Lorsque vous citez des dictionnaires ou des lexiques, vous pouvez utiliser l'abréviation latine « s.v. » (qui signifie « au mot, dans l'article »), suivie de l'entrée du dictionnaire ou du lexique. La référence qui suit signifie que vous pouvez trouver les informations pertinentes sous l'entrée du mot εἰμί du lexique de Kirsten, dans la section 2.a.

> (Kirsten, 1997, s.v. εἰμί 2.a)

Le but est d'aider les lecteurs à retrouver aussi facilement que possible le bon endroit dans la source. Les numéros de page sont la façon la plus efficace d'atteindre ce but. Cependant, s'il n'y a pas de numéros de page, ou s'il existe un moyen plus efficace de référencer votre source, n'hésitez pas à l'utiliser.

Autres éléments à considérer

Examinons quatre autres éléments importants à considérer concernant les références : (a) comment citer les Écritures, (b) comment citer plusieurs sources en même temps, (c) comment ponctuer les références dans le texte et (d) combien de fois doit-on répéter une référence dans le texte.

Comment citer les Écritures

La manière générale de citer les Écritures est d'indiquer le livre de la Bible suivi des numéros de chapitre et de verset ainsi : Matthieu 16.18. Le numéro du chapitre et celui du verset sont séparés par un point. Voici quelques règles importantes concernant les références aux Écritures :

- Dans le texte même du document, écrivez en entier les noms des livres de la Bible, mais abrégez-les dans les parenthèses. Prenons les deux exemples suivants :

  > Matthieu 18.19 fait la promesse suivante : « Si deux d'entre vous s'accordent sur la terre pour demander une chose quelconque, elle leur sera accordée par mon Père qui est dans les cieux » (LSG).

  > La Parole de Dieu fait la promesse suivante : « Si deux d'entre vous s'accordent sur la terre pour demander une chose quelconque, elle leur sera accordée par mon Père qui est dans les cieux » (Mt 18.16, LSG).

- Chaque fois que vous citez une version de la Bible en particulier, vous devez indiquer la version en question. Utilisez les abréviations courantes à cet effet (p. ex. LSG pour la version Louis Segond, comme dans les exemples ci-dessus). Si vos citations proviennent essentiellement de la même version, ajoutez une note de bas de page semblable à celle-ci après la première citation : « Sauf mention contraire, toutes les citations bibliques sont tirées de la Bible Louis Segond. » Vous n'aurez donc plus besoin d'ajouter « LSG » lorsque vous la citerez à nouveau.

Comment citer plusieurs sources à la fois

Pour souligner le consensus de l'opinion des érudits du fait que les Psaumes 9-10 soient un seul et même poème, l'auteur de l'exemple ci-dessous mentionne douze érudits qui soutiennent cette opinion. C'est une pratique courante dans les écrits académiques.

> Cependant, à l'origine, les Psaumes 9-10 ne formaient qu'un seul Psaume. Ainsi, le titre du Psaume 9 intègre également le Psaume 10 (Bratcher et Reyburn, 1991 ; Motyer, 1994 ; Craigie, 1998 ; Broyles, 1999 ; Strugnell et Eshel, 2001 ; Wilcock, 2001 ; Richard, 2002 ; Wilson, 2002 ; Terrien, 2003 ; Miller, 2004 ; Goldingay, 2006 ; Labuschagne, 2007).

Lorsque vous devez citer plusieurs sources pour appuyer un argument, dans quel ordre devriez-vous les placer ? Voici trois lignes directrices :

- Vous pouvez mentionner les références en ordre alphabétique selon les noms de famille des auteurs.
- Vous pouvez les mentionner en ordre chronologique, ascendant ou descendant, selon les dates de publication.
- Pour citer les Écritures, il est d'usage de suivre l'ordre canonique, c'est-à-dire l'ordre habituel des livres de la Bible.

Le prochain élément que nous allons examiner est la ponctuation des références dans le texte.

Comment ponctuer les références dans le texte

Pour les références ordinaires (auteur, date, page), mettez une virgule entre l'auteur et la date et entre la date et la page (p. ex. Williams, 2002, p. 26). Lorsque vous incluez un numéro de *volume* dans la référence, séparez le volume et le numéro de page par deux-points. L'utilisation de l'abréviation « vol. » est facultative.

Exemple 1 :	(Wilmot, 2013, 4:428)
Exemple 2 :	(Wilmot, 2013, vol. 4:428)

Utilisez un trait d'union (le signe *moins* ; par exemple, 12-14) pour indiquer une suite continue de pages ou de versets ; n'utilisez pas de tiret long (12—14) ou de tiret moyen (12–14). Si les pages ou les versets ne se suivent pas, séparez-les par une virgule.

Incorrecte :	(White 2011, pp. 19–34 et 94)
Correcte :	(White, 2011, pp. 19-34, 94)
	(Jn 14.1-4, 9-10 ; 15.1, 7, 10)

Séparez les références avec un point-virgule. Ne les séparez pas avec une virgule et ne placez pas un « et » devant la dernière référence.

Incorrecte :	(Smit, 1996, Thom, 2001 et Williams, 2004)
Correcte :	(Smit, 1996 ; Thom, 2001 ; Williams, 2004)
Incorrecte :	(Mt 16.18-21, Lc 14.12-14 et Jn 8.1-11)
Correcte :	(Mt 16.18-21 ; Lc 14.12-14 ; Jn 8.1-11)

Lorsque vous utilisez abondamment certaines sources, combien de fois devriez-vous mentionner la référence complète ? C'est le sujet de la section suivante.

Combien de fois doit-on répéter une référence dans le texte ?

Lorsque vous utilisez abondamment une source, devriez-vous répéter la référence dans le texte à chaque occasion ? *La règle est que vous devez le refaire dans chaque nouveau paragraphe.* Lorsque vous commencez un nouveau paragraphe, vous devez mentionner à nouveau tous les détails de la référence même si vous faites encore allusion à la source du paragraphe précédent. Les deux paragraphes ci-dessous montrent comment le faire d'une manière correcte. Bien que la référence dans le second paragraphe soit identique à celle du premier paragraphe, elle doit être répétée en entier parce qu'elle apparaît dans un nouveau paragraphe.

> Van Wyk (2001, p. 43) explique qu'il y a trois façons d'interpréter le Psaume 6 : comme un tout composé de deux parties, à savoir versets 1-7 et 8-10 ; comme la prière d'un roi malade qui voit ses ennemis profiter de la situation ; ou comme une prière nationale dans laquelle les allusions à la maladie sont une métaphore de la souffrance d'une nation.
>
> « À mon avis », déclare Van Wyk (2001, p. 43), « les faits plaident en faveur de la deuxième option ». Il mentionne quatre raisons pour soutenir ce point de vue. Premièrement…

Dans un même paragraphe, les règles suivantes s'appliquent :

- Si aucune autre référence n'est mentionnée, il n'est pas nécessaire de répéter la référence pour les citations subséquentes. Si elle provient de la même page (ou verset, ou section), la seconde citation n'a pas besoin de référence puisque la référence originale s'applique encore. Si la seconde citation se réfère à une autre page, mentionnez seulement le numéro de la nouvelle page (ou verset, ou section). Faites-le en utilisant les abréviations suivantes : p. pour une page, pp. plus d'une ; v. pour un verset, vv. pour plus d'un verset ; § pour une section ou un paragraphe, §§ pour plus d'une section ou d'un paragraphe.

> p. 14 = page 14
>
> pp. 14-19 = pages 14 à 19

v. 7 = verset 7

vv. 7-11 = versets 7 à 11

§14.1 = section 14.1

§§14.1-3 = sections 14.1 à 14.3

- Si vous insérez une citation différente entre deux citations d'une même source, vous devez vous assurer de bien référencer vos citations de manière à clarifier ce que vous citez. Cette situation se produit lorsque vous citez une source A, puis une source B, et à nouveau la source A. Pour la seconde citation de la source A, vous pouvez mentionner seulement l'auteur et la page, dans la mesure où cela ne laisse aucun doute concernant la date de la source. Autrement, mentionnez la référence en entier.

    Mills (2007, p. 144) a écrit : « Une interprétation littérale de Genèse 1-3 n'est plus défendable. » En réponse à « l'argument en faveur de l'interprétation littérale » de Garrison (2003, pp. 13-27), Mills déclare : « Dawkins a démontré la folie de croire à la création » (p. 152).

En résumé

L'intégrité académique exige que vous citiez correctement toutes vos sources. Les références directement dans le texte sont une manière de le faire. Chaque référence dans le texte doit pouvoir répondre à trois questions : Qui ? Quand ? Où ? Pour la plupart des références, cela correspond à l'auteur, la date de publication et les numéros de page, mais elles peuvent également comporter certains éléments particuliers.

En elles-mêmes, les références dans le texte ne fournissent pas suffisamment d'informations pour permettre au lecteur de trouver la source. Les références dans le texte ont une entrée correspondante dans la bibliographie, qui présente des informations plus complètes de la source.

4

Les références dans les notes de bas de page

Il est essentiel de référencer correctement lors de la rédaction d'un travail universitaire. Ce n'est pas seulement une question de technique, mais aussi d'intégrité. Si vous ne citez pas correctement vos sources, c'est une forme de malhonnêteté. Les deux principales méthodes de citation utilisées dans la formation théologique sont les références dans le texte, qui ont été expliquées dans le chapitre précédent, et les références dans les notes de bas de page, que nous abordons dans ce chapitre. Vous ne pouvez utiliser qu'une seule de ces méthodes à la fois. C'est à vous de déterminer laquelle est exigée et l'utiliser de manière cohérente.

Deux types de notes de bas de page

Il existe deux types principaux de notes de bas de page : les notes bibliographiques et les notes pédagogiques. Les notes bibliographiques fournissent des informations sur les sources citées dans le texte. Les notes pédagogiques (elles peuvent être nommées différemment) fournissent des informations supplémentaires que l'auteur choisit de ne pas placer dans le corps du texte. L'utilisation de références dans le texte ou de notes bibliographiques en bas de page n'a pas d'incidence sur l'utilisation des notes pédagogiques. Ce chapitre est consacré à l'utilisation des notes bibliographiques.

Les avantages des notes bibliographiques

Pourquoi certaines institutions et certaines publications préfèrent-elles les notes de bas de page aux références dans le texte ? Les notes de bas de page présentent quelques avantages par rapport aux références dans le texte. Tout d'abord, les notes de bas de page sont moins intrusives que les références dans le texte. Ces dernières encombrent le corps du texte d'informations techniques qui peuvent distraire les lecteurs. Leur pouvoir intrusif est particulièrement évident dans les travaux académiques, qui ont tendance à comporter de nombreuses références. Les notes de bas de page fournissent les informations nécessaires sur les sources sans perturber la fluidité du texte. Si les lecteurs veulent en savoir plus sur la source, ils peuvent lire la note de bas de page. Dans le cas contraire, ils n'ont pas besoin de le faire. Deuxièmement, les notes de bas de page fournissent des informations plus complètes que les références dans le texte. Troisièmement, les notes de bas de page rendent l'inclusion d'une bibliographie facultative. Étant donné que la première note de bas de page peut fournir toutes les informations bibliographiques, il peut s'avérer inutile d'inclure une bibliographie. Comme les références dans le texte n'informent que sur l'auteur et la date, la bibliographie devient alors indispensable. Elle seule fournit les informations dont les lecteurs ont besoin pour remonter à la source.

Principes de la note bibliographique

La première référence à un ouvrage en bas de page contient les données complètes de la publication, tandis que les notes suivantes pour la même source utilisent une version plus courte qui ne contient que le nom de famille, le titre (sans le sous-titre) et le(s) numéro(s) de page. Dans les exemples ci-dessous, la première entrée correspond à la note de bas de page complète et la seconde à la note suivante.

Dans le cas d'un livre, chaque élément de la référence bibliographique est séparé par une virgule. Le titre du livre est présenté en italique. Les éléments de la note apparaissent dans l'ordre qui suit :

- auteur(s),
- titre de l'ouvrage,
- directeur d'ouvrage,
- traducteur,
- nombre de volumes,
- édition,
- collection,
- lieu d'édition,
- maison d'édition,
- date de publication,
- détails de la publication électronique.

Pour les articles, le titre de l'article apparaît entre guillemets (« »), le nom de la publication est en italiques. Chaque élément est séparé par une virgule. Les éléments de la note apparaissent dans l'ordre qui suit :

- auteur(s),
- titre de l'article,
- nom de la publication/revue,
- numéro du volume,
- numéro du fascicule,
- date de publication,
- numéro(s) de page.

Des abréviations sont utilisées pour les titres de nombreux ouvrages et périodiques dans les notes de bas de page. Il s'agit notamment de titres de revues, de ressources couramment utilisées telles que des lexiques ou des séries de livres. Une liste de certaines abréviations courantes et acceptables figure dans les annexes A et B à la fin du présent ouvrage.

Si le lieu d'édition n'est pas très connu, vous pouvez indiquer le pays, la province, l'État américain, etc., après le lieu d'édition. Vous pouvez utiliser n'importe quel système standard d'abréviations pour les États américains, à condition d'être cohérent.

Exemples de notes bibliographiques

Le manque de place ne nous permet pas de fournir une liste exhaustive d'exemples, mais nous illustrerons les notes de bas de page pour les types de sources suivants.

Ouvrages

1. Ouvrages avec un seul auteur.
2. Ouvrages avec deux ou trois auteurs.
3. Ouvrages avec plus de trois auteurs.
4. Ouvrages avec un traducteur.
5. Ouvrages avec un directeur d'ouvrage.
6. Ouvrages avec deux directeurs ou plus.
7. Ouvrages avec un auteur et un directeur d'ouvrage.
8. Ouvrages avec un auteur, un directeur et un traducteur.
9. Édition révisée.
10. Ouvrages en plusieurs volumes.
11. Chapitre d'un livre ayant un directeur d'ouvrage.
12. Chapitre à l'intérieur d'un volume titré d'une collection avec un directeur et des numéros de volume.
13. Commentaire biblique dans une collection.
14. Commentaire biblique dans une collection avec numéros de volume.

Articles (revues, magazines et journaux)

15. Article de revue.
16. Article de magazine.
17. Article de journal.
18. Recension (critique de livre).
19. Article signé dans une encyclopédie ou un dictionnaire.
20. Article dans un lexique ou un dictionnaire théologique.

Ressources électroniques

21. Livre électronique.
22. Site web.

Autres ressources

23. Interview.
24. Mémoire ou thèse non publiés.
25. Article présenté lors d'une conférence.

Notes bibliographiques pour les ouvrages

1. Ouvrages avec un seul auteur

> [1] James L. Crenshaw, *The Psalms. An Introduction*, Grand Rapids, Mich., Eerdmans, 2001, pp. 6-7.
>
> [4] Crenshaw, *The Psalms*, p. 6.

2. Ouvrages avec deux ou trois auteurs

> [2] James L. Crenshaw, Marti Steussy et Norman Gottwald, *A History of Israel*, Grand Rapids, Mich. Eerdmans, 2001, pp. 123-124.
>
> [7] Crenshaw, Steussy et Gottwald, *A History of Israel*, p. 142.

3. Ouvrages avec plus de trois auteurs

Lorsqu'un livre a plus de trois auteurs, nommez seulement le premier auteur et ajoutez l'abréviation « et al. » ou les mots « et autres » dans la note.

> [3] Bernard B. Scott et al., *Reading New Testament Greek*, Peabody, Mass., Hendrickson, 1993, p. 16.
>
> [12] Scott et al., *Reading New Testament Greek*, p. 16.

4. Ouvrages avec un traducteur

> [4] J. P. Fokkelman, *Reading Biblical Poetry*, trad. I. Smit, Louisville, Kent., Westminster John Knox, 2001, pp. 97-107.
>
> [54] Fokkelman, *Reading Biblical Poetry*, p. 99.

5. Ouvrages avec un directeur d'ouvrage

> [5] Scott Nash, sous dir., *The Sermon on the Mount. Studies and Sermons*, Greenville, Car. du S., Smyth and Helwys, 1992, p. 5.
>
> [55] Nash, *The Sermon on the Mount*, p. 5.

6. Ouvrages avec deux directeurs d'ouvrage ou plus

Si un livre a deux ou trois directeurs d'ouvrage, mentionnez-les tous. S'il en a plus de trois, citez seulement le premier et ajoutez l'abréviation « et al. » ou les mots « et autres » en note. L'abréviation « sous dir. » suit les noms des directeurs d'ouvrage.

> [6] Steven L. McKenzie et M. Patrick Graham, sous dir., *The Hebrew Bible Today. An Introduction to Critical Issues*, Louisville, Kent., Westminster John Knox, 1998, p. 39.
>
> [56] McKenzie et Graham, *The Hebrew Bible Today*, p. 39.

7. Ouvrages avec un auteur et un directeur

Lorsqu'un livre a un auteur et un directeur, citez l'entrée par le nom de l'auteur et placez le nom du directeur après le titre de l'ouvrage et avant le lieu d'édition.

> [7] Edward Schillebeeckx, *The Schillebeeckx Reader*, sous dir. Robert J. Schreiter, Édimbourg, T&T Clark, 1986, p. 15.
>
> [25] Schillebeeckx, *The Schillebeeckx Reader*, p. 15.

8. Ouvrages avec un auteur, un directeur et un traducteur

> [9] H. Bavinck, *Reformed Dogmatics*, sous dir. J. Bolt, trad. J. Vriend, Grand Rapids, Mich., Baker, 2003, p. 12.
>
> [22] Bavinck, *Reformed Dogmatics*, p. 12.

9. Éditions numérotées ou révisées

Les informations relatives à l'édition de l'ouvrage sont placées après le titre et utilisent les abréviations courantes, telles que « éd. rév. » ou « 4ᵉ éd. ».

> [10] Bernard W. Anderson, *Out of the Depths. The Psalms Speak for Us Today*, 3ᵉ éd., Louisville, Kent., Westminster John Knox, 2000, pp. 301-302.
>
> [34] Anderson, *Out of the Depths*, p. 302.

10. Ouvrages en plusieurs volumes

La première référence renvoie à l'ensemble de l'ouvrage et non à une page particulière de l'un des volumes. La seconde note est une référence à un volume et à un numéro de page spécifiques.

> [10] Karl Barth, *Church Dogmatics*, sous dir. G. W. Bromiley et T. F. Torrance, 4 vols., Londres, T&T Clark, 2009.
>
> [60] Barth, *Church Dogmatics*, 1:43.

11. Chapitre d'un livre avec un directeur

Le titre du chapitre est placé entre guillemets, tandis que le titre du livre reste en italique.

> [12] Edith Turner, « A Visible Spirit Form in Zambia », dans *Readings in Indigenous Religions*, sous dir. G. Harvey, Londres, Continuum, 2002, pp. 43-51.
>
> [24] Turner, « A Visible Spirit Form in Zambia », pp. 45-46.

12. Chapitre à l'intérieur d'un volume titré dans une collection avec un directeur d'ouvrage et des numéros de volume

> [12] Fokkelien van Dijk-Hemmes, « Mothers and a Mediator in the Song of Deborah », dans *A Feminist Companion to Judges*, sous dir. Athalya Brenner, vol. 4 de *Feminist Companion to the Bible*, sous dir. Athalya Brenner, Sheffield, Angleterre, Sheffield Academic Press, 1993, p. 112.
>
> [62] Dijk-Hemmes, « Mothers and a Mediator », dans *Feminist Companion*, 4:112.

13. Commentaire biblique dans une collection

Le nom de la collection devrait être placée après le titre, après avoir inséré l'abréviation « coll. ».

> [23] James L. Mays, *Psalms*, coll. Interpretation, Louisville, Kent., John Knox, 1994, p. 57.
>
> [44] Mays, *Psalms*, p. 57.

14. Commentaire biblique dans une collection avec des numéros de volume

> [24] Marvin E. Tate, *Psalms 51–100*, coll. WBC 20, Dallas, Tex., Word Books, 1990, p. 29.
>
> [50] Tate, *Psalms 51–100*, p. 39.

Notes bibliographiques pour les articles

Alors que les titres des livres publiés sont présentés en italique, les titres des articles sont placés entre guillemets. Le titre du périodique ou de l'ouvrage dans lequel l'article est publié est en italique.

15. Article dans une revue

Les éléments d'une note pour un article de revue sont les suivants : nom de l'auteur, titre de l'article (entre guillemets), titre de la revue (en italique), volume et numéro de la revue, date de publication, numéros de page.

> [13] Mark D. Given, « Restoring the Inheritance in Romans 11:1 », dans *Journal of Biblical Literature* 118, 1999, pp. 90-92.
>
> [63] Given, « Restoring the Inheritance », p. 91.

Si l'article de la revue est consulté à partir d'une base de données électronique ou d'une édition en ligne de la revue, vous pouvez fournir les détails de la base de données ou du site web en plus. Nous considérons que cela est facultatif.

[43] Gueorgi Kossinets et Duncan J. Watts, « Origins of Homophily in an Evolving Social Network », dans *American Journal of Sociology* 115, 2009, p. 411, consulté le 28 février 2010, doi :10.1086/599247.

[26] James W. Thompson, « The Background and Function of the Beatitudes in Matthew and Luke », dans *ResQ* 41, 1999, p. 110, consulté sur ATLA Religion Database.

[27] David J. Belcastro, « Thomas Merton. American Monk, Artist and Social Critic », dans *Theological Librarianship* 7, no. 2, 2014, p. 33, consulté le 14 juin 2014 sur https://journal.atla.com/ojs/index.php/theolib/article/view/334/1084.

16. Article dans un magazine

[15] Alan Millard, « Biblical Writer Had Early Sources », dans *British Archaeological Review* 36, septembre/octobre 2010, pp. 11-12, 17-21.

[43] Millard, « Biblical Writer », pp. 18-19.

17. Article dans un journal

[16] Noel Woodbridge, « The Use of Worship Songs in Youth Ministry », dans *The Star*, 14 novembre 2007, p. 4.

[24] Woodbridge, « The Use of Worship », p. 4.

18. Recension (critique littéraire)

[16] J. Andrew Dearman, recension de Richard D. Nelson, *Joshua. A Commentary*, dans *JBL* 118, 1999, pp. 130-131.

[116] Dearman, recension de Nelson, p. 130.

19. Article signé dans une encyclopédie ou un dictionnaire

Les articles d'une encyclopédie sont généralement rédigés par divers auteurs et le nom de l'auteur est indiqué à la fin des articles. Il convient de citer l'article sous le nom de l'auteur. Ne le citez pas sous le nom du directeur d'ouvrage de l'encyclopédie.

[18] J. A. Sanders, « Exile », *IDB* 2, pp. 186-188.

[118] Sanders, « Exile », *IDB* 2, p. 187.

20. Article dans un lexique ou un dictionnaire théologique

S'il s'agit d'un mot ou d'une famille de mots, indiquez le titre complet et la pagination de la partie. Par exemple, nous citons ici les entrées des mots *Lamb* (agneau) et *Sheep* (mouton) et l'abréviation du dictionnaire *New International Dictionary of New Testament Theology*.

> [19] J. Gess et R. Tuente, « Lamb, Sheep », *NIDNTT*, vol. 2, pp. 410-412.

Si vous avez une entrée ultérieure, incluez seulement la référence au dictionnaire.

> [21] Gess et Tuent, *NIDNTT*, vol. 2, p. 411.

S'il s'agit d'un mot apparaissant dans un article traitant d'un groupe de mots, incluez seulement les informations pour le mot que vous utilisez.

> [22] D. Hill, « θυρα », *NIDNTT*, vol. 2, p. 30.

Notes bibliographiques pour les ressources électroniques

21. Livre électronique (e-book)

Un livre électronique est cité de la même manière qu'un livre imprimé, à l'exception de la mention de l'édition électronique ou du logiciel de lecture électronique. Si la date de publication de l'édition électronique est différente, il convient de l'indiquer.

> [25] James L. Crenshaw, Marti Steussy et Norman Gottwald, *A History of Israel*, Grand Rapids, Mich., Eerdmans, 2001, éd. Kindle, pp. 123-124.
>
> [55] Crenshaw, Steussy et Gottwald, *A History of Israel*, p. 123.

Si le livre électronique a été consulté en ligne, indiquez le lien et la date de consultation. Si le livre n'a pas de numéro de page, vous pouvez le remplacer par un titre de section, un numéro de chapitre ou tout autre marqueur de localisation. La date de consultation et l'URL sont placés à la fin de la note.

> [45] Philip Schaff, *The History of the Christian Church*, Londres, Charles Scribner's Sons, 1910, éd. élec., Dallas, Tex., Electronic Bible Society, 1998, p. 57, consulté le 26 septembre 2014 sur http://www.ccel.org/s/schaff/history/About.htm.

22. Site web

Pour un site web, la référence la plus élémentaire est le nom de l'auteur ou des auteurs, le titre de l'article (le cas échéant), le titre du site web, la date de publication, l'adresse du site web et la date de consultation.

> [46] Daniel B. Wallace, « A Mishnaic Commentary on Matthew 1.19 », *Bible.org*, 2013, consulté le 30 octobre 2014 sur https://bible.org/ article/mishnaic-commentary-matthew-119.

Si un site web ne fournit pas toutes les informations dont vous avez besoin, donnez-en le plus possible. Si aucun auteur n'est indiqué, vous pouvez utiliser le titre de l'article/de la page ou le titre du site web comme substitut.

> [49] « Doctrine », *The Methodist Church of Southern Africa*, consulté le 30 octobre 2014, http://www.methodist.org.za/theology/doctrine.

Ne mettez pas de trait d'union dans les liens s'ils doivent être continués sur la ligne suivante. Ne pas commencer la deuxième ligne d'un URL par un point.

Notes bibliographiques pour d'autres ressources

23. Entrevue

Dans le cas des entrevues, il est souvent préférable d'intégrer les détails de l'entrevue dans le texte principal. Par exemple, vous pouvez écrire : « Lors d'une entrevue avec Leonard Sweet le 14 juillet 2014... » Lorsqu'une citation plus formelle est souhaitée, faites référence au nom de la personne interviewée, puis mentionnez le nom de l'intervieweur. Les trois exemples ci-dessous sont fictifs et illustrent des entrevues publiées, télévisées et non publiées.

> [27] Christopher L. Peppler, entrevue avec Jennifer Mason, dans *Christian News Magazine*, 23 juillet 2007, p. 7.
>
> [50] Angelina Jolie, entrevue avec Steve Kroft, dans *60 Minutes*, CBS, WCBS, 3 février 2009.
>
> [28] John Smith et Jane Doe, entrevue avec Bongani Njamini, entretien personnel, Cape Town, Afrique du Sud, 11 octobre 2013.

24. Mémoires et thèses non publiés

Les thèses et les mémoires ne sont pas considérés comme des travaux publiés. Lorsqu'on fait référence à une thèse ou à un mémoire, le titre est placé entre guillemets, mais pas en italique. Après le titre du travail, on indique le type de travail dont il s'agit, l'institution qui l'a approuvé et sa date d'achèvement.

> [15] Nancy L. deClaissé-Walford, « Reading from the Beginning. The Shaping of the Hebrew Psalter », thèse de doctorat, Baylor University, 1995, pp. 59-64.
>
> [21] deClaissé-Walford, « Reading from the Beginning », p. 63.

25. Article présenté lors d'une conférence

> [22] Susan Ebertz, « Stories of Our Past as Parables of Our Present. Japanese American Internment Camps in Arizona », article présenté lors de la rencontre annuelle de l'American Theological Library Association, Scottsdale, Ariz., 28 juin 2010, pp. 46-48.
>
> [25] Ebertz, « Stories of Our Past », p. 46.

Citations multiples dans une même note bibliographique

Dans un article de recherche, il est possible de réduire le nombre de notes de bas de page en plaçant plusieurs références dans une seule note de bas de page. « Dans un paragraphe contenant plusieurs citations, par exemple, un numéro de référence suivant la dernière citation permettra de les regrouper toutes dans une seule note[1]. »

Vous pouvez utiliser n'importe quelle méthode logique pour ordonner les références. Par exemple, si vous faites référence à quatre sources dans un paragraphe et que la note de bas de page fournit les informations bibliographiques pour les quatre sources, il est judicieux de les énumérer dans l'ordre où elles sont mentionnées dans le texte. Si vous citez des commentateurs qui partagent une interprétation particulière, vous pouvez les classer par ordre chronologique ou alphabétique. Les sources individuelles doivent être séparées par un point-virgule. Si c'est la première fois que vous citez l'ouvrage, donnez la référence complète, mais si vous l'avez déjà citée, utilisez la référence abrégée.

---

1. Kate L. Turabian, *A Manual for Writers of Term Papers, Theses, and Dissertations*, 6ᵉ éd., rév. par John Grossman et Alice Bennett, Chicago, University of Chicago Press, 1996, §8.16.

5

La bibliographie

Tout travail académique se termine par une bibliographie, c'est-à-dire une liste des ressources utilisées dans sa rédaction (par exemple, des livres, des articles, des entretiens). Dans ce chapitre, nous verrons comment compiler une bibliographie.

Modèles de bibliographie

Il existe quatre principaux modèles de bibliographie :

- les références citées,
- les sources consultées,
- la bibliographie sélective,
- la bibliographie annotée.

Vous devez choisir le modèle qui convient le mieux pour votre travail. Une fois que vous l'aurez choisi, nommez-le convenablement. Si vous utilisez la méthode auteur-date, n'utilisez pas « bibliographie » comme titre ; utilisez « références », ou « références citées ». Si vous utilisez une bibliographie annotée, le titre devrait être « bibliographie annotée ». Regardons chacun de ces modèles de plus près.

1. *Les références citées*. Avec la méthode de référence auteur-date, la bibliographie est habituellement une liste des références citées. Tous les ouvrages et articles cités dans le texte du document, et seulement ceux-là sont répertoriés dans la bibliographie des « références citées » ou « références ». Le but de la liste des références citées est de permettre aux lecteurs de repérer les sources citées dans le document. Il ne convient donc pas d'inclure les références consultées mais non citées.

2. *Les ouvrages consultés*. Ce modèle est plus étendu que la liste des références citées ; il comprend toutes les sources que vous avez consultées, que vous les ayez citées ou non, à savoir toutes les références qui ont influencé la rédaction de votre document. Utilisez une bibliographie des « références consultées » pour offrir à vos lecteurs une liste exhaustive des ouvrages touchant à votre sujet afin qu'ils puissent connaître tous les ouvrages essentiels que vous avez utilisés.

3. *La bibliographie sélective.* Le but d'une bibliographie sélective est d'énumérer seulement les ressources les plus importantes sur un sujet. Elle dirige simplement les lecteurs vers les ouvrages clés.
4. *La bibliographie annotée.* Dans une bibliographie annotée, l'auteur ajoute quelques notes après chaque entrée. L'annotation fournit des renseignements sur la ressource et/ou son importance pour la rédaction du document. Les annotations enrichissent les documents tels que les propositions de recherche et les listes de lectures recommandées.

Lorsque vous rédigez des travaux ou des thèses qui adoptent la méthode auteur-date, utilisez la bibliographie des *références citées*, sauf s'il vous est catégoriquement demandé d'utiliser un autre modèle de bibliographie. La liste des ouvrages cités doit inclure tous les ouvrages que vous avez cités dans le document et seulement ceux-là.

Si votre document est référencé par des notes de bas de page, il n'est pas impératif d'énumérer dans la bibliographie toutes les œuvres citées dans le corps du texte, car la note de bas de page initiale donne tous les détails de la source. En fonction de votre objectif, il n'est donc pas nécessaire que les ouvrages énumérés dans la bibliographie correspondent exactement aux sources citées dans l'ouvrage.

Comment rédiger une entrée bibliographique

Chaque entrée bibliographique doit comprendre quatre informations principales :

a) Qui l'a écrite ?   l'auteur
b) Quand a-t-elle été publiée ?   la date
c) Comment s'appelle-t-elle ?   le titre
d) Comment peut-on se la procurer ? les détails de publication

Il existe des directives bien établies pour la mise en forme des entrées bibliographiques. Dans l'ensemble, l'entrée est la même, que vous utilisiez la méthode auteur-date ou les notes bibliographiques. La seule différence est le placement de la date de publication. Avec la méthode auteur-date, la date de publication est placée immédiatement après le nom de l'auteur. Pour les références dans les notes de bas de page, la date de publication est placée à la fin.

Exemples d'entrées bibliographiques courantes

Bien que l'espace ici ne nous permette pas de fournir une liste exhaustive d'exemples, nous illustrerons les entrées de bibliographie pour les types de sources les plus courants. Les exemples montrent les deux méthodes de citations. L'abréviation NB est utilisée pour la méthode des notes bibliographiques et l'abréviation AD est utilisée pour la méthode auteur-date.

Livres

1. Les livres avec un seul auteur.
2. Les livres avec deux ou trois auteurs.
3. Les livres avec plus de deux ou trois auteurs.
4. Les livres avec un traducteur.
5. Les livres avec un seul directeur d'ouvrage.
6. Les livres avec deux ou trois directeurs d'ouvrage.
7. Les livres avec à la fois un auteur et un directeur d'ouvrage.
8. Les livres avec un auteur, un directeur d'ouvrage et un traducteur.
9. Les éditions révisées.
10. Les ouvrages en plusieurs volumes.
11. Un chapitre dans un livre avec un directeur d'ouvrage.
12. Un chapitre dans un volume titré d'une collection avec un directeur d'ouvrage et des numéros de volume.
13. Un commentaire dans une collection avec des titres généraux.
14. Un commentaire dans une collection avec des titres généraux et des numéros de volume.

Articles (revues, magazines et périodiques)

1. Les articles de revues.
2. Les articles de magazines.
3. Les articles de journaux.
4. Les recensions (critiques littéraires).
5. Un article signé dans une encyclopédie ou un dictionnaire.
6. Un article dans un lexique ou un dictionnaire théologique.

Ressources électroniques

1. Un livre électronique (e-book).
2. Un article de revue en texte intégral provenant d'une base de données en ligne avec une version équivalente imprimée.
3. Un article de revue en texte intégral provenant d'une base de données en ligne sans version équivalente imprimée.
4. Une page web.

Autres sources

1. Les interviews.
2. Les mémoires et thèses non publiés.
3. Un article présenté lors d'une conférence.

Les entrées bibliographiques pour les livres

Le premier auteur est cité par son nom de famille, suivi de son(ses) prénom(s). Les autres auteurs, s'il y en a, suivent la même présentation et sont séparés par une virgule. La seule différence entre la méthode auteur-date et celle des notes bibliographiques est le placement de la date. Dans la méthode auteur-date, la date suit immédiatement le nom de l'auteur, tandis que dans la note bibliographique, elle est placée après le nom de l'éditeur. La présentation du nom de famille peut varier, nous avons choisi de le présenter en petites majuscules mais il peut aussi être présenté en majuscules ou en minuscules avec la première lettre en majuscule. L'important est de rester cohérent tout au long de la bibliographie. Le nom et le prénom de l'auteur peut aussi être séparé par une virgule. Nous avons choisi d'omettre la virgule.

1. Livres avec un seul auteur

NB   Enns Paul, *Introduction à la théologie*, Trois-Rivières (Québec), Canada, Publications Chrétiennes, 2009.

AD   Enns Paul, 2009, *Introduction à la théologie*, Trois-Rivières (Québec), Canada, Publications Chrétiennes.

2. Livres avec un deux ou trois auteurs

Si un livre a deux ou trois auteurs, citez tous les auteurs.

NB   Bassin François, Kuen Alfred, Horton Frank, *Évangiles et Actes. Introduction au Nouveau Testament*, Saint-Légier sur Vevey, Suisse, Éditions Emmaüs, 1990.

AD   Bassin François, Kuen Alfred, Horton Frank, 1990, *Évangiles et Actes. Introduction au Nouveau Testament*, Saint-Légier sur Vevey, Suisse, Éditions Emmaüs.

3. Livres avec plus de trois auteurs

Quand un livre a plus de trois auteurs, citez seulement le premier auteur et ajoutez l'abréviation « et al. » ou les mots « et autres » dans l'entrée bibliographique.

NB   Hill Margaret, et al., *Accompagner les personnes traumatisées à la lumière de la Bible. Livret du participant pour les groupes d'accompagnement*, Paris, Éditions Bibli'o, 2024.

AD   Hill Margaret, et al., 2024, *Accompagner les personnes traumatisées à la lumière de la Bible. Livret du participant pour les groupes d'accompagnement*, Paris, Éditions Bibli'o.

4. Livres avec un traducteur

NB   S̶ᴛᴏᴛᴛ John R. W., *Une lampe à nos pieds. La Parole de Dieu pour le monde d'aujourd'hui*, traduit de l'anglais par Michael McGowan, Carlisle, Langham Preaching Resources, 2021.

AD   S̶ᴛᴏᴛᴛ John R. W., 2021, *Une lampe à nos pieds. La Parole de Dieu pour le monde d'aujourd'hui*, traduit de l'anglais par Michael McGowan, Carlisle, Langham Preaching Resources.

5. Livres avec un directeur d'ouvrage

NB   Aᴅᴇʏᴇᴍᴏ Tokunboh, sous dir., *Commentaire biblique contemporain*, Marne-la-Vallée, Éditions Farel, 2008.

AD   Aᴅᴇʏᴇᴍᴏ Tokunboh, sous dir., 2008, *Commentaire biblique contemporain*, Marne-la-Vallée, Éditions Farel.

6. Livres avec deux directeurs ou plus

Si un livre a deux ou trois directeurs d'ouvrage, citez-les tous et utilisez l'abréviation « sous dir. » après le dernier prénom.

NB   Aɢᴀɴɢ Sunday B., Hᴇɴᴅʀɪᴋs H. Jurgens, Fᴏʀsᴛᴇʀ Dion A., sous dir., *Théologie publique africaine*, traduit de l'anglais par Antoine Doriath, s.l., LivresHippo, 2022.

AD   Aɢᴀɴɢ Sunday B., Hᴇɴᴅʀɪᴋs H. Jurgens, Fᴏʀsᴛᴇʀ Dion A., sous dir., 2022, *Théologie publique africaine*, traduit de l'anglais par Antoine Doriath, s.l., LivresHippo.

Si l'ouvrage a plus de trois directeurs d'ouvrage, citez seulement le nom du directeur principal ou les noms des directeurs principaux, suivi de l'abréviation « et al. ». Vous pouvez choisir le nombre de directeurs cités. Les exemples ci-dessous montrent un et trois directeurs cités.

NB   Dᴇɴɴɪs Lane T., et al., sous dir., *ESV Study Bible*, Wheaton, Illinois, Crossway Books, 2008.

AD   Dᴇɴɴɪs Lane T., Gʀᴜᴅᴇᴍ Wayne, Pᴀᴄᴋᴇʀ J. I., et al., sous dir., 2008, *ESV Study Bible*, Wheaton, Illinois, Crossway Books.

7. Livres avec à la fois un auteur et un directeur d'ouvrage

Quand un livre a à la fois un auteur et un directeur d'ouvrage, citez-le sous le nom de l'auteur et mentionnez le directeur après le titre.

NB   Sᴄʜɪʟʟᴇʙᴇᴇᴄᴋx Edward, *The Schillebeeckx Reader*, sous dir. Robert J. Schreiter, Edimbourg, T&T Clark, 1986.

AD   Sᴄʜɪʟʟᴇʙᴇᴇᴄᴋx Edward, 1986, *The Schillebeeckx Reader*, sous dir. Robert J. Schreiter, Edimbourg, T&T Clark.

8. Livres avec un auteur, un directeur d'ouvrage et un traducteur

NB   Bavinck Herman, *Reformed Dogmatics*, sous dir. John Bolt, traduit par John Vriend, Grand Rapids, Mich., Baker, 2003.

AD   Bavinck Herman, 2003, *Reformed Dogmatics*, sous dir. John Bolt, traduit par John Vriend, Grand Rapids, Mich., Baker.

9. Éditions numérotées ou révisées

Vous pouvez choisir d'abréger ou non les mots « révisée », « troisième » et « édition ».

NB   Ryrie Charles Caldwell, *Le dispensationalisme : hier et aujourd'hui*, éd. rév., Gatineau (Québec), Canada, Le Messager Chrétien, 1997.

AD   Ryrie Charles Caldwell, 1997. *Le dispensationalisme : hier et aujourd'hui*, édition révisée, Gatineau (Québec), Canada, Le Messager Chrétien.

10. Livres en plusieurs volumes

Lorsque l'on se réfère à l'ensemble de l'ouvrage, il suffit d'indiquer le nombre de volumes. Le nombre de volumes est placé après le titre ou après les noms des directeurs d'ouvrage et des traducteurs (le cas échéant).

NB   Godet Frédéric, *Commentaire sur l'évangile de Jean*, 3 tomes, Trois-Rivières (Québec), Canada, Éditions Impact, 2002.

AD   Godet Frédéric, 2002, *Commentaire sur l'évangile de Jean*, 3 tomes, Trois-Rivières (Québec), Canada, Éditions Impact.

11. Chapitre d'un livre avec un directeur d'ouvrage

Le titre du chapitre est placé entre guillemets, tandis que le titre du livre reste en italiques.

NB   Lygunda li-M Fohle, « L'apport des missionnaires africains à la mission mondiale », dans *L'Afrique d'aujourd'hui et les Églises*, sous dir. Hannes Wiher, collection REMIF, Carlisle, Langham Global Library, 2017, pp. 99-111.

AD   Lygunda li-M Fohle, 2017, « L'apport des missionnaires africains à la mission mondiale », dans *L'Afrique d'aujourd'hui et les Églises*, sous dir. Hannes Wiher, collection REMIF, Carlisle, Langham Global Library, pp. 99-111.

Dans les exemples, il peut parfois être approprié de remplacer les numéros de page par le numéro du chapitre.

12. Chapitre dans un volume titré d'une collection avec un directeur d'ouvrage et des numéros de volume

    NB   Dijk-Hemmes Fokkelien (van), « Mothers and a Mediator in the Song of Deborah », dans *A Feminist Companion to Judges*, sous dir. Athalya Brenner, vol. 4 de *Feminist Companion to the Bible*, Sheffield, Sheffield Academic Press, 1993, pp. 110-114.

    AD   Dijk-Hemmes Fokkelien (van), 1993, « Mothers and a Mediator in the Song of Deborah », dans *A Feminist Companion to Judges*, sous dir. Athalya Brenner, vol. 4 de *Feminist Companion to the Bible*, Sheffield, Sheffield Academic Press, pp. 110-114.

13. Commentaire biblique dans une collection

Le nom de la collection est placé après le titre du commentaire avec l'abréviation « coll. ». La collection ne comporte pas de numéros de volumes dans les exemples ci-dessous.

    NB   Perrilliat Philippe, *Genèse 1 à 11*, coll. Comprendre la Bible, Lyon, France, Clé, 2022.

    AD   Perrilliat Philippe, 2022, *Genèse 1 à 11*, coll. Comprendre la Bible, Lyon, France, Clé.

14. Commentaire biblique dans une collection avec des numéros de volume

    NB   Romerowski Sylvain, *Les livres de Joël et d'Abdias*, CEB AT 29, 2e éd. rév., Vaux-sur-Seine, Édifac, 2023.

    AD   Romerowski Sylvain, 2023, *Les livres de Joël et d'Abdias*, CEB AT 29, 2e éd. rév., Vaux-sur-Seine, Édifac.

Entrées bibliographiques pour les articles

Les titres des articles sont présentés entre guillemets et ne sont pas en italiques. Le titre de la revue, du magazine ou du journal dans lequel l'article est publié est présenté en italique.

15. Article dans une revue

Les éléments bibliographiques courants pour un article de revue sont les suivants : nom de l'auteur, titre de l'article (entre guillemets), nom de la revue (en italique), volume et numéro de la revue, date de publication, numéros de page de l'article. Nous présentons ci-dessous les différences entre les deux systèmes : la méthode auteur-date et les notes bibliographiques.

    NB   Wiher Hannes, « Toucher les êtres humains en profondeur », dans *Théologie Évangélique* vol. 12, n° 1, 2013, pp. 69-85.

    AD   Wiher Hannes, 2013, « Toucher les êtres humains en profondeur », dans *Théologie Évangélique* vol. 12, n° 1, pp. 69-85.

Le titre de l'article est entre guillemets (et non pas en italique) ; le nom de la revue est en italique. Le numéro du volume de la revue suit le nom de cette dernière (sans signes de ponctuation entre eux), viennent ensuite le numéro du fascicule, la date et les numéros de pages. Beaucoup de revues théologiques sont publiées deux, trois ou quatre fois par an, et chaque publication est numérotée ; la référence ci-dessus (vol. 12, n° 1, pp. 69-85) indique le volume 12, numéro 1, pages 69-85. Les revues théologiques n'utilisent pas toutes des numéros de fascicule. Par ailleurs, que la revue soit imprimée ou publiée en version électronique, l'entrée bibliographique reste la même.

Si l'article de la revue est accessible à partir d'une base de données électronique ou d'une édition en ligne de la revue, vous pouvez fournir les détails de la base de données ou du site web en plus. Nous considérons que cette option est facultative. Voici trois exemples différents de la manière de procéder.

NB Pohor Rubin, « L'Église Protestante Méthodiste Unie de Côte d'Ivoire. Une approche sociohistorique (1870-1964) », *Études théologiques et religieuses* vol. 84, n° 1, 2009, pp. 23-48, consulté le 20 février 2024. DOI : 10.3917/etr.0841.0023.

AD Pohor Rubin, 2009, « L'Église Protestante Méthodiste Unie de Côte d'Ivoire. Une approche sociohistorique (1870-1964) », *Études théologiques et religieuses* vol. 84, n° 1, pp. 23-48, consulté sur Atla Religion Database.

NB Pohor Rubin, « L'Église Protestante Méthodiste Unie de Côte d'Ivoire. Une approche sociohistorique (1870-1964) », *Études théologiques et religieuses* vol. 84, n° 1, 2009, pp. 23-48, consulté le 20 février 2024, https://www.cairn.info/revue-etudes-theologiques-et-religieuses-2009-1-page-23.htm.

16. Article dans un magazine

Les articles de magazines sont cités de la même manière que les articles de revues, sauf que les numéros de volume et de fascicule ne s'appliquent pas. Au lieu de cela, le numéro spécifique du magazine est identifié en ajoutant la date du numéro : le mois s'il s'agit d'une publication mensuelle ; la date exacte s'il s'agit d'une publication hebdomadaire.

NB Millard Alan, « Biblical Writer Had Early Sources », dans *Biblical Archaeology Review* vol. 36, n° 5, octobre 2010, pp. 11-12, 17-21.

AD Hodgson Taryn, 2014, « How the Media is Sexualising Your Children », dans *JOY! Magazine*, 17 mai, pp. 59-60.

17. Article dans un journal

Les références d'articles de journaux doivent indiquer la date exacte et le numéro de page. Les éléments sont similaires à ceux d'un article de magazine. Si le nom de l'auteur n'est pas connu, indiquez le titre en premier. Si le journal n'est pas très connu, vous pouvez ajouter la ville de publication.

NB Woodbridge Noel B., « The Use of Worship Songs in Youth Ministry », dans *The Star*, 14 novembre 2007, p. 4.

AD Woodbridge Noel B., 2007, « The Use of Worship Songs in Youth Ministry », dans *The Star*, 14 novembre, p. 4.

18. Recensions dans des revues

Les références de recensions commencent par le nom de l'auteur de la recension. Elles indiquent l'auteur et le titre de l'ouvrage commenté, puis les détails de la publication dans laquelle la critique a été publiée.

NB Lygunda Li-M Fohle, « L'Église peine à jouer son rôle en Afrique alors que la démocratie n'apporte pas nécessairement le bonheur au peuple [évalue Andria, Solomon, sous dir. *Église, politique et démocratie : Réflexions théologiques africaines*] », dans *African Christian Theology* vol. 1, n° 1, 2024, pp. 164-170.

AD Lygunda Li-M Fohle, 2024, « L'Église peine à jouer son rôle en Afrique alors que la démocratie n'apporte pas nécessairement le bonheur au peuple [évalue Andria, Solomon, sous dir. *Église, politique et démocratie : Réflexions théologiques africaines*] », dans *African Christian Theology* vol. 1, n° 1, pp. 164-170.

19. Article signé dans une encyclopédie ou un dictionnaire

Les articles d'une encyclopédie ou d'un dictionnaire sont généralement rédigés par divers auteurs et le nom de l'auteur est indiqué. Il convient de citer l'article sous le nom de l'auteur. Ne le citez pas sous le nom du directeur de l'encyclopédie.

NB Angers Dominique, « Communion fraternelle », dans *Dictionnaire de théologie pratique*, sous dir. Christophe Paya, Charols, Excelsis, 2011, pp. 183-189.

AD Angers Dominique, 2011, « Communion fraternelle », dans *Dictionnaire de théologie pratique*, sous dir. Christophe Paya, Charols, Excelsis, pp. 183-189.

20. Article dans un lexique ou un dictionnaire théologique

La manière de citer les articles de dictionnaires théologiques varie. Avec la méthode des notes bibliographiques, on se contente généralement de citer l'ouvrage dans son ensemble dans la bibliographie. L'auteur de l'article est mentionné dans la note de bas de page correspondante. En voici un exemple :

NB BOTTERWECK G. Johannes, RINGGREN Helmer, FABRY Heinz-Josef, sous dir., *Theological Dictionary of the Old Testament*, traduit par Douglas W. Stott, 15 vols, Grand Rapids, Mich., Eerdmans, 1974-2006.

Avec la méthode auteur-date, l'entrée dans la bibliographie doit correspondre à la référence dans le texte. Si vous avez cité l'auteur de l'article dans votre texte, l'entrée bibliographique devrait correspondre à cette référence.

AD OEPKE Albrecht, 1964-1976, « γύμνος », dans le vol. 1 de *Theological Dictionary of the New Testament*, sous dir. Gerhard Kittel et Gerhard Friedrich, traduit par Geoffrey W. Bromiley, Grand Rapids, Mich., Eerdmans, p. 773.

Entrées bibliographiques pour les ressources électroniques

21. Livre électronique (e-book)

Pour la méthode des notes bibliographiques, un e-book est cité de la même manière qu'un livre papier, avec pour seule différence la mention de l'édition électronique ou de la liseuse à la fin de l'entrée. Si l'édition électronique a une date de publication différente, il convient de l'inclure.

NB CRENSHAW James L., STEUSSY Marti, GOTTWALD Norman, *A History of Israel*, Grand Rapids, Mich., Eerdmans, 2001, édition Kindle, 2013.

Pour la méthode auteur-date, l'entrée de la bibliographie doit correspondre à la référence dans le texte. Si les éditions papier et numérique ont des dates de publication différentes, il convient de choisir celle à utiliser dans la référence dans le texte. Même s'il est acceptable d'utiliser la date de l'édition imprimée, il est préférable d'utiliser la date de l'édition numérique. L'entrée dans la bibliographie devra être ajustée en conséquence. Voici deux manières acceptables d'inclure les deux dates :

AD 1 CRENSHAW James L., STEUSSY Marti, GOTTWALD Norman, 2013 [2001], *A History of Israel*, Grand Rapids, Mich., Eerdmans, édition Kindle.

AD 2 CRENSHAW James L., STEUSSY Marti, GOTTWALD Norman, 2013, *A History of Israel*, Grand Rapids, Mich., Eerdmans, 2001, édition Kindle.

La date principale est celle de l'édition électronique que vous avez utilisée. La date de l'édition imprimée originale peut être placée entre crochets après la date de l'édition électronique ou après les détails de la publication du livre imprimé, comme c'est le cas dans les références basées sur les notes bibliographiques. Si l'édition électronique a été consultée en ligne, il convient d'inclure le lien et la date de consultation.

NB S Philip, *The History of the Christian Church*, Londres, Charles Scribner's Sons, 1910. Édition électronique, Dallas, Electronic Bible Society, 1998, consultée le 26 septembre 2014, http://www.ccel.org/s/schaff/history/About.htm.

AD S Philip, 1998, *The History of the Christian Church*, Londres, Charles Scribner's Sons, 1910. Édition électronique, Dallas, Electronic Bible Society, 1998, consultée le 26 septembre 2014, http://www.ccel.org/s/schaff/history/About.htm.

22. Site web

L'entrée de base pour un site web comprend le nom de l'auteur ou des auteurs, le titre de la page entre guillemets, le titre du site web en italique, l'adresse du site web et la date de consultation. Si le site web indique une date de publication de l'article, il convient de l'indiquer à l'endroit habituel.

NB W N. B., « L'usage des cantiques dans le ministère de la jeunesse : un paradigme postmoderne », 2005, article en ligne, consulté le 11 juillet 2007, www.theological-research.org.

AD W N. B., 2005, « L'usage des cantiques dans le ministère de la jeunesse : un paradigme postmoderne », article en ligne, consulté le 11 juillet 2007, www.theological-research.org.

De nombreux sites internet ne mentionnent pas toutes les informations que vous aimeriez citer. Si le site n'indique pas de date de rédaction ou de publication, ne mentionnez tout simplement pas de date pour la méthode des notes bibliographiques. Pour la méthode auteur-date, mentionnez entre crochets l'année de consultation. Si le site web n'indique pas le nom de l'auteur, mentionnez le titre au début de l'entrée bibliographique. Si l'auteur est une organisation, inscrivez-la en tant que tel. L'exemple ci-dessous n'a ni auteur ni date de publication. Le titre apparaît en premier et la date citée pour la méthode auteur-date est la date de consultation.

NB « Doctrine », *The Methodist Church of Southern Africa*, consulté le 30 octobre 2014, http://www.methodist.org.za/theology/doctrine.

AD « Doctrine », [2014], *The Methodist Church of Southern Africa*, consulté le 30 octobre 2014, http://www.methodist.org.za/theology/doctrine.

Entrées bibliographiques pour les autres sources

23. Interview

Si une interview est mentionnée dans la bibliographie, la personne interviewée est considérée comme l'auteur. Nous présentons deux exemples différents d'interviews :

NB   P<small>EPPLER</small> Christopher L., interview avec Jennifer Mason, *Christian News Magazine*, 23 juillet 2007, p. 7.

AD   J<small>OLIE</small> Angelina, interview avec Steve Kroft, *60 Minutes*, CBS, WCBS, 3 février 2009.

24. Mémoires et thèses non publiés

Les mémoires et les thèses ne sont pas considérés comme des œuvres publiées. Les titres des mémoires et thèses sont placés entre guillemets et non en italiques. Le nom de l'institution doit être mentionné. Si la thèse ou le mémoire a été consulté en ligne, il convient d'ajouter l'adresse internet et la date de consultation.

NB   B<small>URNET</small> R., « La pratique épistolaire chrétienne au 1er et 2e siècle : de Paul de Tarse à Polycarpe de Smyrne », thèse de doctorat, Université de Lille 3, 2005.

AD   D<small>EROND</small> Charles, 2016, « Ethique et pauvreté dans les sociétés de tradition chrétienne », thèse de doctorat, Université de Strasbourg, consulté le 24 juin 2024 sur https://theses.hal.science/tel-01534043v1.

25. Articles présentés lors d'une conférence

Les articles présentés lors d'une conférence, doivent indiquer le nom, le lieu et la date de la conférence où ils ont été présentés.

NB   T<small>IÉNOU</small> Tite, « Tâche théologique de l'Église en Afrique », Actes de la Conférence en mémoire de Byang H. Kato du 17 au 20 avril 1978 à l'ECWA Theological Seminary, Igbaja (Nigéria), Abidjan, CPE, 1980.

AD   T<small>IÉNOU</small> Tite, 1980, « Tâche théologique de l'Église en Afrique », Actes de la Conférence en mémoire de Byang H. Kato du 17 au 20 avril 1978 à l'ECWA Theological Seminary, Igbaja (Nigéria), Abidjan, CPE.

La ponctuation dans une bibliographie

La chose la plus importante concernant la ponctuation dans une bibliographie est la *cohérence*. Si vous lisiez dix guides de présentation d'une bibliographie différents, vous rencontreriez probablement dix façons de faire différentes. L'important est de suivre les mêmes normes de présentation tout au long de votre bibliographie, peu importe la méthode utilisée.

Les règles de ponctuation les plus importantes portent sur l'utilisation des majuscules, des italiques, des virgules et des points. Les éléments ci-dessous présentent nos règles de ponctuation pour une bibliographie. Ils représentent notre style préféré. Si vous choisissez de modifier le style recommandé, assurez-vous d'être cohérent.

- a) *Les majuscules.* Notre style préféré est celui des phrases normales. Mettez une majuscule seulement au premier mot de la phrase et aux noms propres (par exemple, *Le nouveau dictionnaire de la Bible*). Plusieurs modèles de style utilisent la majuscule pour tous les noms communs et les noms propres (par exemple, *Le Nouveau Dictionnaire de la Bible*).

- b) *L'italique et le soulignage.* Écrivez les titres des livres, des journaux et des revues en italique. Mais n'écrivez pas les titres des articles, des thèses, des mémoires ou autres en italique. Gardez le soulignage seulement pour les sources électroniques, c'est-à-dire les adresses de courriels (emails) ou de sites web.

- c) *Les points.* Nous préconisons d'utiliser des points après les initiales d'un auteur (p. ex. « Tucker L. P. »). Pour les abréviations, insérez un point seulement si la dernière lettre de l'abréviation n'est pas la dernière lettre du mot en entier (p. ex. « éd. » non pas « éd », mais « vol. » et « vols »).

- d) *Virgules.* Utilisez les virgules pour séparer chaque élément de la référence, sauf entre le titre et le sous-titre d'un article ou d'un ouvrage qui sont plutôt séparés par un deux-points ou un point selon les préférences.

Comment classer les ouvrages dans une bibliographie

La règle pour arranger les entrées dans une bibliographie est simple : mettez toutes les sources *en ordre alphabétique* selon les noms de famille des auteurs ou des directeurs d'ouvrage. Énumérez toutes les entrées en ordre alphabétique à l'intérieur d'une seule et même liste ; ne les divisez pas en catégories (p. ex. journaux, livres, entrevues, etc.). Voici quelques règles à suivre pour le classement en ordre alphabétique :

- Si vous avez plusieurs entrées pour un même auteur, l'ordre dépend de la méthode de référencement. Pour la méthode des notes bibliographiques, les entrées pour un même auteur sont organisées par ordre alphabétique de titre. Pour la méthode auteur-date, les entrées sont organisées par date. Si l'auteur a plusieurs publications datant de la même année, numérotez-les en utilisant a, b, c, et ainsi de suite.

    Williams D. H., 2002.
    Williams D. H., 2004a.
    Williams D. H., 2004b.
    Williams D. H., 2004c.

- Lorsque vous classez les noms des auteurs en ordre alphabétique, suivez l'ordre exact des lettres et ne tenez pas compte des espaces et des apostrophes. Classez les noms de famille composés par la première partie du nom.

    Brown Jean-Paul,

    De La Rey L. W. C.,

    De Waard Anthony J.,

    d'Offay Michael,

    Grudem Wayne,

    Hall-Lindsay T. I.,

    MacMillan G. Brett,

    McArthur Kenneth R., Jr,

    Smith-Jones L. F.,

    St Denis R.,

    van Rensburg Reuben D.,

- Si deux auteurs ont le même nom de famille, classez-les par ordre alphabétique selon leurs initiales ou leurs prénoms.

    Wilson D., 2002,

    Wilson Debra, 2014,

    Wilson D. L., 1991,

    Wilson S. J., 2007,

- Lorsqu'une source n'a pas d'auteur, classez-la par ordre alphabétique d'après la lettre du premier mot du titre, sans tenir compte de l'article (un, une, du, de la, de l', des, le, la, les).

    Comment interpréter la Bible, 1991, Livre disponible en ligne, consulté le 31 août 2010 sur www.institut-emmaus.ch.

    Keidel P., 2008, *Les défis de la mission interculturelle*, Lyon, Éditions Clé.

    La nouvelle version internationale, 1984, Grand Rapids, Mich., Zondervan.

    « La Parole de Dieu », 1998, Article en ligne, consulté le 10 décembre 2007 sur www.tjl.co.za.

    Zoltan E. W., 2007, *L'Esprit dans la Parole*, Johannesburg, SATS Press.

En résumé

Tout travail académique devrait se terminer par une bibliographie. Avec la méthode auteur-date, le modèle de bibliographie préféré est la liste des *références citées* ; les autres modèles sont : les références consultées, la bibliographie sélective et la bibliographie annotée.

Les entrées bibliographiques sont organisées en ordre alphabétique selon les noms des auteurs ou des directeurs d'ouvrage. Les entrées doivent contenir au moins quatre éléments essentiels d'information : Qui est l'auteur de cette source ? Quand a-t-elle été publiée ? Quel est le titre ? Où peut-on se la procurer ? Le contenu exact et le format des entrées varient considérablement selon le type de ressources (p. ex. un livre, une thèse, un article de journal, une entrevue, une ressource en ligne) et les détails disponibles.

Il existe de nombreux modèles de style et de mise en forme pour classer les entrées dans la bibliographie. Les règles peuvent varier quant aux informations à inclure, la façon de les classer, de les ponctuer et pour beaucoup d'autres détails. Ce chapitre a présenté un ensemble particulier de directives pour la mise en forme des entrées bibliographiques. Vous pouvez suivre ces directives ou d'autres. Ce qui importe, c'est la constance et la cohérence !

6

Le plagiat

Que l'on aime ou non la technologie, il est difficile de l'ignorer ! Que cela nous plaise ou non, nous devons faire face aux défis présentés par la technologie.

Dans le monde technologique dans lequel nous vivons, les gens n'ont plus besoin d'aller au bureau pour des réunions. Les logiciels de conférence en ligne gratuits peuvent même faciliter les rencontres de groupes. Il suffit d'installer un logiciel de conférence sur l'ordinateur pour pouvoir rencontrer des personnes sans même quitter son bureau ou son domicile. En raison de cette technologie en constante évolution, les gens marchent maintenant avec leurs doigts, plutôt qu'avec leurs pieds. De grandes quantités d'informations et de moyens d'accès à cette information peuvent être accessibles du bout des doigts. Avec un ordinateur et une bonne connexion internet, n'importe qui peut entrer dans un cybermonde. Cela était inconcevable pour une personne moyenne, moins de 25 ans auparavant.

La technologie en constante évolution pose de nouveaux défis. Le plus grand défi auquel les établissements universitaires doivent faire face aujourd'hui dans les travaux académiques est le *plagiat*. Les érudits qui ont travaillé dans des établissements d'enseignement supérieur avant l'assaut de la technologie connaissaient le problème du plagiat, mais d'une manière limitée. Par exemple, avant que les ordinateurs entrent dans nos maisons, la seule façon de plagier un document était d'aller à la bibliothèque, photocopier quelques pages d'un livre et copier les informations mot pour mot. Si la personne qui notait le travail ne connaissait pas les informations recopiées, les étudiants pouvaient s'en tirer facilement avec le plagiat. Toutefois, dans cette nouvelle ère d'information, la technologie crée une plus grande tentation de plagiat, et ce, autant pour les étudiants en herbe que pour l'érudit expérimenté.

Avant d'explorer le plagiat et ses dangers, nous devons le définir.

Définition du plagiat

Selon le *Penguin English Dictionary*, le plagiat est une « tentative injuste de faire passer une œuvre littéraire ou musicale d'autrui pour sienne ; c'est l'acte de copier sans autorisation ou sans référencer[1] ». Joseph Gibaldi aborde les deux iniquités du plagiat. « Utiliser des idées, des informations ou des expressions d'une autre personne sans les référencer constitue un vol intellectuel, indique Gibaldi, et faire passer des idées, des informations ou des expressions d'une autre personne pour vôtres en vue d'obtenir une meilleure note ou de bénéficier d'un avantage quelconque constitue une fraude[2]. »

Le plagiat est une infraction grave. Utiliser le travail d'un auteur sans le référencer, c'est voler ses informations ou ses idées. De plus, c'est une fourberie que de vouloir faire passer des informations d'autrui pour les nôtres[3]. Cependant, il arrive parfois qu'une personne copie le travail de quelqu'un d'autre par inadvertance ou par ignorance des lois sur le plagiat. Le plagiat qui n'est pas intentionnel peut être le résultat de la négligence ; mais le plagiat délibéré est une tentative volontaire de tromperie. Il s'agit d'un grave abus de confiance.

Étant donné qu'une accusation de plagiat est considérée comme une infraction grave, les étudiants doivent éviter la moindre tentation de recourir aux écrits de quelqu'un pour se les approprier. Cela est d'autant plus vrai si vous êtes un étudiant en théologie, car nous devons nous abstenir « de toute forme de mal » (1 Th 5.22).

Avant de voir ce qui constitue le plagiat et comment on peut l'éviter, nous allons considérer la manière dont le plagiat s'est glissé dans les milieux universitaires. Le plagiat n'a pas de frontières. Il concerne toute personne qui doit faire des recherches pour un travail académique, que ce soit un étudiant qui écrit une dissertation ou un érudit qui fait des recherches pour une thèse de doctorat. La technologie nous tente tous à prendre un raccourci à un moment donné ou l'autre, particulièrement lorsque la pression monte et que la date limite de remise des travaux approche. Malheureusement, faire du copier-coller de l'œuvre de quelqu'un d'autre et le faire passer pour sien à cause de la pression pour réussir dans une société qui avance à toute vitesse a causé la ruine de nombreux universitaires en herbe (voir ci-dessous).

La réalité de la technologie fait que l'on n'a plus besoin d'aller s'asseoir dans une bibliothèque pendant de longues heures pour se pencher sur des livres et rédiger de nombreuses notes. Grâce à la technologie, cela est rapidement devenu une pratique du passé. Ainsi, la triste réalité est que le plagiat s'est grandement répandu parmi les étudiants qui ont accès à Internet. La tentation de réduire sa charge de travail et de libérer du temps pour d'autres activités rend le plagiat attrayant.

Prenez, par exemple, les informations qui sont sur Internet. L'un des plus grands moteurs de recherche, Google, a l'intention de rendre des millions de livres disponibles en ligne, si l'on peut trouver une solution aux défis que posent les droits d'auteur. Les plus grandes universités du monde ont commencé à offrir gratuitement le contenu de leurs cours (p. ex. le

---

1. George N. Garmonsway et al., sous dir., *The Penguin English Dictionary*, Harmondsworth, Penguin Books, 1972, p. 535.
2. Joseph Gibaldi, sous dir., *MLA Handbook for Writers of Research Papers*, 7e éd., New York, Modern Language Association, 2009, p. 52.
3. *Ibid.*

MIT et Harvard). Elles proposent des cours en ligne, partagent des cours et des notes. L'accès facile à du matériel de cette qualité sur Internet rend le plagiat encore plus attrayant.

Les recherches menées en 2007 par Prega Govender du journal *Sunday Times* ont révélé que presque tous les établissements d'enseignement supérieur sont touchés par le problème du plagiat. L'actualité nous apprend que des hauts fonctionnaires ont été démasqués pour avoir plagié dans leurs thèses de doctorat, et que des professeurs ont démissionné à la suite d'allégations de plagiat. Cependant, l'intégrité des institutions reste intacte, pour autant qu'elles prennent des mesures pour éradiquer le plagiat et se chargent des contrevenants.

Dans une communication personnelle avec Mark Pretorius, la professeure Isobel Konyn de l'Université de KwaZulu-Natal a dit ceci :

> L'impact de l'autoroute technologique continue à se faire sentir dans toute la société. Dans le domaine de l'enseignement supérieur, elle a posé de nouveaux défis que les universités dans le monde entier doivent appréhender efficacement. Avant l'apparition d'Internet, un enseignant d'université pouvait savoir ce qui était accessible aux étudiants en matière de ressources de bibliothèque et d'ouvrages d'érudition. Aujourd'hui, le défi est beaucoup plus grand, ce qui rend la détection et l'éradication du plagiat encore plus difficile[4].

De nombreux établissements mettent en place des progiciels pour réduire cette pratique honteuse. Des organisations comme Turnitin.com ont été créées spécialement pour gérer le problème du plagiat. Elles permettent aux étudiants et aux établissements de soumettre des travaux académiques. Le programme vérifie la présence de plagiat dans les documents soumis à partir d'une base de données de sources.

Comment devrions-nous faire face à ce fléau qui affecte non seulement l'intégrité des étudiants, mais aussi celle des établissements où ils étudient ?

Faire face au plagiat

La première étape dans la gestion du plagiat est d'éduquer les étudiants. Cela devrait être fait dès leur entrée dans un établissement d'enseignement supérieur.

Un moyen d'y parvenir consiste à créer un site web avec des questions-réponses sur le plagiat que chaque étudiant devrait étudier avant d'essayer de rédiger un devoir. On pourrait même obliger les étudiants à signer une déclaration indiquant qu'ils comprennent ce qu'est le plagiat, et les conséquences qu'ils encourent s'ils sont pris en flagrant délit de plagiat. Comme beaucoup d'élèves plagient par ignorance, plus vite nous pouvons les éduquer, moins nous trouverons de plagiat dans leurs travaux. Évidemment, il y aura toujours des étudiants coupables de plagiat, mais au moins ils le feront en connaissance de cause et n'auront aucun recours juridique pour contester les mesures que l'établissement prendra à leur encontre. Les établissements d'enseignement doivent faire comprendre aux étudiants

---

4. Cité avec l'autorisation de la professeure Konyn de l'Université de KwaZulu-Natal.

qu'ils ne toléreront pas le plagiat et qu'ils sont prêts à prendre des mesures sévères contre les étudiants qui plagient.

La seconde étape consiste à prendre des mesures disciplinaires contre les étudiants qui sont coupables de plagiat. Chaque établissement devrait avoir ses propres procédures à cet égard. Selon la nature et la gravité de l'infraction, cela peut comprendre un avertissement, un échec à un examen, une sanction ou une expulsion. Dans la plupart des cas, cela pourrait impliquer chacune de ces étapes dans une procédure progressive.

Éviter le plagiat

Pour éviter le plagiat, vous devez référencer correctement toutes les sources que vous utilisez. Les références sont généralement fondées sur deux principes, l'attribution et la documentation. L'attribution est la pratique qui consiste à indiquer les idées et les phrases qui ne sont pas les vôtres, à l'aide de guillemets et de références dans le texte ou dans les notes de bas de page. La documentation consiste à fournir des informations sur les sources des idées ou des phrases qui ne viennent pas de vous, et ce, au moyen des références dans le texte et de la bibliographie. Les exemples ci-dessous montrent pourquoi il est important de garder à l'esprit ces deux éléments.

Reconnaître le plagiat

Les étudiants qui sont coupables de plagiat le sont souvent par ignorance ; ils pensent qu'ils doivent référencer les ouvrages seulement lorsqu'ils font des citations directes. Ils ne se rendent pas compte qu'il y a beaucoup d'autres situations qui exigent l'identification des sources. Dans cette section, nous allons répondre à certaines questions pour vous aider à reconnaître les situations où vous devez citer vos sources.

Suis-je coupable de plagiat lorsque je cite littéralement un auteur sans utiliser les guillemets, et ce, même si j'insère une référence dans le texte ? Oui. Chaque fois que vous citez littéralement un auteur sans utiliser les guillemets, vous plagiez parce que vous communiquez l'impression que ces mots expriment votre propre compréhension et les pensées résultant de votre propre réflexion.

Suis-je coupable de plagiat lorsque je remplace simplement des mots de l'auteur par des synonymes, tant que je cite la source à la fin de la phrase ? Oui. Vous êtes coupables de plagiat lorsque vous utilisez la même structure de phrase que celle de la source, car une fois de plus la pensée et l'expression de la pensée ne sont pas les vôtres. Vous n'avez pas paraphrasé la pensée originale, vous ne pouvez donc pas la traiter comme si elle était vôtre. Autrement, vous usez de tromperie, car votre évaluateur pensera que tout le contenu de votre document qui est sans guillemets exprime votre propre compréhension des faits.

Suis-je coupable de plagiat lorsque je reprends la pensée de quelqu'un pour la dire dans mes propres mots, et ce, sans citer la source originale ? Oui. Vous êtes coupables de plagiat parce que le contenu de ce que vous avez écrit ne vient pas de vous. Vous l'avez simplement écrit dans vos propres mots. Vous devez référencer la source originale après une phrase ou un paragraphe que vous avez paraphrasé.

Qu'en est-il des sources d'Internet qui ne sont pas protégées par copyright ? Est-ce un plagiat de les utiliser sans référencer la source ? Oui. Parce qu'une fois de plus, cela équivaut à faire passer la recherche de quelqu'un d'autre pour la vôtre.

Quelles sont les informations qui n'ont pas besoin d'être référencées dans mon travail de recherche ? Vous n'avez pas besoin de référencer vos réflexions personnelles, vos opinions ou votre propre évaluation de la pensée des autres. Vous n'avez pas non plus besoin de citer de sources pour une information de notoriété publique, par exemple : Yaoundé est la capitale du Cameroun. Si vous découvrez que la quasi-totalité de vos sources considèrent une certaine information comme étant de notoriété publique, il n'est pas indispensable de citer une source pour cette information. Par exemple, si vous rédigez un document sur les manuscrits de la mer Morte, vous n'avez pas besoin de citer une source pour étayer le fait qu'ils ont été découverts en 1947 près de la mer Morte.

Le plagiat sape la recherche

Les recherches pour vos travaux écrits sont particulièrement utiles pour votre développement personnel et académique. D'une part, le fait de réfléchir en profondeur sur un sujet à travers les informations découvertes dans les différentes sources fera non seulement progresser votre compréhension du sujet, mais vous aidera également à retenir ce que vous avez appris ; vous n'oublierez pas facilement ce que vous avez eu du mal à comprendre personnellement. D'autre part, cela vous aidera à développer une des capacités les plus importantes qui soient, c'est-à-dire celle de penser par vous-mêmes ! Vous allez acquérir la capacité de réfléchir aux diverses opinions sur des questions difficiles, ainsi que sur la façon de traiter et de présenter des convictions personnelles. Troisièmement, cela vous enseignera la manière de résoudre des problèmes. L'apprentissage fondé sur la recherche et la découverte peut même vous permettre de résoudre des problèmes de la vie de tous les jours. Vous apprendrez à découvrir les meilleures sources et à les utiliser de façon critique. Vous apprendrez également à analyser, comparer, résumer et ainsi de suite.

Lorsque vous « copiez et collez » les pensées de quelqu'un d'autre à la place de vos convictions personnelles fondées sur vos propres découvertes (recherches), vous vous privez vous-même des meilleures leçons de l'enseignement supérieur. Vous devriez pouvoir affirmer honnêtement que vous avez compris et formé vos propres convictions grâce aux recherches que vous avez menées. Lorsque vous plagiez un document, vous méprisez tous les objectifs de la recherche et vous perdez la valeur réelle de l'enseignement supérieur. En fait, vous perdez du temps, le vôtre et celui de votre professeur.

Un défi pour ceux qui sont coupables de plagiat

Si vous êtes enclins à prendre des raccourcis en vous appropriant le travail des autres au lieu de faire vos propres recherches dans les sources et développer ainsi votre propre pensée, nous avons quelques réflexions à vous proposer.

1. Que pouvez-vous vraiment apprendre en « copiant et collant » simplement du texte ? Vous ne pouvez pas démontrer votre compréhension du sujet tant que vous n'expliquez pas dans vos propres mots les informations que vous présentez.

2. Comment pouvez-vous vous préparer pour le ministère en utilisant le « copier-coller » avec l'intention de tromper vos évaluateurs ? Même si vous réussissiez à duper ces derniers, ne seriez-vous pas en train de vous tromper vous-mêmes en sacrifiant votre intégrité et en trahissant votre Sauveur ?

3. Comment pourriez-vous développer l'habileté de penser et d'écrire en remplaçant vos propres mots par ceux de quelqu'un d'autre ? Ne seriez-vous pas en train de vous priver de la possibilité d'apprendre à développer la capacité de penser de façon critique et les compétences de communication dont vous aurez un jour besoin pour votre ministère ?

Certains étudiants en économie ou en droit trichent pour obtenir leur diplôme, mais tricher dans la formation théologique est comme voler une Bible ; comment Dieu pourrait-il vous bénir pour cela ? Qu'est-ce qu'un diplôme de théologie peut apporter à un homme sans intégrité ?

Le plagiat est une infraction grave. C'est *votre* responsabilité de l'éviter. L'ignorance n'est pas une excuse. Vous devez savoir ce qu'est le plagiat et vous assurer de ne pas le faire. Le seul moyen de vous en préserver, c'est de vous rappeler ces mots : vous citez, vous référencez !

7

La mise en forme d'un travail académique

Le but de ce chapitre est de proposer des conseils pour la mise en forme d'un travail académique. Nous présenterons quelques principes et des exemples de pages pour illustrer les principaux aspects d'une bonne mise en forme. Nous vous suggérons de les étudier de près et de les utiliser comme modèles pour la mise en forme de vos documents.

La page de couverture

La page de couverture ou page de garde d'un travail écrit devrait contenir les éléments suivants :

- Le nom de l'établissement ;
- Le titre de la rédaction ;
- Le nom de l'auteur ;
- La nature de la rédaction ;
- Le nom du programme d'études ou du diplôme ;
- La date de remise ;
- Le nom du professeur ou de l'évaluateur.

La figure 1 à la page 71 montre la page de garde d'un mémoire ou d'une thèse. Tous les éléments sont centrés sur la page. Le nom de l'établissement apparaît en premier lieu, suivi du titre du travail, du nom de l'auteur et d'une description de la nature du travail. Dans cet exemple, c'est un mémoire présenté pour l'obtention d'un diplôme. Si le travail représentait seulement une partie des exigences du programme, la description de la nature du travail indiquerait par exemple : « Présenté comme exigence partielle du programme de master en théologie. » Les derniers éléments sont le nom de l'évaluateur et la date de remise.

La figure 2 à la page 72 montre la page de garde d'un devoir écrit dans le cadre d'un cours en particulier. Le nom de l'établissement apparaît en haut de la page. Après le titre du devoir viennent le nom du programme d'études, le titre du cours et le nom de l'auteur. La page de garde se termine par la date de remise du devoir et le nom du professeur qui le corrigera. Si la rédaction n'est pas un devoir, inscrivez sa description exacte (rapport, portfolio, dissertation, recension, etc.) à la place de « dissertation ». Une fois de plus, notez que tous les éléments de la page de garde sont centrés. Certains établissements peuvent exiger que vous écriviez le titre du document en majuscule ou en caractères gras ou encore en italique.

La déclaration et la dédicace (pour les thèses et mémoires uniquement)

Les thèses et les mémoires doivent inclure une déclaration signée attestant que la rédaction est bien l'œuvre de l'auteur. La déclaration apparaît sur une page séparée. L'auteur doit la signer et la dater. Voici une formulation typique :

> Je soussigné(e) _____ (votre prénom et votre nom) déclare que le texte contenu dans cette thèse m'appartient en propre et n'a jamais été présenté dans son intégralité ou en partie à aucun établissement en vue de l'obtention d'un diplôme.
>
> Signé(e) _____   Date _____

Une thèse ou un mémoire peut également comprendre une dédicace à la famille, aux amis ou aux collègues qui ont contribué d'une manière ou d'une autre à cette étude. Une telle dédicace, communément appelée « remerciements », apparaît généralement sur une page séparée après la déclaration.

L'abstract ou le résumé

Les mémoires, les thèses et les projets de recherche exigent souvent un *abstract*. Un abstract est un résumé de la recherche et ses conclusions. Le Princeton Writing Program explique le contenu et le but d'un abstract comme suit :

> Un abstract est un paragraphe qui contient généralement entre 100 et 350 mots, et qui exprime l'argument principal d'un travail écrit. Un abstract mentionne tout ce qui est d'une importance capitale de manière à donner au lecteur un aperçu clair du contenu de l'ouvrage. Il doit comprendre les éléments dont vous souhaitez que vos lecteurs se souviennent longtemps après avoir oublié les détails de votre document. Les revues scientifiques, par exemple, publient généralement des abstracts au début des articles pour que les lecteurs puissent décider rapidement si l'article est pertinent et intéressant ou non. Si le lecteur décide de lire l'article en entier, l'abstract fonctionne alors comme un plan de l'argument de l'auteur[1].

Placez l'abstract sur une page séparée avant la table des matières. Le titre devrait être « abstract » ou « résumé ». Le texte de l'abstract doit être écrit dans le même style que le reste du document, habituellement avec 1,5 d'interligne (double interligne dans certains

---

1. « Abstracts », *Princeton Writing Program*, 1999, traduction libre, consulté le 10 mai 2008 sur : http://web.princeton.edu/sites/writing/Writing_Center.

établissements) et aligné à gauche ou justifié. La figure 3 à la page 73 contient un exemple typique de ce à quoi un abstract devrait ressembler. Selon les exigences de l'établissement, la page peut être numérotée ou non (voir les instructions ci-dessous pour la numérotation des pages).

La table des matières

La table des matières débute sur une nouvelle page. À titre indicatif, elle devrait contenir les titres principaux et un ou deux niveaux de sous-titre. Dans un devoir, les titres principaux sont les titres de premier niveau dans le texte. Dans une thèse, les titres principaux de la table des matières sont habituellement ceux des chapitres. De plus, les deux premiers niveaux de titre dans un chapitre figurent généralement dans la table des matières. Chaque entrée dans la table des matières doit contenir un numéro de page correspondant (aligné à droite). Si vos titres sont numérotés dans votre document, insérez aussi la numérotation dans la table des matières.

Le diagramme de la figure 4 (p. 74) présente un tableau assez typique du contenu d'une thèse. Les logiciels de traitement de texte comme Microsoft Word ont des fonctions qui vous permettent de générer automatiquement et de mettre à jour la table des matières. Pour ce faire, vous devez utiliser la fonction intégrée des paramètres de style pour les titres. Le grand avantage d'utiliser la fonction intégrée pour générer la table des matières est que les numéros de page seront toujours corrects. Et si vous modifiez le document, cette fonction peut rapidement corriger la table des matières pour s'ajuster aux modifications apportées.

Les pages de texte

Les établissements d'enseignement supérieur ont leurs propres directives concernant la mise en forme du texte d'un document. Voici quelques directives courantes :

Nom de la police :	Arial, Times New Roman ou Calibri
Taille de la police :	12 points
Interligne :	1,5 *ou* double
Justification :	Justifié *ou* aligné à gauche
Format du papier :	A4 *ou* Lettre
Marges :	2,5 à 3 cm sur tous les côtés
Longues citations :	Retrait de 1 cm à gauche et à droite
Titres :	Numérotation des différents niveaux de titres ; application des styles dans Word
Orthographe :	Français de France
Pagination :	En bas au centre *ou* en haut à droite
Système de référence :	Méthode auteur-date *ou* notes bibliographiques

Ces directives vous indiquent comment mettre en forme vos travaux. En tant qu'étudiant, vous devriez configurer votre logiciel de traitement de texte avec des paramètres par défaut (appelé la création d'un modèle). Par exemple, vous pouvez configurer votre logiciel de traitement de texte en sorte que la taille du papier soit A4, la police par défaut Arial 12, l'interligne 1,5, l'orthographe Français de France et ainsi de suite. En particulier, vous devriez apprendre à utiliser *les feuilles de style* dans votre logiciel de traitement de texte. Généralement, elles incluent des styles de titre prédéfinis. Le fait de bien les utiliser rend la mise en forme de votre travail beaucoup *plus* facile.

Une page mise en forme correctement dans un travail académique devrait ressembler à l'exemple de la figure 6 à la page 76. Le texte est saisi avec un interligne de 1,5 et des marges respectables. Il y a une longue citation, en retrait des deux marges. La page est clairement numérotée et les nouveaux paragraphes sont démarqués par un *petit* espace. Elle contient un titre qui est clairement indiqué (en gras et numéroté). La page semble soignée. Elle ne contient pas de grands espaces vides entre les paragraphes.

À présent, par contraste, regardez la page d'exemple de la figure 7 à la page 77. Le titre ne se démarque pas du texte parce qu'il n'est ni numéroté ni stylisé. Il n'y a pas d'en-têtes et de numéros de page. La page illustre aussi une erreur courante commise par les étudiants, c'est-à-dire celle de laisser de larges espaces inutiles entre les paragraphes. Ils le font en appuyant sur la touche « Entrée » à deux reprises chaque fois qu'ils commencent un nouveau paragraphe. *N'appuyez pas deux fois sur la touche « Entrée » pour commencer un nouveau paragraphe !* Il y a deux façons acceptables de commencer un nouveau paragraphe. La première consiste à mettre légèrement en retrait la première ligne de chaque paragraphe. Si vous utilisez cette méthode, vous n'aurez besoin d'aucun espace supplémentaire entre les paragraphes. La seconde consiste à ajuster les paramètres des paragraphes de manière à laisser une demi-ligne avant ou après chaque paragraphe. Cela laisse un petit espace entre les paragraphes, suffisant pour indiquer le début d'un nouveau paragraphe, et pour éviter de laisser de grands espaces blancs. Vous pouvez configurer cette fonction dans les paramètres de paragraphe. Tous les exemples à la fin du chapitre utilisent la seconde méthode.

Les en-têtes et les pieds de page

L'en-tête est le segment de la page au-dessus de la zone où vous tapez le texte principal du document. Le pied de page est le segment correspondant au bas de la page. Dans l'en-tête, écrivez le titre du devoir ou, pour une thèse ou un mémoire, le titre du chapitre. Insérez les numéros de page dans le pied de page (voir la figure 6). La première page d'un chapitre et la page de garde d'un devoir n'ont pas d'en-têtes, puisque le titre est écrit en haut de la page (voir la figure 5). La première page de texte de votre thèse ou devoir doit être numérotée comme étant la page 1. Pour les premières pages (p. ex. la page de garde, la table des matières, et ainsi de suite), vous pouvez les laisser sans numéros ou les numéroter dans un format différent (p. ex. i, ii, iii... ou a, b, c...). Vous devriez placer vos en-têtes et pieds de page environ à mi-chemin entre le texte et la marge. Les logiciels de traitement de texte ont des fonctions intégrées pour la mise en forme des en-têtes et des pieds de page. Il vous faudra découvrir comment votre logiciel de traitement de texte permet l'utilisation d'un en-tête différent sur la première page d'une section et comment il permet l'utilisation de différents styles de numérotation des pages pour différentes sections, c'est-à-dire un style pour les pages de garde et un autre pour le reste du document.

La première page

Laissez un espace supplémentaire en haut de la première page d'un chapitre, d'un article ou d'un devoir, aussi bien qu'en haut des pages telles que l'abstract, la table des matières et la bibliographie. Nous vous suggérons de laisser approximativement cinq centimètres entre la marge du haut et le titre. Écrivez le titre en caractères gras et centrés, avec une police plus grande. La première page de votre document doit être numérotée page 1. L'exemple de la figure 5 à la page 75 montre ce à quoi la première page d'un chapitre de la thèse devrait ressembler. Il y a un espace entre la marge du haut et le numéro du chapitre, suivi du titre du chapitre. Enfin, remarquez l'espace entre le titre du chapitre et le texte.

Les listes à puces et les listes numérotées

Si vous devez numéroter des éléments dans un paragraphe, vous pouvez le faire en insérant entre parenthèses des numéros ou des lettres qui se suivent, comme (1)..., (2)..., (3)..., ou (a)..., (b)..., (c)... N'utilisez pas ces deux styles de manière alternative ; faites votre choix et soyez constant. Ponctuez ces éléments d'une manière naturelle. Si chaque élément est une phrase complète, écrivez la première lettre en majuscule et insérez un point à la fin de la phrase. Si les éléments font partie d'une phrase, séparez-les avec des virgules ou des points-virgules. Voici un exemple simple :

> L'interprétation des Psaumes par les Réformateurs souligne (a) la valeur des titres, (b) la nécessité de comprendre les Psaumes dans leur contexte historique, et (c) la nature prophétique et messianique des Psaumes au sujet de David, en tant que figure du Messie.

Les listes à puces et les listes numérotées doivent être légèrement en retrait vers la droite à partir de la marge de gauche et configurées de manière à produire un retrait négatif. Si chaque élément de la liste est une phrase complète, terminez-la avec un point. Si tous les éléments forment une seule phrase, séparez-les par des virgules ou des points-virgules, et insérez un point après le dernier élément. Une liste à puces contenant des phrases complètes ressemble à ceci :

- Il provient d'un contexte eschatologique.
- Les auteurs des Psaumes étaient considérés comme des prophètes qui prédisaient l'avenir.

- Certains Psaumes décrivent des personnages ou des événements dans des termes si élogieux que le langage dépasse largement la réalité historique d'un quelconque roi ou d'une bataille.
- L'inclusion même des Psaumes royaux dans le Psautier suggère que le rédacteur les considérait comme une référence à un futur roi-*messie*.

Les tableaux et les figures

Les tableaux (voir la figure 8 à la page 78). Les tableaux sont des outils très utiles pour présenter une grande quantité de données dans un format compact et visuel qui permet aux lecteurs de tout voir en un coup d'œil. La plupart des principaux ouvrages sur la mise en forme de document offrent des directives détaillées sur la façon de présenter les différents types de tableaux. Si vous devez utiliser des tableaux complexes et techniques pour présenter vos données, vous devriez consulter l'un de ces ouvrages. Chaque fois que vous utilisez un tableau, vous devez l'identifier avec les trois informations suivantes : (a) tableau, (b) numéro, et (c) légende descriptive. Par exemple : Tableau 7 : Similitudes dans les titres des Psaumes 3 et 7. Ce titre de tableau peut être placé soit au-dessus ou en dessous du tableau ; soyez seulement constant. Chaque fois que vous faites allusion à un tableau dans le texte de votre document, mentionnez-le par son numéro (p. ex. « Dans le tableau 7... »).

Les figures. Les graphiques, cartes, diagrammes, dessins et images sont tous classés comme des « figures ». Chaque fois que vous insérez un de ces éléments dans votre document, vous devez l'identifier de manière précise. L'identification comporte trois informations : (a) figure, (b) numéro, et (c) légende descriptive. Voici un exemple : Figure 6.4 : Graphique résumant le processus d'exégèse. Tous les graphiques, cartes, diagrammes, etc., sont identifiés comme étant des « figures ». Le numéro assure l'identification particulière de la figure. Le titre en résume le contenu. Le titre peut être placé soit au-dessus ou en dessous de la figure ; ici encore, soyez simplement constant dans vos choix. Placez tous les titres soit au-dessus ou en dessous de la figure. Après avoir identifié une figure, toutes les références dans le texte doivent s'y référer par son numéro. Si l'auteur devait faire référence à la figure de l'exemple ci-dessus, il indiquerait « la figure 6.4 ».

La bibliographie

La bibliographie (voir la figure 9 à la page 79) pourrait aussi être titrée « références citées ». Elle commence sur une nouvelle page. Appliquez le style « titre 1 » au titre « références citées ». Par la suite, organisez les entrées en ordre alphabétique selon les noms de famille des auteurs. La mise en forme des paragraphes pour les entrées bibliographiques doit contenir un *retrait négatif*. La première ligne de l'entrée est alignée à gauche. Ajoutez un retrait négatif pour les lignes suivantes d'environ 1,25 cm. Pour créer un retrait négatif, utilisez les paramètres de paragraphe dans votre logiciel de traitement de texte. N'insérez pas de lignes entre les entrées.

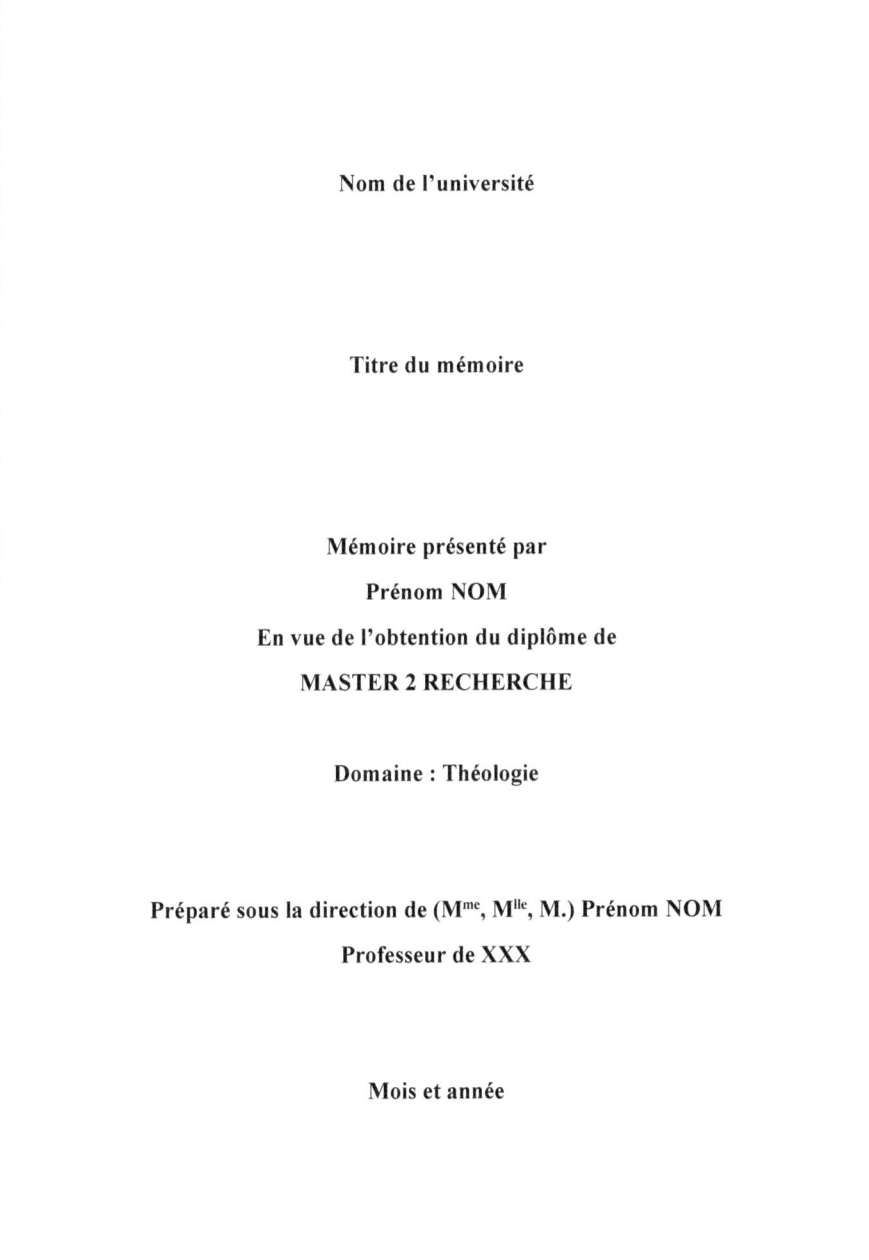

Figure 1 : Page de garde d'un mémoire

Nom de l'établissement

Titre du devoir / de la dissertation

Dissertation en vue de l'obtention de la licence en théologie
Discipline : XXX

Prénom NOM de l'étudiant(e)

Date (mois et année)

Professeur : Nom du professeur

Figure 2 : Page de garde d'un devoir

Abstract

Aujourd'hui, les recherches sur les principes d'édition des Psaumes tiennent une place centrale dans l'étude des Psaumes. En poursuivant dans cette lignée, cette thèse examine les liens entre les Psaumes 3–8 en vue de découvrir les critères et les objectifs visés par les éditeurs lorsqu'ils les ont organisés.

Cette étude commence par un résumé exégétique détaillé de chacun des six Psaumes de cette section. Cela permet de poser le fondement d'un examen des liens qui ont peut-être influencé les éditeurs à arranger les Psaumes dans cet ordre canonique. Vient ensuite une analyse exhaustive des liens entre les Psaumes adjacents premièrement, puis à travers le recueil en entier ; le but est d'identifier la logique derrière l'organisation de ces Psaumes.

L'analyse suggère que les liens verbaux et thématiques ont servi de fondement pour l'organisation. L'objectif principal des éditeurs était d'assurer un lien verbal et thématique naturel entre chaque paire de Psaumes adjacents. Bien que les liens éditoriaux soient très évidents au niveau des Psaumes adjacents, il semble qu'au-delà de ce niveau les éditeurs aient considéré l'utilisation de termes similaires dans les titres. Ces considérations étaient subordonnées à des termes et à des thèmes communs dans les Psaumes avoisinants.

Figure 3 : Abstract

Table des matières

1. Introduction **1**
    1.1 Arrière-plan 1
    1.2 Problème 3
    1.3 Objectifs 4
    1.4 Limites 5
    1.5 Plan 6
    1.6 Définitions 8
    1.7 Hypothèses 9
    1.8 Survol 10

2. Histoire de l'étude des Psaumes **13**
    2.1 Introduction 13
    2.2 Approches anciennces 14
    2.3 Critique historique 15
    2.4 Critique de la forme 20
    2.5 Critique de la rédaction 24
    2.6 Études littéraires récentes 31
            2.6.1 Études dans le livre des Psaumes en entier 31
            2.6.2 Études dans des collections de Psaumes 47
    2.7 Conclusion 63

3. Méthodologie **66**
    3.1 Introduction 66
    3.2 Ressources 67
    3.3 Présupposés 68

Figure 4 : Table des matières

Chapitre 1

Introduction

1.1. Arrière-plan

À travers la majeure partie du vingtième siècle, la recherche sur les Psaumes était dominée par les approches de la critique de la forme d'Hermann Gunkel (voir Gunkel, 1926 ; Gunkel et Begrich, 1998) et de son élève et successeur Sigmund Mowinckel. La méthode de Gunkel consistait à « définir les Psaumes selon les catégories de genres littéraires (*Gattungen*) et découvrir le cadre sociologique (*Sitz im Leben*) » (Mitchell, 1997, p. 50). Mowinckel a beaucoup insisté sur l'importance du culte comme motif principal pour l'écriture des Psaumes et comme cadre de leur utilisation. Il essayait de reconstruire les fêtes juives et de situer des Psaumes en particulier dans le cadre de ces fêtes. Un élément commun des écoles de critique de la forme était la tendance à considérer les Psaumes d'une manière individuelle, en ne voyant que très peu ou pas de lien littéraire entre des Psaumes adjacents et des collections de Psaumes.

La thèse de Gerald Wilson (1985a), *The Editing of the Hebrew Psalter*, a été un événement marquant pour la recherche sur les Psaumes. Contrairement aux critiques de la forme, Wilson maintenait que le livre des Psaumes n'était pas une collection aléatoire de poèmes et d'hymnes sans liens les uns avec les autres, mais plutôt un produit littéraire édité avec un but précis, dans lequel les Psaumes individuels étaient placés d'une manière stratégique de sorte que la forme finale puisse communiquer un message théologique. Wilson a

Figure 5 : Première page

Chapitre 2 : Revue de littérature

La principale voix conservatrice du milieu du dix-neuvième siècle était celle de Hengstenberg (1845-1848), qui défendait les mentions de paternité des titres, la disposition intentionnelle du psautier et la présence des prophéties messianique dans les Psaumes. Il a grandement influencé Delitzsch (1887), dont l'ouvrage sur les Psaumes représente l'apogée des études du dix-huitième siècle. Mitchell (1997, p. 46) résume parfaitement bien les contributions de Delitzsch.

> Delitzsch [...] présente le meilleur équilibre entre la critique et la tradition de tous les commentateurs du dix-neuvième siècle. Il soutient généralement la validité des titres [...]. Il note que l'ordre des paroles des Psaumes ne peut pas être expliqué seulement sur la base de l'évolution chronologique, mais qu'il indique la preuve d'une activité éditoriale dans les Psaumes, notant en particulier la concaténation. À la lumière de ces éléments, il décèle « l'impression d'un seul esprit ordonnateur » [...]. Delitzch soutient également qu'un thème central est perceptible dans le recueil, à savoir l'alliance davidique et son accomplissement ultime dans un futur Messie. Il perçoit l'espoir eschatologique non seulement dans l'esprit du rédacteur, mais aussi dans celui des psalmistes individuels.

En dépit de l'influence d'Hengstenberg et de Delitzsch, vers la fin du dix-neuvième siècle les études sur les Psaumes commençaient à s'éloigner du point de vue traditionnel que les Psaumes étaient surtout une collection davidique organisée avec un but précis. Elles adoptaient de plus en plus le point de vue critique que les Psaumes étaient plutôt une collection anonyme de cantiques post-exiliques composés pour l'adoration dans le second temple. Les grands commentaires du début du vingtième siècle (p. ex. Cheyne, 1904 ; Briggs et Briggs, 1906 et 1907 ; Kirkpatrick, 1906) reflètent le scepticisme de cette époque.

2.4. Critique de la forme

Un changement majeur s'est produit vers 1920 sous l'influence d'Hermann Gunkel, une figure dominante des études sur l'Ancien Testament pendant la première moitié du vingtième siècle. Gunkel, connu comme étant le père critique de la forme de

19

Figure 6 : Une bonne mise en forme de page

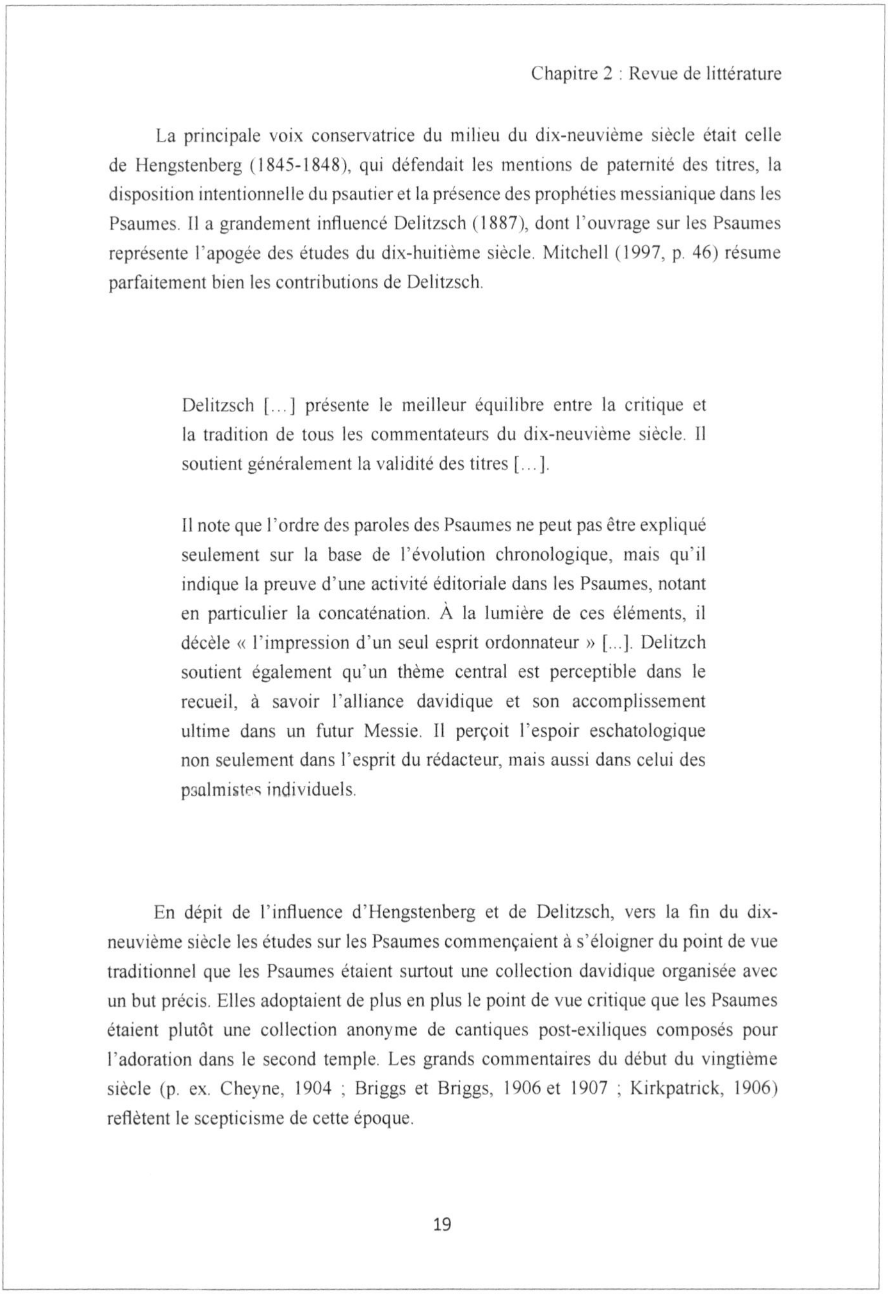

Chapitre 2 : Revue de littérature

La principale voix conservatrice du milieu du dix-neuvième siècle était celle de Hengstenberg (1845-1848), qui défendait les mentions de paternité des titres, la disposition intentionnelle du psautier et la présence des prophéties messianique dans les Psaumes. Il a grandement influencé Delitzsch (1887), dont l'ouvrage sur les Psaumes représente l'apogée des études du dix-huitième siècle. Mitchell (1997, p. 46) résume parfaitement bien les contributions de Delitzsch.

> Delitzsch [...] présente le meilleur équilibre entre la critique et la tradition de tous les commentateurs du dix-neuvième siècle. Il soutient généralement la validité des titres [...].
>
> Il note que l'ordre des paroles des Psaumes ne peut pas être expliqué seulement sur la base de l'évolution chronologique, mais qu'il indique la preuve d'une activité éditoriale dans les Psaumes, notant en particulier la concaténation. À la lumière de ces éléments, il décèle « l'impression d'un seul esprit ordonnateur » [...]. Delitzch soutient également qu'un thème central est perceptible dans le recueil, à savoir l'alliance davidique et son accomplissement ultime dans un futur Messie. Il perçoit l'espoir eschatologique non seulement dans l'esprit du rédacteur, mais aussi dans celui des psalmistes individuels.

En dépit de l'influence d'Hengstenberg et de Delitzsch, vers la fin du dix-neuvième siècle les études sur les Psaumes commençaient à s'éloigner du point de vue traditionnel que les Psaumes étaient surtout une collection davidique organisée avec un but précis. Elles adoptaient de plus en plus le point de vue critique que les Psaumes étaient plutôt une collection anonyme de cantiques post-exiliques composés pour l'adoration dans le second temple. Les grands commentaires du début du vingtième siècle (p. ex. Cheyne, 1904 ; Briggs et Briggs, 1906 et 1907 ; Kirkpatrick, 1906) reflètent le scepticisme de cette époque.

Figure 7 : Une mauvaise mise en forme de page

Chapitre 8 : Composition des Psaumes 3-8

des annotations musicales concernant la mélodie ou les instruments. Ils contiennent tous les trois éléments suivant dans l'ordre : genre, auteur et occasion.

Tableau 6.3 : Similitudes entre les titres des Psaumes 3 et 7 (Hébreu)

	Psaume 3	**Psaume 7**
Genre	מִזְמוֹר	שִׁגָּיוֹן
Auteur	לְדָוִד	לְדָוִד
Occasion	בְּבָרְחוֹ מִפְּנֵי אַבְשָׁלוֹם בְּנוֹ	אֲשֶׁר־שָׁר לַיהוָה עַל־דִּבְרֵי־כוּשׁ בֶּן־יְמִינִי

Tableau 6.4 : Similitudes entre les titres des Psaumes 3 et 7 (Français)

	Psaume 3	**Psaume 7**
Genre	Psaume	Complainte
Auteur	de David	de David
Occasion	À l'occasion de sa fuite devant Absalom, son fils	Chantée à l'Éternel, au sujet de Cusch, Benjamite

Se pourrait-il que les éditeurs aient utilisé les Psaumes 3 et 7 comme une sorte de cadre littéraire autour des Psaumes 4–6 bien que ces derniers existaient déjà auparavant ?

Figure 8 : Page avec des tableaux

Références citées

ALDEN Robert L., 1974, « Chiastic Psalms. A Study in the Mechanics of Semitic Poetry in Psalms 1–50 », *Journal of the Evangelical Theological Society* 17, pp. 11-28.

ALLEN Leslie C., 1996, « §2376. זמר », dans *New International Dictionary of Old Testament Theology and Exegesis*, sous dir. Willem A. VanGemeren, vol. 2, Carlisle, Cumbria, Paternoster, pp. 1116-1117.

ALLEN Leslie C., 1998, *Psalms 101-150*, World Biblical Commentary 21, Dallas, Texas, World Books, éd. Logos, Oak Harbour, Washington, Logos Research Systems.

ALTHAN Robert, 1999, « Atonement and Reconciliation in Psalms 3, 6 and 83 », *Journal of Northwest Semitic Languages* 25, pp. 75-82.

ANDERSON A. A., 1972, *Psalms*, 4 vols., The New Century Bible, Londres, Oliphants.

ANDERSEN Francis I., FORBES Dean A., 2005, *The Hebrew Bible. Andersen-Forbes Phrase Marker Analysis*, Oak Harbour, Washington, Logos Research Systems.

ANDERSON George W., 1965, « Enemies and Evildoers in the Book of Psalms », *Bulletin of John Rylands Library* 48, no. 1, pp. 18-29.

ANDERSON R. D., Jr., 1994, « The Division and Order of the Psalms », *Westminster Theological Journal* 56, pp. 219-241.

Figure 9 : Bibliographie

8

Les logiciels bibliques

Les progrès des logiciels bibliques ont modifié le paysage de la recherche biblique et théologique. Alors que les exégètes passaient des heures à éplucher méticuleusement le texte à la recherche de parallèles, à parcourir la Concordance de James Strong en essayant en vain de localiser toutes les occurrences d'un mot grec particulier, à feuilleter un lexique analytique pour vérifier leur interprétation d'un verbe rare, tout en étant entourés d'une pile d'ouvrages de référence, ils peuvent désormais générer un rapport qui leur donne toutes les mêmes informations en moins d'une minute. Tel est le pouvoir des logiciels bibliques.

Dans ce chapitre, nous nous efforçons de résumer les avantages et les limites des progiciels, puis d'illustrer certaines des caractéristiques des logiciels existants. Nous sommes conscients qu'il s'agit d'un paysage en perpétuelle évolution, et que ce qui est une technologie révolutionnaire aujourd'hui pourrait devenir monnaie courante demain. Si vous êtes un utilisateur expérimenté de logiciels bibliques, vous trouverez peut-être ici un ou deux conseils, mais notre objectif premier est d'éveiller l'intérêt de ceux qui ne se sont pas encore aventurés dans ce domaine.

Les avantages des logiciels

Les ressources électroniques offrent de nombreux avantages par rapport aux ressources imprimées. Ces avantages peuvent être résumés en termes de gain de temps et d'amélioration de la précision. Par exemple, si vous vouliez trouver toutes les occurrences du mot *agapao* dans le Nouveau Testament, il vous aurait fallu des heures de recherche à l'aide des anciens ouvrages imprimés, et vous auriez pu en manquer quelques-unes. Grâce à un logiciel, vous pouvez trouver toutes les occurrences en quelques secondes et être sûr de les avoir toutes. Si vous disposez des ressources adéquates dans votre collection, vous pouvez également étendre votre recherche à la Septante et aux Pères grecs ; il est vrai que cela peut augmenter le temps de recherche jusqu'à une minute !

La facilité d'accès est merveilleuse. Au lieu de piles de livres ouverts sur votre bureau, vous disposez d'une interface électronique judicieusement ordonnée, avec les ressources soigneusement compilées. En un ou deux clics, vous pouvez ouvrir le livre dont vous avez besoin à la bonne page. Si vous réduisez l'encombrement autour de vous, vous réduisez aussi l'encombrement à l'intérieur de vous. Lorsque vous utilisez des ouvrages de référence imprimés, vous devez les feuilleter pour trouver les informations pertinentes. Les éditions électroniques peuvent faire l'objet d'une recherche, ce qui vous permet d'accéder directement à la bonne page.

Si vous avez une certaine connaissance du grec (ou de l'hébreu), mais pas assez pour lire couramment les langues originales – ce qui est le cas pour beaucoup de personnes, même parmi celles qui les enseignent – les éditions électroniques codées morphologiquement peuvent rendre le texte et la langue plus accessibles. Par exemple, lorsque vous passez votre souris sur un verbe grec, les informations relatives à son analyse s'affichent. Si vous n'êtes pas sûr de la signification d'un mot hébreu, vous pouvez cliquer dessus et ouvrir cinq lexiques directement pour découvrir les entrées de ce mot. Si vous voulez savoir comment le mot *pisteuo* est utilisé dans le Nouveau Testament, vous pouvez rechercher toutes les occurrences ; le rapport indiquera combien de fois il est utilisé dans chaque livre de la Bible (figure 10).

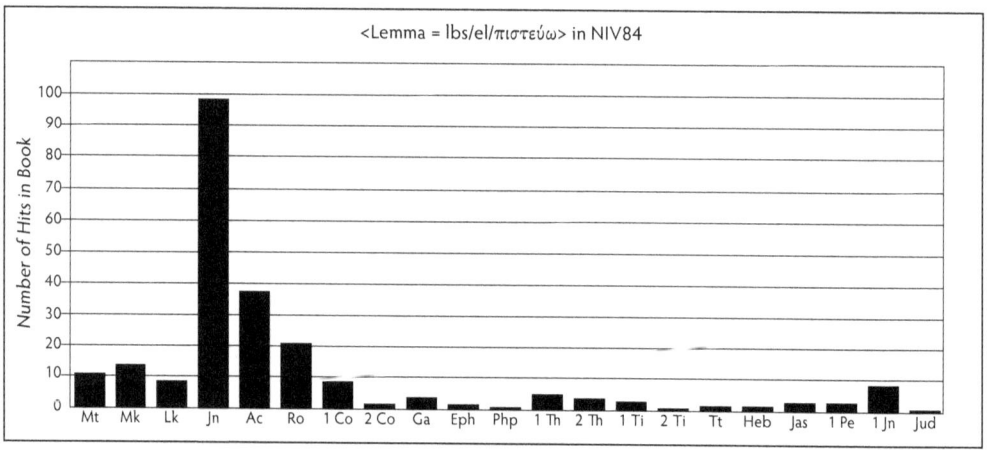

Figure 10 : Nombre d'occurrences du terme Pisteuo dans le Nouveau Testament par livre

Si vous n'avez aucune connaissance du grec ou de l'hébreu, les outils peuvent quand même vous donner un certain accès aux textes en langue originale. Vous pouvez facilement identifier les mots grecs ou hébreux sous-jacents et rechercher d'autres occurrences des mêmes mots. Vous pouvez ouvrir les lexiques aux entrées correctes, ce qui est difficile à faire dans une ressource imprimée si vous ne connaissez pas l'alphabet.

Nous apprécions la portabilité des ressources électroniques. Vous ne pouvez pas emporter à l'église vos textes grecs et hébreux avec des dictionnaires essentiels et des lexiques analytiques, n'est-ce pas ? En fait, vous pouvez le faire – sur votre téléphone ! Vous pouvez emporter toute une bibliothèque de ressources partout où vous allez, et les consulter instantanément.

Les limites des logiciels

La valeur des logiciels tient en grande partie à leur puissance d'analyse et de recherche dans les textes grecs et hébreux. C'est aussi ce qui constitue leur plus grande limite. Donner à quelqu'un un moteur de recherche et quelques dictionnaires et lui faire croire qu'il est maintenant prêt à étudier « le grec » est un désastre, un peu comme armer un soldat avec un pistolet à bouchon et l'envoyer au combat en croyant sincèrement, mais à tort, qu'il s'agit d'un bazooka. Rien ne remplace une véritable maîtrise de la langue, et un apprentissage sommaire peut s'avérer dangereux. Il est pénible d'entendre un pasteur qui dispose d'un texte hébreu codé morphologiquement et d'un dictionnaire de Strong expliquer avec lyrisme pourquoi la traduction NBS de son texte de prédication est erronée. La facilité d'accès aux informations d'analyse syntaxique peut contribuer à une étude paresseuse des langues ; les étudiants n'apprennent jamais à analyser correctement parce que le logiciel le fait pour eux.

C'est dans la gestion des ouvrages de référence, ceux que l'on consulte pour obtenir une information particulière, que les progiciels sont les plus performants. Pour les lexiques et les commentaires, nous les préférons sous forme de livres électroniques. Après tout, qui lit un lexique d'un bout à l'autre ? Mais les livres ordinaires ne sont pas aussi utiles que les livres électroniques. Si vous avez l'intention de lire un livre du début à la fin, vous préférerez probablement ne pas le faire sur votre écran d'ordinateur. Certes, le nombre croissant de liseuses, de tablettes et de smartphones à grand écran rend les livres électroniques plus agréables à lire, de sorte que cette limitation pourrait devenir obsolète avec le temps.

Les catégories de logiciels

Les logiciels se répartissent en trois catégories principales (figure 11), même si nous soupçonnons que la deuxième catégorie est progressivement remplacée par la troisième.

Logiciels payants	Logiciels gratuits	Applications web
Logos Bible Software	e-Sword	Bible Parser (https://www.bibleparser.net)
Accordance Bible Software	The Word	Lumina Bible Study (https://netbible.org/)
	The Sword Project	Biblearc (biblearc.com)
		Bible Web App (biblewebapp.com)
		scholarsgateway.com
		STEP Bible (https://www.stepbible.org)

Figure 11 : Trois catégories de logiciels

Les logiciels payants sont la référence. Des programmes tels que Logos Bible Software et Accordance Bible Software mettent à disposition de vastes collections de publications de qualité supérieure, avec de puissants moteurs de recherche et des outils d'information. Leur puissance étonne, mais ils sont onéreux. Le deuxième groupe est constitué de logiciels gratuits que vous pouvez télécharger et installer sur votre ordinateur. Ils contiennent généralement un certain nombre de versions bibliques et de livres gratuits, avec la possibilité d'acheter des ouvrages supplémentaires qui ne sont pas disponibles gratuitement. Ce sont des outils d'étude biblique performants, bien qu'ils ne soient pas de la même trempe que les avant-gardistes payants, car ils se limitent pour la plupart à des œuvres du domaine public. Ils ne peuvent donc pas intégrer les meilleurs lexiques, commentaires et outils morphologiques. La troisième catégorie comprend les applications en ligne. Elles ressemblent aux téléchargements gratuits, mais fonctionnent en ligne. Au lieu de les télécharger sur votre ordinateur, vous les utilisez via Internet. Elles ont les mêmes capacités et les mêmes limites que les téléchargements gratuits.

Applications en ligne gratuites

Le nombre d'applications d'étude biblique en ligne gratuites et prometteuses ne cesse de croître. Les meilleures d'entre elles offrent toutes des fonctionnalités similaires et partagent la plupart de leurs forces et de leurs faiblesses. Chacune possède généralement une ou deux fonctionnalités que l'on aimerait voir réunies en une seule application.

À titre d'exemple, nous allons présenter deux d'entre elles. Nous utiliserons Netbible.org (Lumina Bible Study) pour illustrer certains outils d'étude du Nouveau Testament et BibleWebApp (WBA) pour faire de même avec l'Ancien Testament. Notre but n'est pas de recommander ces deux applications en particulier ; il s'agit simplement d'illustrer le type de fonctionnalités qu'elles offrent.

Le Nouveau Testament et le Grec

La façon la plus courante d'utiliser Lumina pour l'étude de la Bible est d'avoir un texte dans la langue désirée ouvert à gauche et un texte grec à droite.

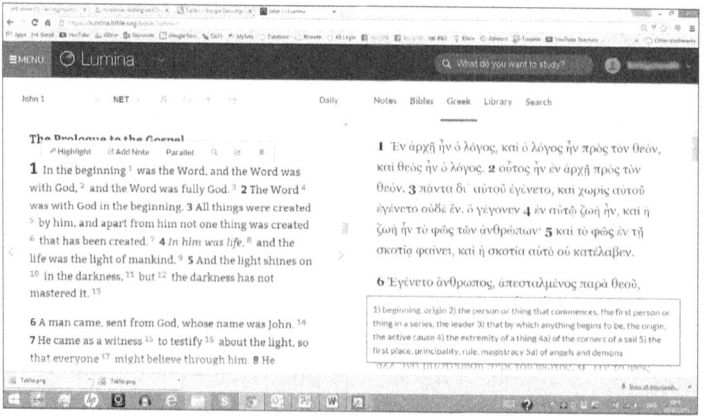

Figure 12 : Bibles en parallèle anglais-grec dans Lumina

La figure 12 montre des textes anglais et grecs ouverts dans des fenêtres parallèles. Les textes grec et anglais sont liés, de sorte que lorsque vous cliquez sur un mot dans l'un des textes, le mot correspondant dans l'autre texte est mis en surbrillance. Lorsque le mot *beginning* est choisi à gauche, le mot grec correspondant ἀρχῇ est mis en surbrillance à droite.

Lorsque vous cliquez sur le mot *beginning*, une fenêtre pop-up (fenêtre de dialogue) s'ouvre au-dessus du mot avec des options pour surligner, ajouter une note, voir le verset dans les traductions parallèles, rechercher, partager ou mettre en signet. Si vous cliquez sur l'icône de recherche, les options suivantes s'affichent :

Figure 13 : Options de recherche dans Netbible.org

La « recherche d'un mot » (*word search*) liste toutes les occurrences du mot *beginning* (avec l'option d'inclure d'autres formes comme *begins*, *began* et *begun*) dans la Bible en anglais. Vous pouvez filtrer les résultats pour afficher les occurrences dans la Bible entière, dans l'A.T., dans le N.T. ou dans un seul livre de la Bible. La figure 14 montre les résultats pour le mot *beginning* dans l'Évangile de Jean. Vous pouvez obtenir des résultats différents en changeant la traduction anglaise que vous recherchez. Cet outil est très puissant pour l'étude de la Bible.

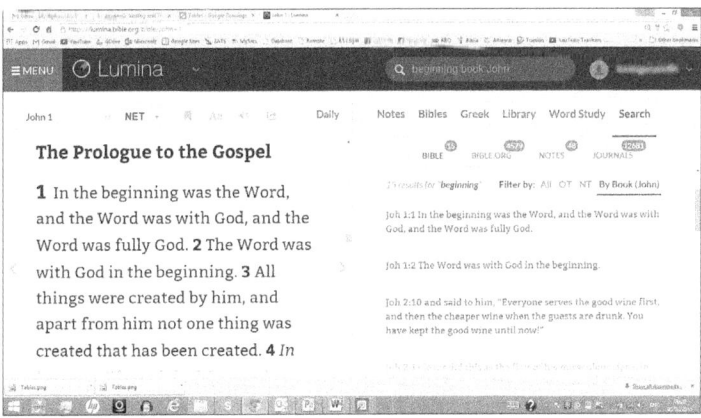

Figure 14 : Recherche d'un mot dans Netbible.org

La « recherche Strong » (*Strong's Search*, voir figure 15) fonctionne de la même manière que la « recherche de mots », sauf qu'elle recherche le mot grec sous-jacent. Un numéro est attribué à chaque mot grec dans le texte du N.T. Le mot *archē* (*beginning*) est le numéro 746. La recherche par numéro de Strong renvoie à toutes les occurrences du mot grec *archē* (#746) dans le N.T. Les résultats seront différents de ceux de la recherche du mot anglais *begin*, car dans certains contextes, *archē* ne signifie pas *beginning* (commencement), de sorte que la recherche en anglais n'inclura pas ces versets. La figure 15 montre une partie du résultat de la recherche Strong #746 dans le N.T.

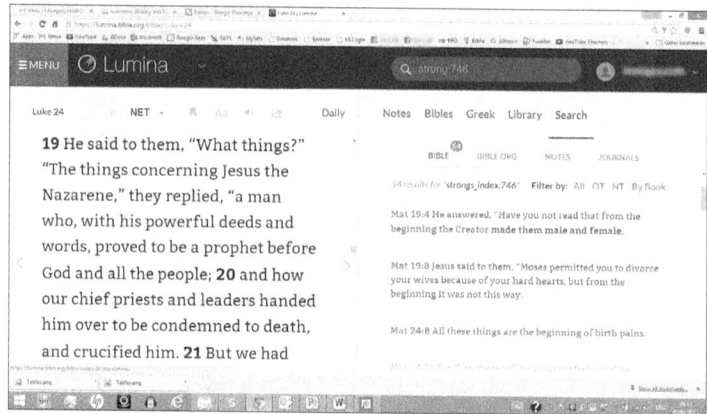

Figure 15 : Recherche Strong dans Lumina

La fonction « recherche par mot » permet d'ouvrir l'entrée du mot grec sous-jacent dans le dictionnaire de Strong. Malheureusement, ce dictionnaire n'est pas adapté à une recherche approfondie, de sorte que cette fonction n'a qu'une valeur limitée.

Lorsque vous cliquez sur un mot dans une fenêtre de la Bible (voir figure 12), une fenêtre contextuelle apparaît en bas du texte grec avec quelques informations sur le mot grec (figure 16).

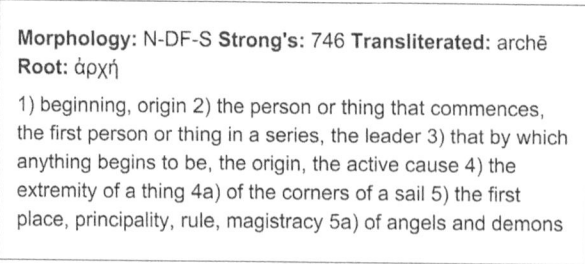

Figure 16 : Information sur un mot en grec

La partie la plus utile de cet outil est qu'il fournit des informations morphologiques. Dans ce cas, il vous indique que *archē* dans Jean 1.1 est un nom, datif féminin singulier (N-DF-S). Si le mot en question était un verbe, la boîte de dialogue fournirait des informations sur l'analyse syntaxique. Les autres informations de la fenêtre contextuelle semblent provenir du dictionnaire de Strong.

Notre but n'étant pas de faire la promotion de Lumina (Netbible.org), nous nous tournons vers la BibleWebApp (BWA) pour illustrer des fonctionnalités similaires pour l'Ancien Testament et l'hébreu. Cependant, il convient de préciser que l'application Lumina renvoie également au grand nombre d'articles et de ressources du site Bible.org, et vous permet de les intégrer dans vos recherches.

L'Ancien Testament et l'Hébreu

Dans toutes les applications gratuites, la fonctionnalité pour l'étude de l'Ancien Testament (c'est-à-dire les textes hébraïques) est moins avancée que la fonctionnalité correspondante pour le Nouveau Testament. Néanmoins, les applications gratuites s'améliorent sans cesse et offrent des outils d'étude biblique précieux et performants. Les exemples ci-dessous proviennent tous du programme BibleWebApp.

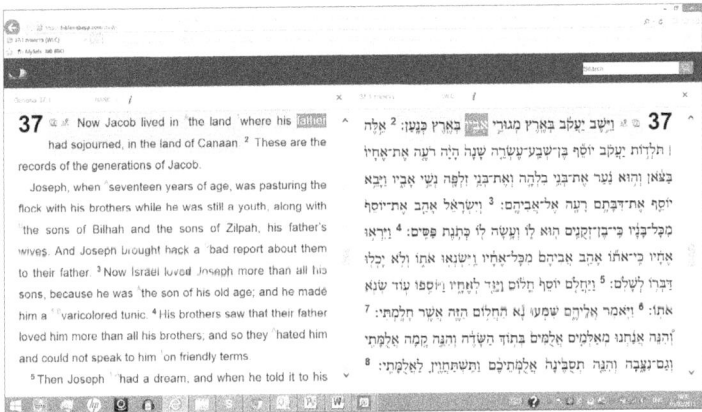

Figure 17 : Anglais-Hébreu en parallèle dans BWA

La figure 17 montre l'écran avec les textes anglais et hébreu ouverts en parallèle. Si vous cliquez sur un mot dans l'un ou l'autre texte, le mot correspondant est mis en surbrillance dans le texte parallèle. Le logiciel offre une fonctionnalité similaire à celle que nous avons observée précédemment dans les exemples grecs. Par exemple, si vous cliquez sur un mot, une petite fenêtre s'ouvre avec le mot hébreu (Figure 18), le numéro de Strong et une entrée de dictionnaire pour le mot.

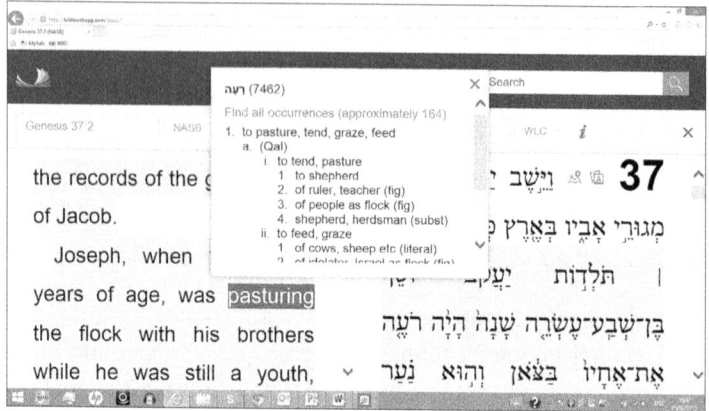

Figure 18 : Fenêtre contextuelle s'ouvrant dans BWA

La fenêtre contextuelle de la figure 18 comporte un lien permettant de trouver toutes les occurrences du mot hébreu. Si vous cliquez sur le mot *pasturing* (pâturage) (héb. רָעָה), la recherche renvoie toutes les occurrences du numéro de Strong H7462. La figure 19 montre le résultat de la recherche du mot *generation* (H8435).

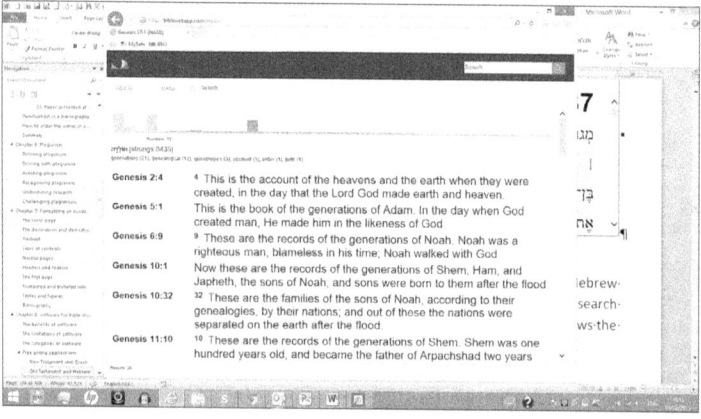

Figure 19 : Recherche d'un mot avec Strong dans BWA

Il s'agit d'un rapport instructif. Le diagramme à barres en haut de la figure 19 indique la fréquence du mot par livre de la Bible. Si vous pointez votre souris sur l'une des barres, le nom du livre de l'A.T. et le nombre de fois où le mot apparaît dans ce livre s'affichent. Le graphique indique « Numbers: 13 », ce qui indique que le mot apparaît treize fois dans le livre des Nombres. Vous pouvez constater d'un coup d'œil que la Genèse, les Nombres et les Chroniques sont les livres où l'on trouve le plus grand nombre d'occurrences.

Si vous cliquez sur un mot dans le texte en Hébreu, des informations d'analyse s'affichent en bas de l'écran. Si vous cliquez sur le mot, une fenêtre contextuelle apparaît avec des informations d'analyse et une entrée de dictionnaire (figure 20). À l'heure actuelle, tous les mots hébreux n'ont pas de données morphologiques marquées, mais le codage s'améliore constamment.

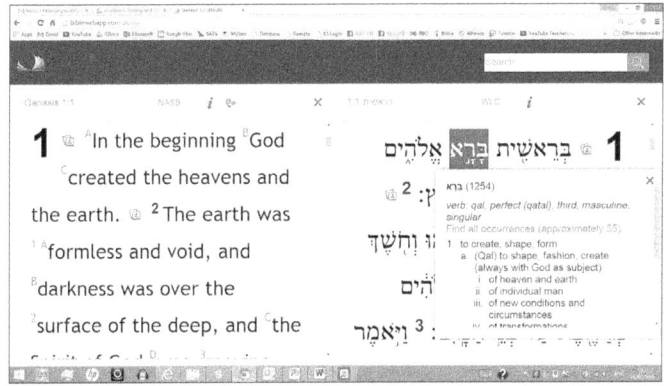

Figure 20 : Fenêtre d'information pour les mots hébreux dans BWA

Une dernière fonctionnalité utile de BibleWebApp est la possibilité de créer des filtres visuels. Par exemple, deux filtres visuels ont été ajoutés dans la capture d'écran ci-dessous (Figure 21). Les verbes *Qal* au temps parfait sont marqués en bleu clair, tandis que les noms à construction féminine sont indiqués en jaune. Cette fonction est utile pour les étudiants qui apprennent la langue et qui souhaitent mettre en évidence dans le texte tous les mots présentant des qualités grammaticales particulières.

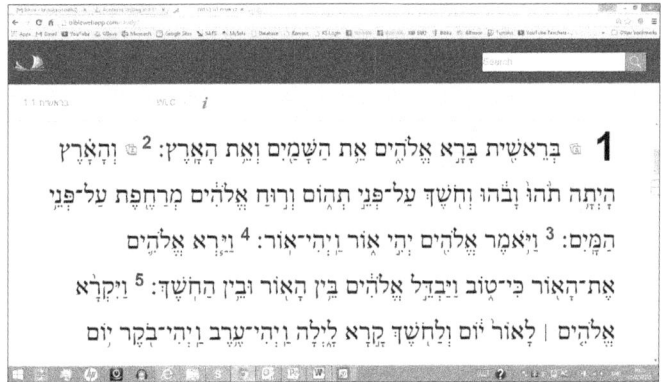

Figure 21 : Filtres visuels dans BWA

Ce rapide tour d'horizon suffit à illustrer le potentiel des applications gratuites d'étude de la Bible. Elles mettent entre vos mains un moyen pratique d'étudier les textes grecs et hébreux sans être un expert des langues bibliques. Elles fournissent une aide à l'analyse syntaxique, à la lecture de textes parallèles, à la recherche d'occurrences de mots dans la

Bible ou dans ses différents livres, et bien d'autres choses encore. Leur principale limite est qu'elles ne peuvent pas fournir de liens rapides vers les meilleurs lexiques.

Logiciels payants

Les logiciels payants de premier plan peuvent faire tout ce que font les applications en ligne gratuites – et bien plus encore. Vous pouvez acheter les meilleurs lexiques, grammaires, commentaires, dictionnaires et atlas disponibles, sans parler des innombrables éditions grecques et hébraïques, des interlinéaires, des interlinéaires inversés, et ainsi de suite, et les intégrer à votre bibliothèque.

Logos comporte un certain nombre de rapports préconfigurés pour l'étude des textes bibliques. Ces rapports s'appuient sur les ressources de votre collection pour fournir des données sur le passage. Par exemple, si vous choisissez le « Guide de passage » et que vous tapez « jeune homme riche » (*rich young ruler*), la recherche renvoie à Matthieu 19.16-22 avec un contenu organisé sous différentes rubriques. Sous la rubrique des références croisées, vous pouvez trouver des versets directement ou indirectement liés à ce texte (figure 22).

```
Ex 20:13 | "You shall not    Dt 5:17 | " 'You shall not    25:46; Mk 10:17, 18, 19,    7; 1 Ti 6:17, 18, 19; Jas
murder.                      murder.                        20, 21, 22, 23, 24, 25, 26,  2:8, 11
Ex 20:14 | "You shall not    Ex 20:12, 13, 14, 15, 16;      27, 28, 29, 30, 31, 12:31;
commit adultery.             Le 18:5, 19:18; Dt 4:40,       Lk 10:25, 26, 27, 28,
Ex 20:15 | "You shall not    5:16, 17, 18, 19, 20, 6:17,    12:33, 16:9, 18:18, 19,
steal.                       7:11, 11:22, 28:9; Ne 9:29;    20, 21, 22, 23, 24, 25, 26,
Ex 20:16 | "You shall not    Ps 25:8, 34:8; Eze 20:11,      27, 28, 29, 30, 19:8; Jn
bear false witness           13, 21, 33:31; Na 1:7; Mt      12:25; Ac 2:45, 4:34, 35,
against your neighbor.       5:21, 27, 43, 48, 6:19, 20,    13:48; Ro 2:4, 10:5, 13:9;
                             15:4, 18:8, 19:23, 24, 25,     Ga 3:10, 12, 5:14; Php 3:6,
                             26, 27, 28, 29, 30, 22:39,
```

Figure 22 : Références croisées dans le Guide de passage

Ensuite, il y a une catégorie pour les *passages parallèles*. Il s'agit d'autres passages de l'Écriture qui relatent des événements ou des propos similaires.

```
         Mark 10:17-31                    Matthew 19:16-20:16                  Luke 18:18-30
17And as he was setting out on his    16And behold, a man came up to him,   18And a ruler asked him, "Good
journey, a man ran up and knelt before saying, "Teacher, what good deed must Teacher, what must I do to inherit
him and asked him, "Good Teacher,     do to have eternal life?" 17And he said eternal life?" 19And Jesus said to him,
what must I do to inherit eternal life?" to him, "Why do you ask me about what "Why do you call me good? No one is
18And Jesus said to him, "Why do you  is good? There is only one who is good. good except God alone. 20You know the
call me good? No one is good except   If you would enter life, keep the     commandments: 'Do not commit
God alone. 19You know the             commandments." 18He said to him,      adultery, Do not murder, Do not steal,
commandments: 'Do not murder, Do      "Which ones?" And Jesus said, "You    Do not bear false witness, Honor your
not commit adultery, Do not steal, Do shall not murder, You shall not commit father and mother.' " 21And he said, "All
not bear false witness, Do not defraud, adultery, You shall not steal, You shall these I have kept from my youth."
Honor your father and mother.' " 20And not bear false witness, 19Honor your  22When Jesus heard this, he said to
```

Figure 23 : Passages en parallèle dans le Guide de passage

Le « Guide de passage » fournit deux affichages graphiques, l'un pour les sujets liés au passage (figure 24) et l'autre pour les mots du texte (figure 25). Dans les deux cas, la taille de la police est censée représenter l'importance du sujet ou du mot dans le passage. En cliquant sur un mot, vous pouvez lancer une étude détaillée de ce mot ou du sujet.

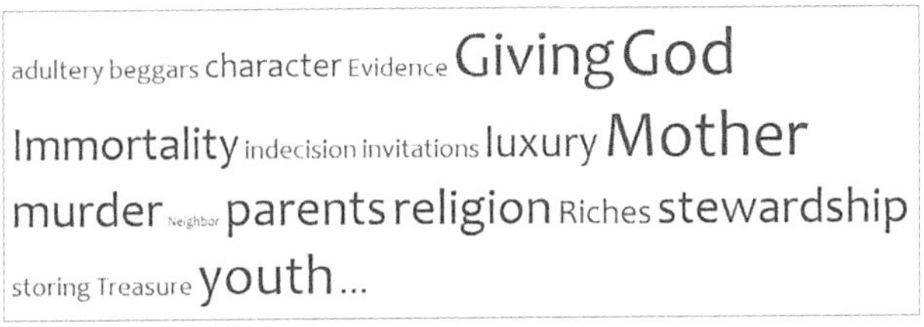

Figure 24 : Sujets dans le Guide de passage

Figure 25 : Mots dans le Guide de passage

Le « Guide exégétique » génère une analyse d'un passage sur la base du texte hébreu ou grec. Le rapport propose des liens rapides vers des outils de critique textuelle, des grammaires, des visualisations, et se termine par une présentation du texte mot à mot. Pour le récit de Matthieu de l'histoire du jeune homme riche, l'appareil textuel critique de l'édition SBL du Nouveau Testament grec se présente comme suit (figure 26).

16 αὐτῷ εἶπεν WH Treg NA28] εἶπεν αὐτῷ RP

- Διδάσκαλε WH Treg NA28] + ἀγαθέ RP
- σχῶ WH Treg NA28] ἔχω RP

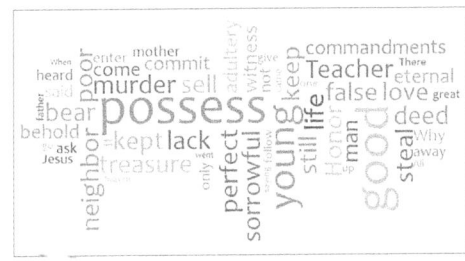

Figure 26 : Variantes textuelles dans le système SBL dans le guide exégétique

L'analyse mot par mot montre les textes grec et anglais en parallèle en haut, puis présente chaque mot grec à gauche avec un menu déroulant qui renvoie à toute grammaire ou tout lexique de votre collection ayant une entrée applicable (figure 27). Vous pouvez contrôler le nombre de liens que vous souhaitez voir apparaître, afin d'augmenter ou de réduire la complexité du rapport.

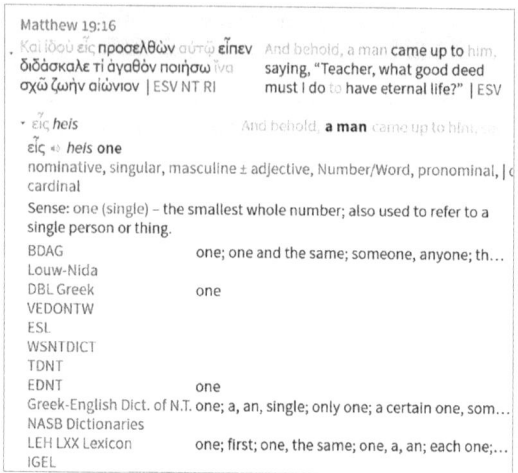

Figure 27 : Analyse mot par mot dans le guide exégétique

Logos propose également un « Guide de recherche pour sermon » (*Sermon Starter Guide*). Vous pouvez saisir un sujet ou un texte et cliquer sur « Go ». Par exemple, vous pouvez taper *give* ou *giving* pour faire des recherches pour un sermon sur les dons. Le rapport renvoie des informations sous des rubriques telles que « thème », « passages », « illustrations » et « grandes lignes ». Dans « thème », par exemple, vous trouverez des liens vers des sujets connexes tels que l'aumône, la générosité et la dîme. Dans « passages », vous trouverez quelques textes bibliques importants mis en évidence, une liste de péricopes liées au don et une option pour en trouver d'autres (figure 28).

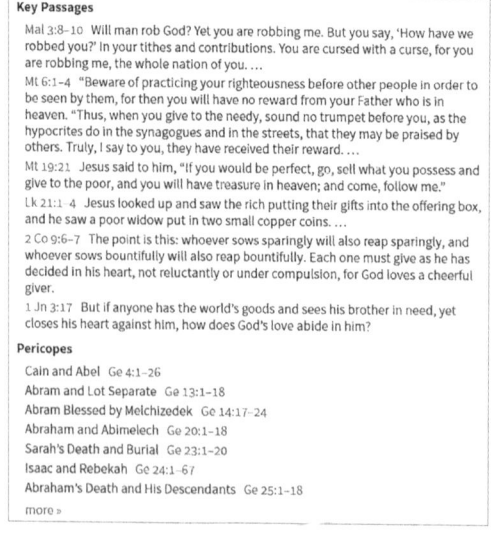

Figure 28 : Passages dans le Guide de recherche pour sermon

Logos propose une fonction de comparaison des traductions de la Bible. Vous sélectionnez celles que vous souhaitez comparer. Vous spécifiez votre traduction de base (la colonne de gauche de la figure 29 est la traduction de base), et l'affichage des autres traductions montre à quel point ces dernières diffèrent et où se situent ces différences.

NKJV	ESV	NET	LEB	NIV84
Mt 19:16 Now behold, one came and said to Him, "Good Teacher, what good thing shall I do that I may have eternal life?"	Mt 19:16 NowAnd behold, onea man came and saidup to Himhim, saying, "GoodTeacher, what good thing shalldeed must I do that I mayto have eternal life?"	Mt 19:16 Now behold, onesomeone came up to him and saidto Him, "GoodTeacher, what good thing shallmust I do that I mayhaveto gain eternal life?"	Mt 19:16 NowAnd behold, onesomeone came up to him and saidto Him, "GoodTeacher, what good thing shallmust I do so that I maywill have eternal life?"	Mt 19:16 Now behold, onea man came up to Jesus and said to Himasked, "GoodTeacher, what good thing shallmust I do that I mayhaveto get eternal life?"

Figure 29 : Comparaisons des traductions de la Bible

Si vous avez des difficultés à situer les événements à leur époque et à suivre les relations entre les personnes et les événements, la fonction « Timeline » est étonnante. Vous choisissez une période de l'histoire et le rapport vous donne une vue d'ensemble de *qui*, *quoi* et *quand* (figure 30).

Figure 30 : Chronologie de la période intertestamentaire

Nous n'avons pas cherché à expliquer les valeurs et les applications des fonctions de Logos. Elles devraient être assez explicites. Le rendement d'un produit comme Logos dépend de la quantité d'informations que vous y avez introduites. En d'autres termes, plus vous avez de livres dans votre bibliothèque, plus les rapports sont riches en informations.

...

Les technologies informatiques ont changé le monde entier au point de le rendre méconnaissable. Il en va de même pour le monde de l'étude et de la recherche bibliques. Les logiciels gratuits mettent entre les mains de chaque étudiant des Écritures un ensemble d'outils dont l'apôtre Paul et le réformateur Calvin ne pouvaient rêver. Les logiciels payants donnent une tout autre dimension à la puissance des outils. La recherche d'informations est devenue la partie la plus facile. Traiter la quantité massive d'informations disponibles et les interpréter judicieusement, tel est le défi à relever aujourd'hui.

Partie B

La recherche théologique

Nous allons maintenant aborder des sujets liés à la recherche théologique. L'accent sera mis ici sur les recherches de deuxièmes et troisièmes cycles, surtout pour aider les candidats aux programmes de master en théologie et de doctorat en théologie à se préparer pour la rédaction de leur mémoire et de leur thèse. Cependant, les modèles et les méthodes de recherche présentés dans les chapitres 11-17 devraient être utiles à tous les étudiants en théologie.

Après une brève description des exigences relatives aux thèses et aux mémoires dans l'enseignement supérieur (chapitre 9), nous consacrerons trois chapitres à la préparation des projets de recherche ou projets de thèse. Le chapitre 10 porte sur le projet de recherche dans son ensemble, tandis que les chapitres 11 et 12 abordent les deux sections principales du projet : la problématique et le plan.

Les six derniers chapitres, 13-18, traitent des modèles et des méthodes pour la recherche théologique. Nous présenterons premièrement des modèles pour faire de l'exégèse biblique (ch. 13), de la théologie systématique (ch. 14) et de la théologie pratique (ch. 15). Ceux-ci peuvent servir de modèle autant pour les travaux écrits plus élaborés que pour des thèses. Enfin, nous analyserons des méthodes spécialisées de recherche qui, en général, constituent une partie importante d'une étude théologique. La plupart des thèses contiennent une revue de littérature ; le chapitre 16 présente des conseils sur la manière de rédiger une revue de littérature. La théologie pratique exige souvent que l'on fasse une recherche descriptive. Dans le chapitre 17, nous présenterons ce genre de recherche spécialisée. Nous terminerons, au chapitre 18, avec un aperçu de la façon de faire certains autres types de recherche : des recensions, des études de cas et des études empiriques, et bien plus.

9

Conditions et prérequis pour les mémoires et les thèses

Dans la deuxième partie de ce livre, nous abordons les recherches de deuxièmes et troisièmes cycles, notamment sur la rédaction des mémoires et des thèses. Étant donné que les exigences en matière de travaux écrits diffèrent considérablement d'un pays à l'autre, d'un établissement à l'autre et même d'un programme à l'autre, les normes proposées ici ne sont que des lignes directrices. En théologie, les mémoires et les thèses sont requis à trois niveaux académiques : licence, master et doctorat. Le tableau 2 illustre les exigences particulières de chaque niveau.

Mémoire de licence	Mémoire de master	Thèse de doctorat
40 crédits	180 crédits	360 crédits
10 000-12 000 mots *ou* entre 30 et 50 pages selon l'institution	40 000-50 000 mots *ou* entre 80 et 120 pages selon l'institution	80 000-100 000 mots *ou* au moins 250 pages selon l'école doctorale
Les étudiants doivent analyser systématiquement un sujet choisi dans un champ d'études.	Les étudiants doivent maîtriser un sujet choisi dans un champ d'études.	Les étudiants doivent apporter de nouvelles connaissances dans un champ d'études.

Tableau 2 : Exigences du mémoire ou de la thèse selon le niveau d'étude

Ce tableau montre que les exigences augmentent considérablement à chaque niveau supérieur. Au niveau du master, vous devez *maîtriser* toute la littérature et les questions se rapportant à votre sujet de mémoire. Au niveau du doctorat, vous devez faire tout ce qui est exigé au niveau du master et plus encore, car vous devez faire avancer l'état actuel des connaissances du champ de votre étude. Au niveau de la licence en théologie, les exigences sont plus modestes. Vous n'avez pas à apporter de nouvelles connaissances. Vous n'avez même pas à maîtriser toutes les connaissances actuelles sur votre sujet. Vous devez simplement démontrer une capacité de faire des recherches sur un sujet, et ce, d'une manière systématique et critique, et de présenter vos conclusions dans une étude bien organisée et bien étoffée. Explorons brièvement ces exigences avec un peu plus de détails.

La licence

De nombreux diplômes de licence ne requièrent pas de rédaction d'un travail de fin d'études. Lorsqu'un travail de fin d'études est exigé au niveau de la licence, il s'agit généralement d'un projet de taille moyenne dans lequel les étudiants peuvent démontrer leur capacité à appliquer les compétences de recherche qu'ils ont acquises tout au long du programme d'études. Le mémoire de licence comporte généralement entre 10 000 et 15 000 mots (30 à 50 pages dactylographiées). Cela *exclut* les pages liminaires (page de titre, table des matières, liste des figures, et ainsi de suite), la bibliographie et les annexes. Selon la nature de la recherche, la bibliographie devrait contenir environ 30-50 entrées. Elle doit être composée d'ouvrages et d'articles académiques, et non pas de littérature populaire.

Le mémoire de licence doit démontrer une capacité à réaliser un projet de recherche avancée dans un champ d'études en particulier. Il n'est pas nécessaire de présenter une recherche originale. L'étude doit démontrer les compétences suivantes :

- Définir une problématique de recherche.
- Choisir une méthode de recherche appropriée.
- Rassembler et analyser les informations.
- Interagir de façon critique avec la littérature existante.
- Présenter par écrit un argument logique et soutenu.
- Citer et référencer correctement les sources.
- Faire des conclusions et des recommandations.

Un sujet comme « Ce que l'Épître aux Romains enseigne sur la justification » serait admissible comme sujet d'étude pour la licence en théologie, puisque l'étudiant n'a pas besoin d'apporter de nouvelles connaissances ou de maîtriser l'ensemble de la littérature sur le sujet.

Le master

Les exigences en matière de mémoire de master varient considérablement. Dans certains programmes de master, le mémoire constitue la totalité du diplôme. Le mémoire en lui-même devrait compter environ 50 000 mots et doit témoigner d'un niveau élevé de recherche et de rédaction indépendantes. Bien que ce modèle de master ne soit pas très connu, il est très exigeant car les normes de recherche requises sont particulièrement élevées. D'autre part, dans certains programmes de master, le mémoire de fin d'études est essentiellement un document de synthèse à la fin d'un grand nombre de travaux de cours. Il fonctionne de la même manière qu'un mémoire de licence, et peut être aussi court que 15 000 mots. Cependant, dans la plupart des masters, les attentes en matière de mémoire se situent entre les deux. Le mémoire de master est un projet de recherche de grande envergure, qui aboutit à un document d'environ 20 000 à 25 000 mots.

Mémoire constituant la totalité du diplôme	Mémoire classique	Mémoire de fin d'études
50 000 mots	25 000 mots	15 000 mots
150-200 références citées	75-100 références citées	50-75 références citées

Tableau 3 : Exigences requises pour une thèse de master

En écrivant son mémoire, un étudiant en master doit démontrer sa capacité à concevoir et mener un projetau de recherche. Il doit démontrer qu'il maîtrise son sujet, y compris les méthodes de recherche qui s'y rapportent et la littérature existan du sujette à ce sujet. Toutes les exigences relatives au mémoire de licence en théologie s'appliquent au mémoire de master en théologie, mais avec une démonstration supplémentaire de *maîtrise* du sujet. Un mémoire de master ne doit pas forcément apporter de nouvelles connaissances, mais il est souhaitable qu'il démontre une nouvelle approche du sujet ; il ne devrait pas être une réédition terne d'une idée déjà développée.

Un sujet tel « Ce que l'Épître aux Romains enseigne sur la justification » ne serait pas approprié pour un mémoire de master. Il y a deux raisons à cela. Tout d'abord, il serait difficile de démontrer une maîtrise de l'abondante littérature sur ce sujet. Ensuite, il y a eu tellement de choses écrites à ce propos que ce mémoire ne ferait probablement que répéter quelque chose de déjà vu. Par contre, un sujet tel que « Comment communiquer la doctrine de la justification par la foi au peuple Hottentot dans le Kalahari » donnerait au mémoire une nouvelle perspective *si* les Hottentots, pour des raisons culturelles, avaient trouvé la doctrine troublante ou blessante.

Le doctorat

Les normes et les attentes pour le doctorat sont bien établies dans le monde entier. Une thèse de doctorat doit être reconnaissable quel que soit l'endroit où elle est rédigée. Il n'en va pas de même pour la thèse d'un doctorat professionnel, telle que la thèse doctorale en ministère. Les lignes directrices qui suivent concernent principalement la thèse de doctorat académique.

La longueur d'une thèse de doctorat est beaucoup moins importante que la qualité de la recherche. Une ligne directrice raisonnable en termes de longueur serait d'environ 80 000 à 100 000 mots, mais dans la pratique, les thèses de doctorat peuvent être aussi courtes que 50 000 mots ou aussi longues que 150 000 mots. Elles sont jugées sur la base de deux critères principaux :

- Apporte-t-elle une contribution substantielle et originale à un domaine de connaissance déjà exploré ?

- Est-elle publiable (la thèse tout entière ou certaines sections clés) ?

Par conséquent, un sujet tel « Ce que l'Épître aux Romains enseigne sur la justification » pourrait être tout à fait acceptable pour une thèse de doctorat. Il incomberait alors au chercheur d'apporter une perspective nouvelle à la compréhension actuelle de ce sujet. Il lui faudrait faire une contribution considérable à la connaissance actuelle. Autrement, la thèse ne serait qu'une autre façon de répéter une connaissance actuelle, et finirait par être rejetée à l'examen final.

En résumé

Nous avons donc présenté le cadre général pour la rédaction d'un mémoire ou d'une thèse. Le mémoire est un petit projet au niveau de la licence. Au niveau du master, cela varie d'un projet de taille moyenne à un projet de recherche important. Les thèses de doctorat doivent apporter une contribution innovante et originale dans le domaine de la recherche.

Vous lirez certainement les chapitres qui suivent si vous prévoyez de rédiger un mémoire ou une thèse. Alors, gardez à l'esprit ce cadre que nous venons de voir en les lisant. Ces chapitres sont de nature générale. Vous devrez adapter votre planification au niveau qui vous concerne. Vous devrez vous renseigner sur les exigences spécifiques de votre établissement et de votre programme en ce qui concerne les mémoires et les thèses, et donner la priorité à ces lignes directrices spécifiques par rapport aux lignes directrices générales présentées dans ce guide.

Maintenant, sans plus tarder, passons à la partie la plus importante de la rédaction d'une thèse : le projet de recherche.

10

Le projet de recherche

Toute recherche théologique doit commencer par un projet de recherche. Avant de rédiger le mémoire ou la thèse, un comité d'experts doit approuver votre projet. Un professeur pourrait vous demander de soumettre un bref projet de recherche pour un travail écrit. Même si un projet ne nécessite pas de projet de recherche officiel, sa préparation vous sera grandement utile ; elle vous aidera à bien orienter et développer votre recherche. La capacité de préparer et de rédiger un projet de recherche de qualité est la caractéristique principale d'une personne prête à faire ses propres recherches.

Dans ce chapitre, nous allons examiner le projet de recherche dans son ensemble : son intérêt, ses composantes et sa préparation. Les deux chapitres qui suivent aborderont en détail les deux volets principaux d'un projet de recherche : le problème et le plan.

L'intérêt d'un projet de recherche

Un projet de recherche « est un document qui décrit la façon dont vous *proposez* d'entreprendre vos recherches[1] ». Il présente essentiellement *ce sur quoi* vous ferez la recherche (la *problématique* de recherche) et *comment* vous la mènerez (le *plan*). Un projet de recherche décrit un problème et présente un plan logique et systématique visant à le résoudre.

Que ce soit une esquisse d'une page pour votre usage personnel ou un projet de recherche détaillé pour une thèse de doctorat, la rédaction du projet de recherche est la partie la plus difficile et la plus importante de la recherche elle-même ! Si vous faites cette étape à la hâte, vous aurez de la difficulté à bien présenter le problème et le plan de votre recherche. Cela vous compliquera la tâche pour tout le reste de la rédaction. En revanche, si vous investissez le temps et les efforts nécessaires pour produire un projet de recherche de première classe, la suite du travail devrait bien se passer.

Le plus grand intérêt d'un projet de recherche, c'est qu'il vous aide à maintenir la recherche sur la bonne trajectoire. Il oriente le projet. Il vous empêche de prendre des raccourcis ou de vous égarer dans des digressions qui causent des pertes de temps et d'énergie. Si vous

---
1. Johan Mouton, *How to Succeed in Your Master's and Doctoral Studies*, Pretoria, Afrique du Sud, VanSchuik, 2001, p. 44, traduction libre.

investissez du temps et de l'énergie au début de votre projet pour réfléchir à *ce sur quoi* vous ferez la recherche et *comment* vous vous y prendrez, en ayant dans votre esprit une idée claire du but et de la méthode de recherche, vous devriez parvenir à vos fins sans retard ni détour.

Si, par exemple, vous formulez votre problématique avec clarté et précision, en la limitant et en la ciblant, et en prenant soin de bien identifier les éléments à inclure et à exclure, vous réduirez considérablement la quantité des lectures que vous aurez à faire. C'est une excellente façon d'économiser du temps. Si votre problématique est vague et floue, vous devrez lire cinq fois plus d'ouvrages parce que vous n'aurez pas de critères précis pour établir correctement ce que vous devez lire. Par contre, si vous êtes en mesure de bien planifier chacune des étapes à suivre pour résoudre le problème, vous réduirez ainsi le risque de perdre votre temps à rassembler des données dont vous n'aurez pas vraiment besoin.

En bref, préparez un bon projet de recherche et votre recherche elle-même se déroulera bien ; autrement, elle risque d'être un fiasco. Le vieil adage qui dit : « Ne pas se préparer, c'est se préparer à échouer » s'applique certainement à la recherche académique. Pourtant, les étudiants sont souvent mal préparés pour leur projet de recherche. Pourquoi ? Cela est en partie dû à l'ignorance, c'est-à-dire au fait de ne pas comprendre suffisamment la nature de la recherche pour bien planifier le projet. Toutefois, nous croyons que l'empressement excessif en est la cause majeure. Dans leur empressement à se mettre à l'ouvrage, ils rédigent un projet de recherche mal conçu. La préparation d'un projet de recherche de qualité est une tâche très difficile. Elle exige beaucoup de lecture et de réflexion. Elle prend beaucoup de temps. Toutefois, cela sera avantageux à long terme. Par conséquent, nous vous exhortons à investir du temps de qualité dans le projet de recherche. Préparez-le bien. Ce que vous semez dans le projet de recherche, vous le récolterez dans la thèse.

Si vous êtes convaincu de l'importance d'une bonne préparation du projet de recherche, vous vous demanderez sûrement quels sont les éléments qui devraient en faire partie. Les opinions diffèrent d'un chercheur à un autre. Dans la section suivante, nous présenterons notre liste d'éléments de prédilection pour un projet de recherche.

Les éléments d'un projet de recherche

Un projet de recherche est composé de deux parties principales : la *problématique* et le *plan* de la recherche. La première partie, la problématique, traite le « quoi » de l'étude ; elle décrit le problème que le chercheur tentera de résoudre. La deuxième partie, le plan, met l'accent sur le « comment » de l'étude ; elle démontre comment le chercheur procédera pour résoudre le problème. Examinons chaque partie.

Première partie : la problématique de recherche

La première partie du projet de recherche doit indiquer la problématique de recherche avec autant de précision et de clarté que possible. Le problème que le chercheur va tenter de résoudre doit être défini et délimité avec précision, de manière à ne laisser aucune ambiguïté concernant le sujet et le but de la recherche. Plus le problème sera présenté avec précision et clarté, plus la recherche sera cohérente.

> Votre problématique devrait être énoncée avec une clarté telle que toute personne (qui lit le français) dans le monde pourrait la lire, la comprendre et y réagir sans aide. Si la problématique n'est *pas* énoncée avec clarté et précision, alors vous vous trompez vous-mêmes en pensant comprendre le problème. Un tel aveuglement ne vous causera que des ennuis par la suite[2].

Quels éléments faut-il inclure dans la description de votre problémtique de recherche ? Nous vous suggérons d'inclure les éléments suivants dans l'ordre :

1. L'énoncé du problème
    1.1. Le problème principal
    1.2. Les questions clés
    1.3. Les hypothèses (si pertinent)

2. L'élucidation du problème
    2.1. Délimitations de l'étude
    2.2. Définitions des termes clés
    2.3. Présupposés du chercheur (si nécessaire)
    2.4. Revue préliminaire de la littérature

3. La pertinence de l'étude
    3.1. La pertinence théologique
    3.2. La pertinence pratique

Une omission importante dans cette liste est une section sur le contexte de la recherche. La première fois que j'ai écrit sur la méthodologie de recherche, j'ai suivi Mouton qui suggère qu'une section sur le contexte de la recherche précède l'énoncé du problème[3]. Depuis, j'ai évalué près d'une centaine de projets de recherche d'étudiants qui ont utilisé le modèle que j'avais présenté. Je suis convaincu que l'insertion d'une section sur le contexte de la recherche a tendance à nuire aux étudiants plutôt qu'à les aider. Avec une telle section, les étudiants peuvent être tentés d'écrire une longue discussion qui, en fin de compte, ne jettera que très peu de lumière sur la problématique de recherche. Elle est un leurre pour de nombreux étudiants. Après avoir écrit plusieurs pages au sujet des problèmes sociaux dans leurs communautés, ils sont incapables de faire le pont entre les problèmes eux-mêmes et le fait de les considérer d'un point de vue académique, c'est-à-dire entre les problèmes de la vie de tous les jours et le problème de la recherche. Sous le titre « la problématique », ils décrivent un problème social très large, indéfini et qui ne convient pas pour une recherche

---

2. Paul D. Leedy, *Practical Research. Planning and Design*, 6e éd., New York, MacMillan, 1993, p. 63, traduction libre.
3. Mouton, *Master's and Doctoral Studies*, p. 48.

théologique. C'est pour cette raison que je considère qu'il est préférable d'exclure la section sur le contexte de la recherche dans le projet de recherche. Les informations essentielles du fond du problème peuvent être présentées dans la section sur la pertinence de l'étude. Toutefois, de nombreux professeurs attendent, voire exigent, une section sur le contexte. Si vous préparez un projet de thèse, vous devriez vérifier auprès de votre professeur s'il souhaite que vous incluiez une section sur le contexte de la recherche.

L'énoncé du problème. Commencez votre projet de recherche avec un énoncé clair de la problématique de recherche. Formulez la problématique en une seule phrase (au plus, un court paragraphe). Vous pouvez la formuler comme une déclaration, une question ou un objectif. Dans les projets de recherche plus importants, le problème principal est généralement trop long à résoudre sans le diviser en plus petites sections. Dans de tels cas, divisez le problème principal en 2-6 sous-problèmes. Nous les appelons « questions clés », mais beaucoup d'autres les appellent « objectifs ». Une hypothèse est une supposition bien calculée quant à savoir ce que sera la réponse à une question de recherche. Une hypothèse doit être directement liée à un problème de recherche ou à une question. Ainsi, vous pouvez avoir une hypothèse pour le problème principal et, si vous le désirez, une pour chaque sous-problème.

L'élucidation du problème. Si vous commencez par un énoncé du problème de la recherche, vous devrez finaliser certains détails. Cette section précise la nature de la recherche en expliquant les délimitations, les définitions et les présupposés de l'étude et en présentant une revue préliminaire de la littérature. Dans la section sur les délimitations, vous réduisez l'étendue de votre étude en indiquant ce qui ne fera pas partie de vos recherches, c'est-à-dire, ce que vous excluez. Les sections sur les définitions et les présupposés aident vos lecteurs à comprendre les choses que vous supposez être vraies et la façon dont vous utilisez certains termes importants. La revue préliminaire de la littérature situe votre projet de recherche par rapport aux autres ouvrages d'érudition, ce qui aide vos lecteurs à apprécier la contribution de votre étude en comparaison de ce que les autres ont fait.

La pertinence de l'étude. La première partie du projet de recherche se termine par une explication de ce qui vous motive à faire cette étude. Vous pouvez le faire au niveau pratique et/ou théorique. Cette section vous donne l'occasion de présenter quelques informations essentielles concernant le fond du problème tout en indiquant comment la recherche proposée contribuera à répondre à des besoins sociaux dans une communauté. Vous pouvez expliquer qui devrait tirer profit de la recherche et la façon dont ils pourraient en bénéficier.

Nous examinerons plus en détail chacun de ces éléments dans le chapitre sur la problématique de recherche. Voyons maintenant les éléments qui constituent la deuxième partie du projet de recherche, soit le plan de la recherche.

Deuxième partie : le plan de la recherche

La recherche suit un modèle « problème-solution ». C'est également le cas pour le projet de recherche. La première partie expose le problème de la recherche, tandis que la deuxième partie propose un plan pour le résoudre. Le plan de la recherche comprend trois sections : la conception, la méthodologie et la bibliographie.

4. Le plan de la recherche
   4.1. La structure

   4.2. Le calendrier

5. La méthodologie de la recherche
   5.1. Les informations

   5.2. Les outils

   5.3. Les étapes

6. La bibliographie

Dans certains cas, il peut être nécessaire d'ajouter une section indiquant les compétences du chercheur pour effectuer la recherche. Par exemple, si l'étude proposée nécessite une analyse avancée du texte grec du Nouveau Testament, le chercheur doit être compétent pour effectuer une telle analyse. Si une étude empirique est fondée sur des examens psychométriques spécialisés, le chercheur doit avoir les compétences nécessaires pour effectuer ces examens. En règle générale, les qualifications du chercheur pour mener à bien la recherche peuvent être intégrées dans la discussion sur la méthodologie à des moments appropriés.

Le plan de la recherche. Votre première décision consiste à déterminer le genre d'étude le mieux adapté pour résoudre le problème de la recherche. Par exemple, pouvez-vous utiliser une approche purement littéraire ou avez-vous besoin d'un élément empirique ? Plus tard dans ce livre, nous présenterons une variété de modèles de base pour les recherches théologiques, soit pour l'exégèse biblique, la théologie systématique, la recherche empirique, les études des cas, ou pour toutes autres approches. Le plan choisi dictera en grande partie la logique et la structure de l'étude. Dans les grands projets, tels que les thèses ou les mémoires, le projet de recherche doit inclure un calendrier proposé ; cela sert d'entente entre l'étudiant et son tuteur ou directeur en ce qui a trait à la progression du travail.

La méthodologie de la recherche. Pour évaluer la validité d'un projet de recherche, il faut savoir *exactement* comment le chercheur réalisera son étude. Vous devriez expliquer étape par étape comment vous comptez effectuer votre recherche. La meilleure façon d'y parvenir, c'est d'étudier votre projet de recherche une section (ou un sous-problème) à la fois, en décrivant les outils (méthodes) de recherche que vous allez utiliser et en indiquant les données que vous allez collecter, de même que la manière de les collecter et de les analyser.

La bibliographie. Terminez votre projet de recherche avec une liste de *références consultées*, indiquant l'étendue de vos lectures au moment de la remise du projet. La majorité des entrées devraient être des ouvrages et articles d'érudition pertinents. Évitez les sources qui sont dépassées (de plus de 25 ans). Préférez les sources « académiques » aux sources « populaires ». N'encombrez pas votre bibliographie avec des livres qui sont hors de propos (non directement en rapport avec votre sujet) ou avec des articles en ligne. Vous devez démontrer que vous savez quels sont les travaux majeurs sur le sujet.

Nous examinerons plus en détail chacun de ces éléments dans le chapitre sur le plan de la recherche. La dernière question que nous devons aborder dans ce chapitre est la préparation du projet de recherche.

La préparation d'un projet de recherche

Les étudiants sont connus pour leur négligence dans leur façon de préparer leur projet de recherche. En tant que membres du comité d'évaluation des projets de recherche pour les master en théologie et les doctorats en théologie, nous sommes consternés par le manque de sérieux avec lequel les projets de recherche sont préparés. Certains étudiants écrivent incorrectement le nom de leur programme d'études. Leur travail est rempli de fautes d'orthographe et de grammaire, et il regorge de termes imprécis. La logique est floue, les allégations sont non fondées et certaines généralisations ou hypothèses sont injustifiées.

Préparez votre projet de recherche avec sérieux. C'est sur la base de votre projet de recherche que votre professeur prendra une décision quant à savoir si vous êtes capable de mener des recherches sérieuses. Votre projet de recherche doit laisser une impression positive. La négligence dans la présentation d'un projet de recherche envoie un mauvais message. Aucun professeur ne souhaite travailler avec un étudiant paresseux et insouciant.

Quelles sont les erreurs fondamentales à éviter lors de la préparation d'un projet de recherche ? Voici une liste des questions à considérer :

- *Avez-vous soigneusement vérifié l'orthographe et la grammaire ?* Même si vous écrivez votre projet de recherche dans une deuxième ou une troisième langue, il n'y a aucune excuse pour les fautes d'orthographe et de grammaire qui peuvent être corrigées à l'aide du vérificateur d'orthographe et de grammaire de votre logiciel de traitement de texte. Relisez votre projet de recherche à plusieurs reprises avant de le soumettre.
- *Votre projet de recherche est-il conforme aux exigences de votre établissement ?* Vérifiez si votre établissement a établi des exigences pour les éléments suivants : (a) l'interligne, la police et la taille des caractères, les marges, et ainsi de suite ; (b) les éléments qui composent le projet de recherche, et (c) le système de référence et la bibliographie. Assurez-vous que votre projet de recherche soit conforme à toutes les exigences de votre établissement.
- *Avez-vous écrit correctement le nom de votre programme d'études ?* Si le programme s'appelle « mastère de recherche théologique », ne l'appelez pas négligemment « master en théologie ».
- *Votre style d'écriture est-il précis et modeste ?* Soyez humble dans vos déclarations. Ne promettez pas plus que ce que vous pouvez offrir. Prouvez chacune de vos affirmations. Dites exactement ce que vous voulez dire. Il est de votre responsabilité d'être aussi précis que possible afin que les lecteurs ne rencontrent aucune difficulté à comprendre votre projet de recherche.

Soyez attentif aux détails lorsque vous préparez votre projet de recherche. Ne soyez pas négligent ou insouciant. Le projet de recherche est la partie la plus importante de la rédaction d'un mémoire ou d'une thèse. Il doit convaincre le comité de professeurs que vous êtes capable d'effectuer des recherches indépendantes.

En résumé

Le projet de recherche régit et conduit la recherche elle-même. C'est la partie la plus difficile et la plus importante des recherches. À long terme, le temps et l'énergie investis dans la préparation du projet porteront leur fruit.

Un projet de recherche comporte deux parties principales : la *problématique* de recherche et le *plan* de la recherche, c'est-à-dire le *quoi* et le *comment*. Tout d'abord, il décrit une problématique et ensuite il présente un plan pour la résoudre. Voir le tableau 4 pour une liste des éléments faisant partie de chaque section d'un projet de recherche. Ces deux parties sont si importantes que nous allons consacrer les deux chapitres suivants à les examiner en détail. Dans le chapitre suivant, nous allons explorer la façon de construire chaque élément de la problématique de recherche.

Les éléments d'un projet de recherche
Première partie : la problématique de recherche
1. L'énoncé du problème
1.1. Le problème principal
1.2. Les questions clés
1.3. Les hypothèses
2. L'élucidation du problème
2.1. Délimitation de l'étude
2.2. Définitions des termes clés
2.3. Présupposés du chercheur
2.4. Revue préliminaire de la littérature
3. La pertinence de l'étude
3.1. La pertinence théologique
3.2. La pertinence pratique
Deuxième partie : le plan de la recherche
4. Le plan de la recherche
4.1. La structure
4.2. Le calendrier
5. La méthodologie de la recherche
5.1. Les informations
5.2. Les outils
5.3. Les étapes
6. La bibliographie

Tableau 4 : Les éléments d'un projet de recherche

11

La problématique de recherche

Le but de toute recherche est de résoudre un problème. Si vous n'avez pas de problème nécessitant une solution, ou de question exigeant une réponse, il vous manque l'essentiel pour effectuer une recherche. Par conséquent, la formulation d'un problème de recherche est la partie la plus importante et, pour beaucoup d'étudiants, la plus difficile dans tout le processus de la rédaction d'une thèse. Chaque thèse est une tentative systématique de répondre à une question de recherche principale, ou de résoudre un problème de recherche primordial. Dans ce chapitre, nous allons examiner les étapes de la formulation d'une problématique de recherche.

Le processus

La quête d'une problématique de recherche commence par une *idée provisoire de recherche* (voir la figure 31). Cette idée peut être un sujet qui vous intéresse, comme le divorce, le jugement ou la prophétie. Elle pourrait aussi être un livre de la Bible en particulier ou un passage de l'Écriture, comme le livre des Psaumes ou Matthieu 24-25 par exemple. Souvent, l'idée de la recherche provient d'un problème réel dans votre communauté ou dans votre église, des problèmes tels que la négligence du ministère des enfants à l'intérieur de votre dénomination, l'impact dévastateur de la pauvreté ou du VIH/SIDA dans votre communauté, ou encore le ministère pastoral dans une culture où la polygamie est pratiquée. Le point important à comprendre est que *l'idée provisoire de recherche* devra être peaufinée en un *problème de recherche* approprié.

Après avoir trouvé votre idée provisoire de recherche, vous devez ensuite effectuer une étude préliminaire du sujet. Vous pouvez le faire en parcourant la littérature existante sur ce sujet et en effectuant une revue *préliminaire* de la littérature. Il s'agit d'une étape essentielle. En survolant la littérature consacrée à votre sujet, vous aurez une bonne idée des questions et des débats qu'il implique, de ce que d'autres ont fait ou de ce qu'il faut faire, et ainsi de suite. Cette étape vous aide à clarifier votre pensée sur le sujet et à identifier certaines questions clés de la recherche.

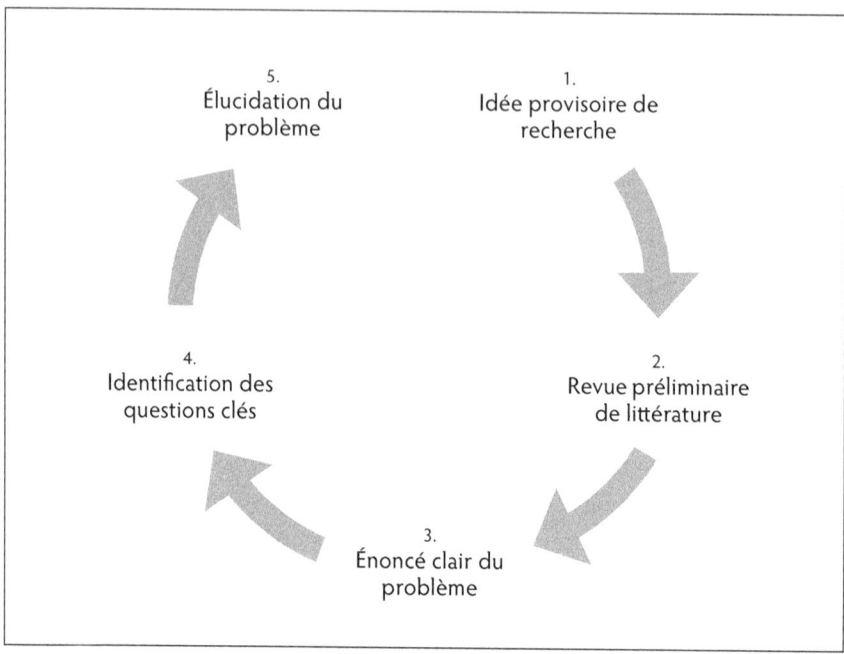

Figure 31 : Formulation du problème de recherche

Après avoir suffisamment lu sur le sujet, vous devez réduire votre idée de recherche à *un seul problème de recherche* que vous devez formuler avec précision en une seule phrase, soit dans une déclaration, une question ou un objectif. C'est un moment crucial du projet de recherche. La question ou l'objectif qui sera souligné ici dirigera tout le mémoire ou toute la thèse. L'énoncé du problème de recherche ne doit pas être formulé simplement comme une question intéressante ou un objectif souhaitable, mais comme une déclaration précise et claire faite par une personne compétente et bien documentée sur le sujet.

La quatrième étape est facultative, mais souvent souhaitable. Bien que la problématique de recherche expose clairement la question ou l'objectif principal de la thèse ou du mémoire, il est utile de diviser l'énoncé du problème en une série de questions clés auxquelles il faudra répondre afin de résoudre le problème principal. Ces *questions clés* doivent être liées au problème principal d'une manière logique. Elles divisent le problème principal en plusieurs points qui sont plus courts et plus faciles à manier. En répondant aux questions clés, vous devriez résoudre le problème principal. Nous vous recommandons d'essayer d'identifier entre trois et cinq questions clés.

L'étape finale consiste à *développer le problème* en vous référant aux éléments qui forment l'élucidation du problème (délimitations, définitions, et présupposés) et la pertinence de l'étude. Ce processus vous aidera à préciser et à clarifier davantage le problème de recherche.

En résumé, le processus de formulation du problème de recherche comporte cinq étapes (voir la figure 31) :

1. Déterminez une idée provisoire de recherche.

2. Faites une revue préliminaire de la littérature.
3. Formulez le problème principal de la recherche.
4. Énumérez 3-5 questions clés liées au problème principal.
5. Élucider le problème de recherche.

Étant donné qu'il s'agit d'une partie fondamentale de la recherche, nous devons examiner plus en détail chacune de ces étapes.

L'idée provisoire de recherche

Votre recherche commence par quelque chose qui vous intéresse, telle qu'un champ d'étude en particulier, un problème pratique ou une question biblique. Ce n'est pas encore un problème de recherche, mais c'est un point de départ. Les idées de recherche théologique proviennent généralement de l'un ou l'autre des deux mondes suivants : le monde réel ou le monde de la recherche.

- *Le monde réel.* La recherche dans le domaine de la *théologie pratique* commence souvent par des problèmes de la vie réelle. Ils peuvent être des problèmes pratiques dans l'Église et/ou dans la communauté. Par exemple, l'épidémie du VIH/SIDA a provoqué une multitude de problèmes pratiques dans les communautés et les Églises en Afrique. Ils incluent notamment le grand nombre d'enfants orphelins, les grands-parents âgés qui élèvent des nourrissons, les superstitions sur les causes et les remèdes du VIH/SIDA, les préjugés des Églises envers les personnes séropositives, un grand besoin de soins de santé axés sur la famille, et bien d'autres encore. Chacun de ces éléments pourrait servir de point de départ pour un projet de recherche.
- *Le monde de la recherche.* Le point de départ pour la recherche dans le domaine des *études bibliques* et celui de *la théologie systématique* (et quelques thèmes de la théologie pratique) réside dans la recherche actuelle. En étudiant les Écritures et en lisant des livres et des articles d'érudition, vous commencerez à prendre connaissance des questions qui ont déjà été répondues et de celles qui sont toujours sans réponses. Les « lacunes » dans les recherches actuelles offrent des possibilités pour de nouvelles recherches. Par exemple, en étudiant l'Évangile de Matthieu, un étudiant a découvert que le jugement était un thème majeur. Il a remarqué que Matthieu utilisait l'expression « pleurs et grincements de dents » à six reprises (sur sept occurrences dans toute la Bible), et il a constaté que personne n'avait fait d'étude en profondeur sur cette phrase et sa contribution à la théologie de Matthieu. Cette lacune dans les recherches actuelles lui a ouvert la voie pour son mémoire de master en théologie.

Nous le répétons : la recherche commence par quelque chose qui *vous intéresse*. Cela est essentiel. La recherche est une tâche longue, solitaire et exigeante. Vous devez trouver votre sujet fascinant. Vous devez aimer le domaine choisi. Ne vous lancez pas dans une recherche sur un sujet qui ne vous intéresse pas.

La revue préliminaire de la littérature

Lorsque vous avez une idée de recherche en tête, vous devez ensuite commencer à la transformer en un problème de recherche. Ce processus est assez exigeant. Mouton dit que les étudiants ont très peu de difficultés à identifier des idées de recherche potentielles. « Le véritable défi, cependant, est de prendre cette idée et de la transformer en un problème ou une question de recherche. D'après mon expérience, la plupart des étudiants trouvent ce processus très difficile et particulièrement long[1]. »

La première étape de ce processus est de faire une revue préliminaire de la littérature. Il s'agit de parcourir les différents ouvrages et articles académiques traitant de votre sujet pour voir ce qui a déjà été fait et quelles sont les questions qui demeurent sans réponses (ou qui n'ont pas encore été posées). En examinant cette littérature, des questions et des perspectives nouvelles feront certainement surface. Voici trois exemples qui montrent comment la revue de la littérature pourra vous aider à développer une idée de recherche.

1. Une revue préliminaire de la littérature vous fera prendre conscience des tendances actuelles dans votre champ d'intérêt. Le fait de connaître ces tendances peut vous aider à diriger vos études vers une lacune dans la recherche actuelle. J'ai commencé ma première thèse de doctorat avec un intérêt général pour la traduction de la Bible. Mes professeurs ont alors attiré mon attention sur quelques publications récentes parce qu'ils étaient au courant des derniers développements dans ce domaine. Certains articles proposaient un nouveau cadre philosophique pour la traduction. J'ai immédiatement identifié une lacune permettant une nouvelle recherche : personne n'avait encore examiné les implications théoriques et pratiques de l'utilisation de cette nouvelle philosophie en vue du développement d'une approche de traduction.

2. Une revue préliminaire de la littérature vous aidera à délimiter votre étude pour vous assurer de sa faisabilité. Votre idée de recherche initiale sera probablement trop large pour servir de problème de recherche ; vous devez la réduire. Un nouveau candidat pour le master en théologie avait commencé ses recherches avec un intérêt particulier pour l'enseignement de l'Ancien Testament sur le Saint-Esprit. Réalisant qu'il avait besoin de réduire son champ de recherche, son tuteur lui a alors conseillé d'examiner la littérature existante sur ce sujet. Elle lui a donné quelques conseils pour l'aider à démarrer. Ainsi, à travers ses multiples lectures, il en est arrivé à réduire la portée de cette idée de recherche, d'abord aux livres prophétiques, puis à Zacharie seulement. Une candidate du même programme

---
1. Mouton, *Master's and Doctoral Studies*, p. 149.

avait commencé ses recherches avec un intérêt pour ce que serait le ciel pour les croyants. Elle avait débuté avec le sentiment que peu de recherches avaient été faites en ce sens. Mais elle a rapidement découvert qu'il y avait beaucoup d'ouvrages sur ce sujet. Elle a finalement décidé de mener sa recherche sur un seul passage de l'Apocalypse qui enseigne quelque chose à propos du ciel.

3. Une revue préliminaire de la littérature peut vous faire prendre conscience que votre idée de recherche ne mènera nulle part. Un collègue était venu en aide à une candidate au master en théologie qui était déterminée à écrire son mémoire sur la justification dans Romains. Il l'avait informée que le sujet avait été si bien exploré qu'il n'y avait pratiquement plus rien à dire d'original sur cela, mais ses paroles n'ont servi à rien. Ils ont donc convenu qu'elle devait lire de façon générale la littérature sur la justification dans l'Épître aux Romains, pour voir si elle pouvait identifier une lacune dans la littérature existante ou découvrir une nouvelle perspective qui lui permettrait de poursuivre. Elle n'a rien trouvé, alors elle a dû retourner à la case départ.

Voilà donc quelques-unes des raisons pour faire de la revue préliminaire de la littérature la deuxième étape du processus de formulation du problème de recherche. Elle peut vous amener à renoncer rapidement à une idée de recherche infructueuse. En revanche, si la revue préliminaire confirme que l'idée a du potentiel, elle vous aidera à identifier les lacunes dans les recherches existantes et à réduire le champ d'application de la recherche envisagée.

Le problème principal de la recherche

La troisième étape consiste à formuler le problème principal de la recherche en une seule phrase. La formulation claire et précise d'un problème principal est fondamentale pour une recherche efficace. Le problème de la recherche peut être formulé comme une déclaration, une question ou un objectif. La forme utilisée importe peu. Les exemples suivants montrent comment formuler le problème principal sous forme de déclaration, de question ou d'objectif, sans en altérer le sens.

Déclaration	Question	Objectif
Cette recherche examinera comment les Églises du Swaziland devraient agir auprès des familles polygames qui se joignent à elles.	Comment les Églises du Swaziland devraient-elles agir auprès des familles polygames qui se joignent à elles ?	Le but principal de cette étude est de déterminer comment les Églises du Swaziland devraient agir auprès des familles polygames qui se joignent à elles.

Déclaration	Question	Objectif
Cette recherche tentera de découvrir les critères utilisés et les objectifs poursuivis par les éditeurs du psautier dans l'organisation des Psaumes 42-49.	Quels sont les critères utilisés et les objectifs poursuivis par les éditeurs du psautier dans l'organisation des Psaumes 42-49 ?	L'objectif de cette recherche est de déterminer les critères utilisés et les objectifs poursuivis par les éditeurs du psautier dans l'organisation des Psaumes 42-49.

La règle d'or : la règle d'or pour la formulation d'un problème de recherche est que vous devez l'énoncer en une seule phrase !

Que vous choisissiez de formuler le problème dans une déclaration, une question ou un objectif, vous devez l'écrire en *une seule phrase claire*. Si vous ne pouvez pas le faire, c'est que le problème n'est pas encore assez clair dans votre esprit. Si vous énoncez le problème de la recherche de façon simple et précise, cela facilitera votre tâche plus tard. Comme nous l'avons vu au chapitre précédent :

> Votre problématique devrait être énoncée avec une clarté telle que toute personne (qui lit le français) dans le monde pourrait la lire, la comprendre et y réagir sans aide. Si la problématique n'est *pas* énoncée avec clarté et précision, alors vous vous trompez vous-mêmes en pensant comprendre le problème. Un tel aveuglement ne vous causera que des ennuis par la suite[2].

Comment peut-on transformer une idée de recherche en un énoncé du problème ? (Nous allons utiliser l'exemple d'un problème présenté sous forme de question, mais les mêmes principes s'appliquent pour les formulations en déclaration ou en objectif.) Chaque question comporte deux éléments :

1. Sujet : ce que vous souhaitez étudier.
2. Complément : ce que vous avez l'intention de découvrir sur ce sujet.

Voici quelques exemples pour vous aider à comprendre ces deux éléments :

Sujet	Complément	Question
Les leaders	Les raisons pour lesquelles ils quittent les Églises	« Pourquoi de bons leaders quittent-ils leurs Églises ? »
Le ciel	Ce à quoi il ressemble	« À quoi ressemblera la vie au ciel ? »
Psaumes 3-8	Le message qu'ils transmettent	« Quels sont les enseignements principaux des Psaumes 3-8 ? »

---

2. Leedy, *Practical Research*, p. 63.

En résumé, le processus de formulation d'une question est le suivant :
- Sujet : décidez sur quel sujet vous voulez étudier.
- Complément : décidez ce que vous souhaitez découvrir sur ce sujet.
- Question : rassemblez ces deux éléments sous forme de question.

Chacun des exemples ci-dessus comportait une simple question. Une bonne *question de recherche* est généralement plus complexe. Toutefois, les mêmes principes s'appliquent à des questions plus complexes. La différence réside habituellement dans le sujet, qui tend à être plus précis dans une question de recherche.

Sujet	Complément	Question
Les leaders des Églises baptistes dans la province du KwaZulu-Natal	Les raisons pour lesquelles plusieurs d'entre eux quittent leurs Églises	« Qu'est-ce qui pousse les pasteurs à déserter les Églises baptistes dans la province du KwaZulu-Natal ? »
Le ciel dans Apocalypse 21.1-8	Ce à quoi le ciel ressemblera	« Qu'enseigne Apocalypse 21.1-8 sur la vie au ciel ? »
Le classement des Psaumes 3-8	La raison pour laquelle les éditeurs les ont classés dans cet ordre	« Que révèle l'organisation des Psaumes 3-8 à propos des objectifs des éditeurs ? »

Dans chacun de ces exemples, le sujet est beaucoup plus précis que dans les questions simples de l'exemple précédent. Nous avons limité l'étendue du sujet des « leaders » aux « leaders baptistes dans la province du KwaZulu-Natal ». Vous ne pouvez pas faire une recherche sur la situation de tous les leaders du monde entier, mais vous pouvez le faire pour un groupe particulier de leaders (baptistes) dans une région limitée (KwaZulu-Natal). Il serait très difficile de faire une étude approfondie de tous les passages de l'Écriture qui parlent du ciel, mais l'étude de ce qu'un passage clé en particulier enseigne (Ap 21.1-8) est beaucoup plus réaliste. Nous avons précisé le sujet de façon à rendre l'étude faisable. De même, une étude exégétique des Psaumes 3-8 n'est pas très pratique. Mais en portant notre attention sur *l'organisation* des Psaumes 3-8, nous pourrons mener l'étude avec beaucoup plus de facilité.

Souvent, vous commencez avec un sujet général en tête (idée de la recherche), mais en lisant beaucoup sur ce sujet (revue préliminaire de la littérature), vous commencez à préciser votre sujet d'étude en vous concentrant sur un aspect particulier d'un sujet général : des leaders en général aux leaders baptistes dans le KwaZulu-Natal, du ciel en général au ciel dans l'Apocalypse 21.1-8, des Psaumes 3-8 en général à l'organisation des Psaumes 3-8. Vous avez ainsi *délimité* le sujet de votre recherche.

Enfin, voici deux conseils pratiques pour vous aider à éviter les pièges dans lesquels les chercheurs inexpérimentés tombent souvent. Tout d'abord, ne formulez pas votre problème principal sous forme de question à laquelle on peut répondre par un « oui » ou par un « non ».

Une bonne question de recherche théologique ne devrait jamais permettre au lecteur de répondre par un « oui » ou par un « non ». Demandez : « Quelles sont les causes des divisions dans les Églises ? », plutôt que : « Satan est-il l'auteur des divisions dans les Églises ? » Ou encore, « Qu'enseigne Matthieu 19.1-12 au sujet du divorce et du remariage ? », plutôt que : « Matthieu 19.1-12 enseigne-t-il qu'une personne divorcée peut se remarier ? » Aussi, ne posez pas des questions dont vous connaissez déjà la réponse. Il n'est pas rare de voir des candidats commencer leur travail avec une idée en tête. Ils sont convaincus de quelque chose et ils projettent d'utiliser leur thèse ou mémoire pour proclamer leur conviction. Ils ne se rendent pas compte qu'il s'agit d'une recherche, et non d'un outil de propagande. La recherche doit s'efforcer de trouver des solutions aux problèmes non résolus, ou des réponses aux questions encore en suspens. Si vous êtes convaincu de connaître la réponse à votre question avant même de commencer l'étude, votre parti pris vous empêchera de faire reconnaître les mérites de votre étude. Soit vous écrivez un livre pour exprimer vos convictions, soit vous choisissez un autre sujet de mémoire ou de thèse.

En résumé, formulez votre problème principal en une seule phrase. Il peut prendre la forme d'une déclaration, d'une question ou d'un objectif. Il doit indiquer ce que vous allez étudier (le sujet) et ce que vous souhaitez découvrir sur ce sujet (le complément). Dans un problème de recherche, l'étendue du sujet doit être délimitée avec précision. Évitez les questions permettant une réponse affirmative ou négative. Ne posez pas une question à laquelle vous avez déjà la réponse.

Les questions clés liées au problème principal

Même si le projet de recherche vise à résoudre un problème principal, ce dernier est généralement trop vaste pour être traité dans son ensemble. Par conséquent, il est souvent nécessaire de le diviser en quelques questions clés. Ainsi, les réponses aux questions clés conduiront à la résolution du problème principal. Dans une thèse, il y a souvent une question clé pour chaque chapitre (sauf pour l'introduction et la conclusion).

Vous devez savoir que les auteurs (et les tuteurs et directeurs) peuvent utiliser des termes différents pour désigner les mêmes choses. Par exemple, le problème principal de la recherche peut être appelé la problématique, la question, l'objectif ou le but de l'étude. Ce que nous appelons « questions clés » est souvent désigné comme étant des problèmes subordonnés ou des objectifs de recherche. Peu importe la terminologie utilisée, il doit toujours y avoir un problème principal (ou une question ou un objectif) subdivisé en une série de problèmes plus petits (ou questions ou objectifs).

Pour déterminer les questions clés, demandez-vous quelles sont les questions précises auxquelles vous devez répondre afin de répondre à la question principale. Si vous posez les bonnes questions dans le bon ordre, votre étude prendra forme naturellement. Nous présentons des exemples à la page suivante.

Le problème principal	Comment les Églises du Swaziland devraient-elles agir auprès des familles polygames qui se joignent à elles ?
Questions clés	1. Quelles sont les pratiques culturelles liées à la polygamie qui posent des défis pastoraux aux Églises ?
	2. Comment les Églises répondent-elles actuellement à ces défis pastoraux ?
	3. Quels sont les principes bibliques que les pasteurs devraient garder à l'esprit dans leur ministère auprès des familles polygames ?
	4. Quelles sont les mesures concrètes que les Églises doivent prendre pour mieux servir les familles polygames ?

Nous pouvons maintenant convertir facilement cette liste de questions en un titre et un plan de recherche :

Titre	La manière dont les Églises devraient exercer leur ministère auprès des familles polygames au Swaziland
Chapitres	1. La polygamie au Swaziland : une pratique problématique.
	2. La gestion actuelle du problème par les Églises.
	3. Les principes bibliques pour gérer la polygamie.
	4. Vers une approche pastorale efficace.

Voici un autre exemple :

Le problème principal	Quel rapport existe-t-il entre la pratique vétérotestamentaire de la dîme telle qu'enseignée dans Malachie 3.8-12 et les croyants du Nouveau Testament ?
Questions clés	1. Qu'est-ce que l'Ancien Testament enseignait à propos de la dîme ?
	2. Que signifiait Malachie 3.8-12 pour les premiers lecteurs ?
	3. Qu'est-ce que le Nouveau Testament enseigne à propos de la dîme ?
	4. Comment le message de Malachie 3.8-12 s'applique-t-il aux croyants du Nouveau Testament ?

Notez que si le chercheur répond avec succès à toutes les questions clés, il aura ainsi répondu à la question principale. Pouvez-vous voir comment chaque question clé pourrait facilement représenter un chapitre d'une thèse (ou une section d'un article) ? Un plan de recherche pour cette étude pourrait ressembler à ce qui suit.

Titre	Le rapport entre la dîme dans Malachie 3.8-12 et les chrétiens
Chapitres	1. Le principe de la dîme dans l'Ancien Testament.
	2. L'exégèse de Malachie 3.8-12.
	3. Le principe de la dîme dans le Nouveau Testament.
	4. Le principe de la dîme et le chrétien.

Une fois que vous avez identifié le problème principal et les questions clés, votre projet de recherche commence à prendre forme. Vous avez, dans une forme embryonnaire, le titre de votre étude, le problème principal que vous devez résoudre, la suite logique des mesures à prendre pour le résoudre et la possibilité d'établir un plan de travail. La dernière étape de la formulation du problème de recherche est de présenter un développement des détails du problème de recherche.

Les détails du problème de recherche

La dernière étape consiste à présenter les détails du problème de recherche. Cela implique le développement des éléments suivants :

- les hypothèses,
- les délimitations,
- les définitions,
- les présupposés,
- la pertinence.

Nous allons examiner chacun de ces éléments.

Les hypothèses

Qu'est-ce qu'une hypothèse ? Selon Leedy, « les hypothèses sont des suppositions préliminaires et sensées, énoncées dans le but de diriger la pensée vers la solution à un problème[3] ». Après avoir formulé le problème de recherche, vous faites une supposition savante quant à ce que sera la solution. Cette supposition savante guidera votre réflexion. Vous devrez chercher à déterminer si les données confirment votre hypothèse (théorie initiale). Cela vous permet d'orienter votre analyse des données.

Les théologiens ne s'accordent pas sur la question de savoir si une hypothèse est un élément essentiel d'un projet de recherche *théologique*. Dans de nombreuses autres disciplines, tester une hypothèse est de loin la meilleure approche. La recherche médicale en est un bon exemple ; le chercheur pense qu'un traitement particulier pourrait aider ceux qui souffrent d'une maladie, il conçoit alors une série d'expériences pour tester son hypothèse. Dans la recherche théologique, les hypothèses ne sont pas toujours indispensables. C'est une

---

3. Leedy, *Practical Research*, p. 75.

autre question sur laquelle vous devez consulter votre tuteur ou directeur pour connaître ses préférences.

Si vous décidez de développer votre étude autour d'une hypothèse, alors toute votre analyse devrait être conçue de manière à déterminer si les preuves sont suffisantes pour la soutenir comme solution au problème de recherche. À la fin de l'étude, vous devez accepter, rejeter ou modifier votre hypothèse. Nous utilisons les termes « accepter » et « rejeter » au lieu de « prouver » ou « réfuter » parce que les résultats d'une recherche ne constituent pas une preuve absolue. De plus, l'objectif de la recherche n'est pas de *prouver* votre hypothèse, mais de *l'examiner*. Le fait de l'accepter, de la rejeter ou de la modifier, n'aura aucune incidence sur la réussite ou non de votre étude. Si les éléments de preuve amènent à une conclusion différente de ce que vous aviez envisagé au début, qu'il en soit ainsi. Si vous vous croyez obligé de prouver votre hypothèse, vous risquez de fausser les données pour y parvenir. Dites-vous bien dès le début que vous n'êtes pas obligés d'accepter votre hypothèse ; cela vous aidera à rester objectif. En réalité, si vos résultats ne confirment pas votre hypothèse, cela peut être une preuve de votre rigueur et de votre objectivité.

Les hypothèses sont directement liées aux questions de recherche. Par conséquent, vous ne pouvez avoir qu'une seule hypothèse par question de recherche. Vous pouvez ainsi avoir une hypothèse principale liée au problème principal et une hypothèse secondaire par question clé. Nous disons : « vous pouvez », car beaucoup de chercheurs préfèrent travailler avec une hypothèse principale seulement. Une fois de plus, si vous préparez un projet de recherche, vérifiez auprès de votre tuteur ou directeur pour connaître ses exigences.

Les délimitations

Les délimitations sont des limites que vous vous imposez, c'est-à-dire la manière dont vous choisissez de limiter l'étendue de votre recherche. Les délimitations mentionnent ce que vous allez *exclure* de la recherche, ce que vous n'étudierez pas. Elles précisent le problème en délimitant ses frontières. Elles contribuent à rendre l'étude réalisable en réduisant sa portée. Elles vous aident à vous concentrer sur ce qui est pertinent à votre problème et à éviter les sentiers battus. La remarque suivante de Leedy est vraie :

> Seul un chercheur qui réfléchit sérieusement au problème et à son intérêt saura faire la différence entre ce qui est pertinent au problème et ce qui ne l'est pas. Tout ce qui n'a pas de rapport direct avec le problème doit être fermement mis de côté dans l'énoncé des délimitations[4].

Les délimitations affectent directement l'étendue des conclusions. Si vous délimitez votre étude aux « croyants parlant le Zulu dans les Assemblées de Dieu dans la province de Gauteng », vous ne pouvez pas tirer des conclusions qui s'appliquent aux Assemblées de Dieu à travers l'Afrique du Sud en entier.

---

4. Leedy, *Practical Research*, p. 74.

Quels types de délimitations font partie de la recherche théologique ? Voici quelques types courants de délimitations (la liste suivante n'est pas exhaustive) :

- *Canoniques : elles délimitent votre étude à certains passages des Écritures.* Une dissertation ne couvrira pas tout « ce que l'Ancien Testament enseigne sur la vie après la mort », mais elle peut certainement présenter clairement « la vie après la mort dans le livre des Psaumes ».
- *Géographiques : elles délimitent votre étude à une région particulière (ou plusieurs).* Pour effectuer une recherche sur les besoins en formation des épouses des pasteurs au Kenya, vous auriez besoin d'interroger toutes les épouses des pasteurs du pays, ce qui serait pratiquement impossible. Par contre, l'étude sera réalisable en limitant la recherche à Nairobi.
- *Culturelles : elles délimitent votre étude à des divisions culturelles ou linguistiques particulières.* Pourriez-vous faire une recherche sur cette question : « Comment la culture traditionnelle africaine perçoit-elle le monde des esprits ? » Nous en doutons. Bien qu'elles aient plusieurs points en commun, les cultures africaines ne sont pas uniformes dans leur vision du monde. Il serait plus plausible de demander : « Comment la culture traditionnelle Agikuyu perçoit-elle le monde des esprits ? »
- *Historiques : elles délimitent votre étude à une période particulière de l'histoire.* Toute recherche historique détaillée doit généralement se limiter à une période en particulier. Plus la période sera courte, plus vous pourrez l'examiner en profondeur.
- *Ecclésiastiques : elles délimitent votre étude à certaines Églises ou dénominations.* Vous ne pourriez pas faire une étude empirique sur les causes des divisions au sein des Églises en Argentine, car il y en a des milliers. Mais vous pourriez sans doute travailler sur les causes des divisions au sein des Églises Assemblées de Dieu en Argentine (peut-être en ajoutant des délimitations historiques et géographiques).
- *Conceptuelles : elles délimitent les éléments conceptuels à examiner.* Une thèse qui évalue « la traduction des textes relatifs à la divinité du Christ dans la Traduction du monde nouveau » n'aura pas à examiner toute la documentation christologique dans son ensemble. En vertu des délimitations, le chercheur peut justifier le fait de ne pas approfondir tous les débats doctrinaux.

Le titre même peut inclure quelques-unes des délimitations principales. Par exemple, un titre tel que « l'identification des causes des divisions au sein des Églises de l'Union Baptiste d'Afrique du Sud de 1980 à 2005 » contient trois délimitations : ecclésiastique (Union Baptiste), géographique (Afrique du Sud) et historique (1980-2005). Dans la section sur les délimitations, vous pouvez justifier les limites de votre étude et, si nécessaire, ajouter d'autres délimitations qui ne figurent pas dans le titre.

Les définitions

Le but de la section sur les définitions des termes dans un projet de recherche est d'aider vos lecteurs à suivre votre argument. Elle doit définir les termes tels que *vous* les utiliserez dans votre recherche. Il importe peu que les lecteurs soient d'accord ou non avec vos définitions. En les avertissant à propos du sens de certains termes en particulier, vous les aidez à suivre votre argument et vous réduisez les risques d'être mal interprété.

Quels sont les termes qui devraient être définis ? Tout d'abord, définissez seulement les termes qui sont essentiels à la compréhension de votre projet de recherche. Autrement dit, limitez-vous aux termes cruciaux de votre étude. Les termes moins essentiels peuvent être définis lorsqu'ils apparaissent pour la première fois dans l'étude. Deuxièmement, vous devriez définir tout terme qu'un lecteur bien informé pourrait ne pas comprendre ou comprendre de travers. Il en existe principalement trois catégories :

- *Les termes techniques rares.* Vous pouvez supposer que vos lecteurs sont relativement bien informés en ce qui concerne le jargon théologique. Définissez les termes clés qu'ils ne connaissent peut-être pas. Si votre sujet est la traduction de la Bible, vous n'avez pas besoin de définir *l'équivalence dynamique*, mais vous devrez définir la *traduction indirecte* (une nouvelle approche basée sur un modèle de communication appelé théorie de la pertinence). Une thèse de doctorat sur l'éthique du génie génétique n'a pas besoin de définir *l'utilitarisme*, mais les éthiciens peuvent ne pas savoir exactement ce qu'est le *génie somatique*.
- *Les termes qui ont plus d'un sens reconnu.* Si un terme clé de votre projet de recherche a plus d'un sens reconnu dans les ouvrages d'érudition, vous devez indiquer le sens précis que vous lui donnez. Certains utilisent le terme *missio Dei* pour se référer à la mission de Dieu de réconcilier tous les êtres humains avec lui-même, tandis que d'autres l'utilisent davantage dans un sens sociohumanitaire. Les sens reconnus de l'expression *théologie biblique* incluent un mouvement du XXe siècle, une approche de la théologie de l'Ancien et du Nouveau Testament, et simplement une théologie qui est biblique dans son approche. Le sens donné au *baptême du Saint-Esprit* varie d'un mouvement d'églises à un autre. Lorsque vous utilisez ce genre de termes, vous devez indiquer le sens que vous leur donnez.
- *Les termes que vous utilisez avec des nuances particulières.* Si vous avez l'intention d'utiliser un terme avec un sens légèrement différent de son usage habituel dans les ouvrages d'érudition, expliquez cette différence. En Éthiopie, le mot *évangéliste* a une signification particulière. Beaucoup d'églises ont deux ouvriers à temps plein, un pasteur et un évangéliste. Lorsque les Éthiopiens parlent d'un *évangéliste*, ils le font d'une manière légèrement différente de la plupart des chrétiens.

Vous ne devriez pas définir des termes que des lecteurs bien informés peuvent comprendre. Un de nos étudiants de master en théologie a écrit deux paragraphes dans sa thèse pour définir l'expression *Ancien Testament* ; c'était une insulte pour les lecteurs bien informés. Même des termes comme justification, éthique de situation, déisme, ou critique des sources ne nécessitent pas de définitions, sauf si vous les utilisez avec des nuances différentes de leur utilisation normale.

Combien de termes doivent être définis ? Il n'y a pas de norme. En règle générale, il faut en définir autant que cela est nécessaire, mais aussi le moins possible. Certaines études n'ont pas besoin de définitions ; d'autres abondent en jargon technique et nécessitent de nombreuses définitions. Les lecteurs de recherche théologique sont habituellement bien renseignés au niveau de la théologie. Par conséquent, une étude exégétique utilisant une terminologie générale pourrait ne pas exiger de définitions. Toutefois, si un étudiant en théologie écrit une thèse de doctorat sur l'éthique du génie génétique dans laquelle il se plonge dans des procédures médicales, il devra probablement définir de nombreux termes étant donné que ses lecteurs ne connaîtront peut-être pas les termes médicaux.

Cette discussion sur les définitions de termes est liée au processus de formulation d'un problème de recherche dans un projet de recherche. Dans un document de recherche, telle qu'une thèse ou un mémoire, vous pouvez choisir d'inclure un glossaire plus complet. Par ailleurs, de nombreux termes peuvent être définis lors de leur première occurrence dans le texte même du document.

Les présupposés

Les présupposés (aussi appelées hypothèses) sont « les évidences » qui forment la base de votre pensée et de votre approche. Ce sont les choses que vous tenez pour acquises, que vous considérez comme évidentes, les vérités fondamentales sur lesquelles vous bâtissez votre étude.

Vos présupposés peuvent être vrais ou non. Vous pourriez, par exemple, baser votre étude sur les fondements philosophiques d'une recherche antérieure. Si cette recherche est réfutée plus tard, la vôtre pourrait aussi l'être. Dans les années 60, Eugene Nida était le leader mondial dans le domaine des théories de la traduction de la Bible. Il a développé ses idées sur la base des meilleures théories linguistiques de cette époque. Aujourd'hui, les modèles linguistiques ont évolué, remettant en question certains des points de vue de Nida.

Vos lecteurs peuvent être d'accord ou non avec vos présupposés. En revanche, en les mentionnant, vous les avertissez quant à vos préférences personnelles et vous les aidez à suivre votre argument. Si votre exégèse d'un texte de l'Évangile tient pour acquise la priorité de Matthieu, un lecteur qui croit à la priorité de Marc pourrait avoir du mal à suivre votre courant de pensée. Mais en avertissant le lecteur du fait que votre étude présuppose la priorité de Matthieu, vous lui donnez les moyens de comprendre votre analyse, et ce, malgré son désaccord avec votre point de vue.

Quels présupposés devriez-vous mentionner ? Tous ceux qui pourraient influencer votre étude de façon substantielle. « Une tâche importante dans la pensée de la recherche est de poser la question : "Quels sont les présupposés qui influent sur ma façon de penser et d'écrire ?"[5] » Comment vos préférences personnelles (par exemple, confession, conviction théologique) influencent-elles votre interprétation des données ? Quelles sont les croyances ou les théories qui sont à la base de votre recherche ? Le fait de vous poser ce genre de question vous aidera à identifier les présupposés que vous devez mentionner.

Les ouvrages d'érudition ne s'accordent pas tous sur la question de savoir si Ésaïe 40-66 a bel et bien été écrit par Ésaïe au VIIIe siècle av. J.-C. Alors, si vous tenez cela pour acquis et que cela affecte considérablement vos arguments ou vos conclusions, vous devrez le mentionner comme un présupposé. Si vous voulez analyser la possibilité que 1 Corinthiens 13.10 puisse soutenir la cessation des dons spirituels, votre église et votre arrière-plan théologique (p. ex. pentecôtiste ou réformé) nuiront à votre objectivité d'une manière considérable. Par conséquent, mentionnez votre arrière-plan. Il se peut que vos convictions concernant l'inspiration de l'Écriture ou que votre herméneutique soit tellement importante pour votre étude que vous deviez les mentionner au départ.

La pertinence

La dernière section des détails du problème de la recherche devrait motiver l'étude en expliquant sa pertinence. Selon la nature de l'étude, sa pertinence peut être théorique et/ou pratique. Vous devez décrire la façon dont l'étude permettra de contribuer à la connaissance actuelle (pertinence théorique) et/ou aux réalités actuelles (pertinence pratique).

Lorsque vous parlez de la pertinence pratique de l'étude, vous devriez mentionner quels sont *ceux* qui devraient en bénéficier, *pourquoi* et *comment*. Étant donné que le modèle que nous recommandons ne commence pas par une section d'introduction, c'est ici qu'on peut donner un peu d'information concernant l'arrière-plan ou le fond du problème. Décrivez brièvement les réalités présentes et comment la recherche proposée pourrait contribuer à les améliorer. Cette section devrait être brève et claire, et comporter quelques paragraphes tout au plus. Ne vous laissez pas entraîner dans une lamentation de cinq pages au sujet de tous les maux de la société.

Voici un exemple d'une section bien rédigée sur la pertinence d'une thèse intitulée « Propositions pratiques pour améliorer les ministères envers les enfants dans les Églises des Assemblées de Dieu au Zimbabwe » :

> En tant que dirigeant dans les Assemblées de Dieu au Zimbabwe, une simple observation suggère que les ministères auprès des enfants sont largement négligés au sein des églises de cette dénomination. Peu d'églises semblent consacrer un pourcentage important de leur budget aux ministères auprès des enfants. Ceux qui sont en place semblent se concentrer sur le divertissement des enfants afin qu'ils ne perturbent pas le culte des adultes, plutôt que de se concentrer sur l'évangélisation et la formation des enfants en vue de les préparer pour le ministère.

---
5. Vyhmeister, *Quality Research Papers*, p. 101, traduction libre.

Cette étude aidera à l'amélioration des ministères auprès des enfants dans les Assemblées de Dieu, et ce, de trois manières. Tout d'abord, au moyen d'un sondage descriptif, elle fournira des données précises sur l'état actuel des ministères auprès des enfants. Deuxièmement, l'analyse des ouvrages bibliques et d'érudition mettra l'accent sur l'importance et la valeur de la priorité des ministères auprès des enfants. Troisièmement, et le plus important, elle permettra d'élaborer une stratégie pour améliorer les ministères envers les enfants parmi les Églises et les dirigeants de cette dénomination.

En à peine 150 mots, cette section indique qui seront les bénéficiaires (les Assemblées de Dieu au Zimbabwe), pourquoi ils tireront profit de cette étude (les ministères envers les enfants sont sous-estimés) et la façon dont ils en tireront profit (améliorer les ministères envers les enfants). Elle présente suffisamment d'informations pour comprendre le contexte de l'étude et de raisons pour persuader les lecteurs de la pertinence de l'étude.

En résumé

Un projet de recherche est composé de deux sections : la problématique et le plan de la recherche. Le processus qui consiste à développer une idée de recherche en une problématique de recherche comporte cinq étapes :

1. Déterminer une idée provisoire de recherche.
2. Faire une revue préliminaire de la littérature.
3. Formuler le problème principal de la recherche.
4. Énumérer 3-5 questions clés liées au problème principal.
5. Présenter les détails du problème de recherche.

L'idée initiale de recherche est simplement quelque chose qui vous intéresse ; elle pourrait devenir un sujet de recherche possible ou impossible. Pour vous aider à découvrir si c'est une bonne idée de recherche ou non, vous devez faire une revue préliminaire de la littérature déjà existante sur ce sujet. Vos lectures vous aideront à identifier et à formuler un problème de recherche en particulier. Étant donné que le problème est souvent trop vaste pour être considéré dans son ensemble, divisez-le en quelques questions clés qui représenteront les étapes logiques à partir du problème jusqu'à sa solution. Enfin, détaillez la section du problème de votre projet en présentant les hypothèses, les délimitations, les définitions, les présupposés et la pertinence de l'étude.

12

Le plan de la recherche

Le plan de la recherche constitue la seconde moitié du projet de recherche. La première moitié présente la problématique de recherche. La seconde moitié présente un plan pour la résoudre. Le plan doit être fait avec minutie, décrivant chaque étape entreprise par le chercheur pour résoudre le problème. Plusieurs projets de recherche échouent lamentablement ici. Ils exposent le plan dans des termes tellement vagues et généraux que l'on n'a vraiment aucune idée *exacte* de la manière dont le candidat se propose de résoudre le problème. Le plan de la recherche devrait être présenté en détail et avec une telle clarté qu'un chercheur différent pourrait, par un simple examen du projet, reproduire l'essentiel de l'étude.

La section sur le plan de la recherche devrait comprendre les trois parties suivantes :

- Le modèle de la recherche ;
- La méthodologie de la recherche ;
- La bibliographie annotée.

Nous allons consacrer une section à chacune de ces trois parties dans ce chapitre.

Le modèle de la recherche

Le modèle de la recherche est l'approche générale que vous allez utiliser pour résoudre votre problème de recherche. La partie la plus importante du plan est *la structure* de l'étude. L'autre élément de base est le calendrier.

La structure. Par structure, nous voulons parler de l'identification des divisions logiques et successives de l'étude. Quelles seront les principales étapes ? Comment devraient-elles être ordonnées ? Ces étapes formeront les divisions majeures, chapitres ou sections, du document de recherche (dissertation, mémoire ou thèse). Lorsque vous connaissez les étapes dans l'ordre, il est généralement plus facile de les étudier l'une après l'autre en déterminant la méthodologie exacte qui sera nécessaire pour chacune.

En termes simples, la recherche théologique peut être soit littéraire ou empirique. Étant donné que toute recherche théologique implique une certaine recherche littéraire, nous avons tendance à définir les études qui ne contiennent pas d'éléments empiriques comme étant des *recherches littéraires*, et celles qui tiennent compte du travail sur le terrain comme étant des *recherches empiriques*. Les recherches dans le domaine des études bibliques et de la théologie systématique sont généralement littéraires, tandis que celles du domaine de la théologie pratique sont souvent empiriques.

En règle générale, la recherche dans la théologie pratique commence souvent par l'examen d'une situation réelle, suivi de l'élaboration d'un modèle biblique correspondant, pour finalement se terminer avec la proposition d'une réponse concrète. L'analyse d'une situation réelle nécessite souvent des recherches empiriques. Dans la théologie systématique, on commence généralement par une analyse approfondie des points de vue actuels, suivie d'une analyse des preuves bibliques (la majeure partie de l'étude), et se terminant par une courte section sur la signification des résultats. L'analyse biblique est composée de quatre étapes : identifier tous les passages pertinents des Écritures, analyser chacun d'eux dans son contexte, en déduire des principes intemporels et construire une théorie visant à expliquer toutes les données. Les études exégétiques passent souvent d'une discussion sur le contexte d'un passage à une analyse détaillée du texte lui-même, pour se terminer avec sa signification. Nous examinerons en détail chacun de ces modèles dans les chapitres 13-15.

Vous ne devriez pas simplement adopter l'un de ces modèles sans discernement. Votre problème de recherche doit orienter le modèle de votre étude. Il doit dicter les étapes nécessaires et l'ordre dans lequel vous allez les aborder. Par conséquent, il détermine le modèle le plus approprié et comment, le cas échéant, vous devrez l'adapter ou le modifier en fonction de vos objectifs.

En étudiant ces modèles de recherche, vous remarquerez que chaque modèle comporte des éléments bibliques et pratiques importants. Cela reflète notre conviction que la théologie devrait être à la fois biblique et pratique. Cela peut vous sembler évident, mais les érudits ne partagent pas tous ce point de vue. De nombreux établissements ne laissent que peu de place à la Bible dans leur approche tant de la théologie systématique que pratique. Lorsqu'un établissement ne considère pas la Bible comme étant la Parole infaillible et autoritaire de Dieu, il tend à considérer la théologie systématique comme une simple analyse des théories et des points de vue théologiques plutôt qu'une étude rigoureuse des enseignements de la Bible. De même, ce genre d'établissements a tendance à considérer la théologie pratique comme un simple exercice pragmatique, permettant des thèses qui ressemblent beaucoup aux sciences humaines en ce qu'elles adoptent un modèle exclusivement empirique.

Pour toute étude théologique, nous préférons une approche fondée sur la Bible. Bien que nous puissions bénéficier des ouvrages d'érudition et des résultats de la recherche empirique, nous les considérons comme moins importants que la vérité révélée de la Parole de Dieu. Ainsi, pour nous, la théologie systématique est d'abord et avant tout l'étude de ce que Dieu a révélé à propos d'un sujet en particulier. De même, la théologie pratique est d'abord et avant tout l'étude de l'application des vérités de la Parole de Dieu aux circonstances de la vie réelle et aux problèmes que nous rencontrons dans le monde.

Nous adoptons également une approche de la théologie qui met l'accent sur son application pratique pour l'Église et pour le croyant. Par conséquent, les trois modèles doivent tous passer de la théorie à la pratique, de la doctrine à l'application, de la conviction à la conduite, des idées aux implications. Cela ne représente pas la norme pour les recherches théologiques de troisième cycle. Rares sont les thèses dans les domaines de la théologie systématique et des études bibliques qui fournissent un effort sérieux pour appliquer leurs découvertes exégétiques ou doctrinales aux Églises ou aux croyants. Comme nous croyons à l'application de la Parole de Dieu à tous les domaines de la vie et que ses enseignements sont donnés pour répondre aux besoins des êtres humains, nous vous encourageons fortement à rédiger une thèse qui comportera des suggestions pratiques appropriées.

Le calendrier. Si vous écrivez une thèse ou effectuez des recherches subventionnées, votre projet de recherche doit inclure un calendrier bien établi pour la réalisation de chaque étape de l'étude. Cela sert de contrat entre l'étudiant et le directeur de thèse ou entre le chercheur et le bailleur de fonds.

Dans la grande majorité des cas, les étudiants de master en théologie et de doctorat en théologie sous-estiment énormément le temps qu'il faudra pour terminer leurs recherches. Lorsque vous rédigez un projet de recherche, prévoyez plus de temps pour chaque étape que ce que vous croyez être nécessaire. Les étudiants à temps plein devraient être en mesure de terminer un mémoire de master en théologie en 1 à 2 ans[1], et une thèse de doctorat en théologie en 2 à 3 ans. La moyenne pour les étudiants à temps partiel est de 3 à 4 ans pour le master en théologie et 4 à 6 ans pour le doctorat en théologie. Nous vous suggérons d'envisager la durée maximum de ces moyennes et d'établir votre calendrier en conséquence. Personne ne se plaindra si vous terminez plus vite que prévu.

La présentation. Dans votre projet de recherche, la section sur le plan de la recherche devrait débuter par une brève description du modèle d'étude, suivie d'un plan des chapitres avec les dates et les notes explicatives. Vous devriez donc inclure les éléments suivants :

- Le modèle de recherche à entreprendre.
- Les étapes à suivre dans l'ordre.
- La nature des données concernées (littéraire ou empirique).
- Le plan des chapitres accompagné de petites notes explicatives.
- Les dates prévues pour la réalisation des étapes.

Voici un exemple d'un plan de recherche pour une thèse traitant de la question suivante : « Comment les Églises du Swaziland devraient-elles agir auprès des familles polygames qui se joignent à elles ? »

Plan de la recherche

L'étude proposée s'inscrit dans le domaine de la théologie pratique. La résolution du problème principal exigera quatre étapes majeures. Tout d'abord, l'étude décrira les défis que les pratiques culturelles liées à la polygamie posent aux Églises du Swaziland. Ensuite, elle examinera la manière dont les Églises font actuellement face à ces défis. Puis, elle présentera les principes bibliques que les pasteurs swazis devraient garder à l'esprit dans leur ministère auprès des

---

1. Cela s'applique aux situations dans lesquelles l'ensemble du master est basé sur un mémoire d'environ 50 000 mots. Réduisez le temps de moitié si votre thèse est plutôt de l'ordre de 20 000 à 25 000 mots.

familles polygames. Enfin, elle se terminera par quelques conseils pratiques pour les pasteurs.

L'étude comprendra des éléments à la fois littéraires et empiriques. Il y a peu de documents écrits disponibles sur les étapes 1 et 2. Ainsi, le chercheur rassemblera ses données au moyen des recherches empiriques. L'étape 3 nécessite une approche littéraire, par une analyse des textes pertinents pour le ministère auprès de personnes polygames.

La thèse comportera six chapitres. Voici une proposition de plan avec les dates prévues pour la réalisation des étapes :

1. *Introduction* (mars 2024). L'introduction présentera le problème et le plan de la recherche.
2. *Les défis du ministère dans des contextes polygames* (déc. 2024). L'étude doit commencer par une compréhension des défis du ministère dans la culture swazie.
3. *Les approches actuelles adoptées par les pasteurs swazis* (févr. 2025). L'étape logique suivante est de documenter et d'évaluer les approches actuelles à ces défis.
4. *Principes bibliques pour exercer le ministère dans des contextes polygames* (août 2025). Par la suite, une analyse détaillée des principes bibliques relatifs à la polygamie et au ministère auprès de ceux qui la pratiquent sera nécessaire.
5. *Modèle biblique de ministère pour les pasteurs swazis* (nov. 2025). À la lumière des données présentées dans les chapitres 2 à 4, le chercheur tentera de développer un modèle de ministère pour servir auprès des familles polygames du Swaziland.
6. *Conclusion* (déc. 2025). Le dernier chapitre résumera la recherche et présentera des suggestions aux pasteurs du Swaziland.

Comme le montre cet exemple, la section du plan de la recherche donne un aperçu complet du processus que le chercheur suivra, sans toutefois entrer dans les détails sur la manière *exacte* de développer chacune de ces étapes. C'est la section sur la méthodologie qui répondra à cette dernière question.

La méthodologie de la recherche

Dans la section sur le plan de la recherche, vous avez présenté une vue d'ensemble des étapes nécessaires pour résoudre le problème de recherche. Maintenant, dans la section sur la méthodologie, vous reprenez chacune des étapes tour à tour et vous décrivez la *manière précise* dont vous prévoyez de les effectuer. Vous devez décrire suffisamment chaque étape de sorte qu'à la fin de l'étude les lecteurs puissent confirmer que vous avez fait ce que vous aviez promis de faire et que vous l'avez bien fait.

Les résultats de vos recherches seront jugés par un seul critère : la façon dont vous choisirez et appliquerez votre méthodologie. Avez-vous choisi les méthodes appropriées pour résoudre votre problème de recherche ? Avez-vous appliqué vos méthodes de manière cohérente et compétente ? Si vous vous engagez dans une approche diachronique, les examinateurs vérifieront si vous avez vraiment fait une étude diachronique. Si vous promettez de faire l'exégèse de certains textes clés, ils vont s'assurer de la validité de votre exégèse.

Si vous entreprenez un sondage descriptif, avez-vous utilisé des techniques appropriées de collecte et d'analyse des données ?

La meilleure façon de présenter la section sur la méthodologie dans un projet de recherche est de prendre chaque étape du plan de la recherche et d'expliquer comment vous comptez les effectuer exactement. Pour chaque étape, vous devriez mentionner *les données* dont vous aurez besoin et *les outils* que vous utiliserez.

Les outils

Ce que nous appelons outils, d'autres les qualifient de méthodologies (au pluriel). Il est donc important de faire la distinction entre les méthodologies de recherche (outils) et votre méthodologie globale.

Les méthodologies de recherche sont des moyens éprouvés pour résoudre certains problèmes. Ils sont comme des outils dans une boîte à outils. Si vous fabriquez une armoire, vous utiliserez différents outils pour chaque étape de la fabrication (scie, tournevis, marteau, pinces). Chaque outil a été conçu pour une tâche particulière. De la même manière, un chercheur a une boîte à outils comprenant une variété de méthodologies, des méthodes éprouvées pour résoudre certains problèmes en particulier. Un chercheur expert est maître dans l'art de savoir quand et comment employer chaque outil pour résoudre des problèmes.

Votre méthodologie globale est une description des étapes que vous suivrez pour résoudre votre problème particulier. Dans votre boîte à outils (méthodologies), vous choisirez et utiliserez les outils appropriés pour chaque étape. Dans votre méthodologie, vous devez décrire les outils que vous utiliserez, de même que le *quand*, le *comment* et le *pourquoi* de leur utilisation. Vous pouvez utiliser plusieurs outils à l'intérieur de votre méthodologie ou quelques-uns seulement. Vous devez cependant choisir et utiliser les outils appropriés pour chaque tâche.

Vous ne pouvez utiliser que les outils que vous possédez. De même, vous ne pouvez employer que des méthodologies qui vous sont connues. Nous allons donc présenter un survol rapide de quelques-unes des méthodologies (outils) qui sont couramment utilisées dans la recherche théologique. Ce survol n'est pas exhaustif. Nous voulons simplement vous donner un aperçu des sortes de « marteaux, ciseaux, clés, scies et tournevis » que l'on retrouve dans une boîte à outils de recherche.

Les méthodologies utilisées dans l'argumentation conceptuelle. Ces méthodologies concernent les différentes façons d'engager la littérature conceptuelle dans un débat philosophique. Quel que soit le champ d'études, votre recherche pourrait s'appuyer sur une variété d'approches de la littérature conceptuelle, et ce, à travers différentes étapes. Celles-ci comprennent :

- *Dialogique* : le simple fait de dialoguer avec les différents points de vue des auteurs.
- *Comparative* : comparer les différents points de vue, faisant l'analyse de leurs similitudes et de leurs différences.

- *Complémentaire* : harmoniser les différentes théories (points de vue) pour qu'elles forment un tout logique et cohérent.
- *Épistémologique* : critiquer le fondement philosophique sur lequel une théorie ou un argument est basé.
- *Polémique* : plaider en faveur ou contre un point de vue particulier.
- *Analytique* : décortiquer une théorie ou un concept en plusieurs composantes logiques.
- *Synthétique* : réunir des concepts ou des éléments étrangers pour former une nouvelle entité (théorie, modèle).

Les méthodologies utilisées dans l'exégèse biblique. Les méthodologies suivantes sont des exemples d'outils d'interprétation utilisés dans l'exégèse des passages de la Bible. Vous pourriez avoir besoin de plusieurs de ces outils pour l'étude d'un texte biblique.

- *Critique textuelle* : reconstruire le texte original en examinant les variantes textuelles dans les manuscrits.
- *Critique historique* : reconstruire l'histoire du texte ou l'histoire dans le texte.
- *Analyse lexicale* : conduire une étude lexicale des mots-clés.
- *Analyse syntaxique* : une analyse de la grammaire du texte.
- *Analyse du discours* : une analyse des caractéristiques d'un discours pour montrer le développement et la cohérence d'une péricope.
- *Analyse structurelle* : étudier la structure littéraire et sémantique d'un texte.
- *Critique des sources* : analyser et/ou chercher à découvrir les sources utilisées par un auteur.
- *Critique de la forme* : étudier les formes littéraires et le contexte dans lequel elles ont été utilisées.
- *Critique rédactionnelle* : explorer le message théologique d'un texte.
- *Critique rhétorique* : étudier l'art littéraire ou l'argument rationnel d'un texte.

Plusieurs de ces outils sont définis et utilisés différemment par les écoles de théologie. Les présupposés du chercheur peuvent influencer considérablement sa façon d'utiliser ces outils. Par conséquent, il peut être nécessaire d'indiquer comment vous définissez et appliquez certains de ces outils.

Les méthodologies principalement utilisées dans les recherches sur le terrain. Les méthodologies énumérées ici sont des moyens de rassembler des données primaires. Chaque méthode est susceptible d'être mal utilisée. Vous devez donc vous assurer de bien comprendre la manière d'utiliser correctement une méthode que vous choisissez pour votre étude.

- *Questionnaire* : une série de questions écrites que le chercheur pose sur un sujet et qui attendent des réponses. Différents types de questions sollicitent différents types de données (p. ex. des questions ouvertes ou fermées, quantitatives ou qualitatives).
- *Interview* : une série de questions qu'un chercheur pose personnellement à des répondants. L'interview peut être structurée ou non. Comme avec les questionnaires, différents types de questions sollicitent différentes sortes de données.

- *Sondage* : un outil de statistiques conçu pour fournir une vue d'ensemble à partir d'un échantillonnage représentatif d'une population nombreuse.
- *Étude de cas* : une collecte et une présentation d'informations détaillées sur un ou quelques participants en particulier, en tirant des conclusions sur ces participants seulement et dans ce contexte uniquement.
- *Observation* : dans le travail sur le terrain, il s'agit l'observation des sujets par le chercheur ; dans *l'observation active*, un chercheur observe systématiquement les gens tout en se joignant à leurs activités ; dans la *recherche-action*, un chercheur observe sans forcément participer.
- *Groupe de discussion* : une discussion en groupe pour recueillir des opinions sur un domaine particulier.

Nous allons parler de certaines de ces méthodes empiriques un peu plus en détail dans les chapitres suivants. Toutefois, l'utilisation appropriée de ces méthodes dans des études complexes peut nécessiter une formation plus adéquate que ce que nous pouvons offrir ici. Au besoin, nous vous invitons à lire des ouvrages spécialisés sur ces méthodes.

Nous devons souligner que toutes ces méthodologies sont tout simplement *des outils du métier*. Tout comme un bricoleur utilise une variété d'outils pour exécuter un travail, de même le chercheur utilise des méthodologies différentes à travers chaque étape de son étude.

Les données

Vous devez abordez toute question critique liée aux données que vous utiliserez. Voici quelques exemples :

- De quelles données avez-vous besoin ?
- Si elles existent déjà, comment y accéderez-vous ?
- Si elles n'existent pas, comment les rassemblerez-vous ?
- Comment comptez-vous les analyser et les interpréter ?

En ce qui concerne les éléments littéraires de votre étude, vous devez dresser la liste des sources primaires et secondaires majeures que vous comptez utiliser et comment vous avez l'intention de les utiliser. Pour les éléments empiriques, il faut traiter des questions telles que la nature et l'étendue d'une population, la sélection des techniques d'échantillonnage, les moyens et les techniques de collecte des données, l'analyse et l'interprétation des données, et tout autre élément important (voir le ch. 17 pour une description détaillée de la recherche par sondage).

Nous passons maintenant à la façon dont vous devriez présenter votre méthodologie dans votre projet de recherche.

La présentation

Lorsque vous rédigez la section sur la méthodologie dans votre projet de recherche, décrivez votre méthodologie pour chaque étape de l'étude. De façon ordonnée, expliquez étape par étape comment vous allez résoudre le problème. Présentez les données et les outils. Justifiez le choix de vos méthodes pour chaque étape en expliquant vos raisons. L'important est d'utiliser l'outil approprié pour chaque tâche, et d'employer les méthodologies appropriées pour chaque aspect du projet de recherche.

En guise d'exemple, nous allons considérer le cas de l'étude sur l'exercice du ministère auprès des familles polygames au Swaziland. Comment devrions-nous faire la première phase de l'étude exactement, en décrivant les défis auxquels les pasteurs swazis font face dans l'exercice de leur ministère au sein d'une culture polygame ? À moins que quelqu'un ait déjà fait une étude semblable, les données n'existent probablement pas. Le chercheur aura donc à les rassembler lui-même. Comment le fera-t-il ? Devra-t-il avoir recours à des interviews, des questionnaires ou des groupes de discussion ? Peu importe l'outil (ou les outils) qu'il choisit, de qui devra-t-il examiner les points de vue (pasteurs, anciens, missionnaires, membres, polygames) ? Combien de personnes (par groupe) l'échantillonnage comprendra-t-il ? Sera-t-il représentatif de toute la population ? Quelles seront les données nécessaires ? Comment leur intégrité sera-t-elle assurée ? Comment seront-elles analysées ? Ce sont des questions de ce genre qui seront traitées dans la section sur la méthodologie.

Considérant maintenant le chapitre sur les principes bibliques, quelles sont les sources à utiliser ? Devons-nous conduire un survol diachronique (à travers le temps) des passages bibliques ayant trait au sujet à l'étude ? Devons-nous faire une exégèse détaillée des textes choisis ? Si oui, quels textes devons-nous analyser et quelles sont les étapes exégétiques à suivre ? Existe-t-il des études qui pourraient servir de point de départ pour cette section ? Si oui, quelles sont-elles et comment le chercheur pourra-t-il s'en servir (p. ex. dialogue, synthèse, comparaison) ?

Nous voulons simplement démontrer que pour chaque division principale de l'étude, le chercheur devrait décrire les étapes qu'il compte suivre avec autant de détails que possible. La dernière section du plan de la recherche est une bibliographie annotée. Parlons-en brièvement.

La bibliographie

La recherche exige la maîtrise de la littérature existante sur un sujet choisi. Votre projet de recherche doit démontrer que vous avez fait suffisamment de lectures préliminaires, que vous avez bien couvert le sujet, et que vous avez lu les ouvrages clés. Vous pouvez le faire en incluant une bibliographie annotée d'au moins vingt ouvrages.

Qu'est-ce qu'une bibliographie annotée ? Alors qu'une simple bibliographie dresse une liste des sources citées ou consultées, une bibliographie annotée ajoute à chaque ouvrage une brève explication (de deux à trois phrases) de leur pertinence pour le sujet de la recherche. Cette annotation doit faire ressortir clairement la pertinence de la source citée pour l'étude. Voici un exemple d'une bibliographie annotée pour une thèse exégétique sur le Psaume 3 :

Kselman John S., « Psalm 3. A Structural and Literary Study », *Catholic Biblical Quarterly* 49, 1987, p. 572-580. Cet article analyse les indicateurs structurels dans le texte hébreu du Psaume 3. Il critique les différents points de vue sur la structure du Psaume et il propose une nouvelle interprétation structurelle.

Sarna N. M., « Legal Terminology in Psalm 3:8 », dans *Shaarei Talmon*, sous dir. M. Fishbane et E. Tov, Winona Lake, Eisenbrauns, 1992, p. 171-181. Sarna examine la terminologie du Psaume 3.8, en faisant remarquer ses connotations légales. Son article est utile pour évaluer les thèmes principaux du Psaume.

Terrien Samuel L., *The Psalms. Strophic Structure and Theological Commentary*, Grand Rapids, Mich., Eerdmans, 2003. C'est un commentaire majeur sur le livre des Psaumes. La plus grande contribution de Terrien se trouve dans son analyse de la structure et du courant de pensée de chaque Psaume.

Quelles erreurs les étudiants commettent-ils souvent lorsqu'ils compilent la bibliographie de leur projet de recherche ? Nous rencontrons souvent les erreurs suivantes avec nos étudiants :

- *Publications dépassées.* La plupart des ouvrages et des articles ne devraient pas remonter à plus de 15 ans. Les dates font partie des premiers éléments que nous regardons lorsque nous parcourons la bibliographie d'un projet de recherche. Nous ne voulons pas que la majorité des ouvrages proviennent des années 60. Ceux qui ont plus de 25 ans devraient être considérés comme étant les prémices de la littérature du domaine étudié.
- *Publications vulgarisées.* Une thèse fait partie d'une *recherche* théologique. Elle doit être documentée avec une littérature académique qui provient de la recherche. Les livres populaires et d'édification (contrairement aux ouvrages académiques) expriment des opinions et des expériences qui ne sont pas nécessairement issues d'une recherche approfondie. La majorité des publications devraient être des ressources académiques.
- *Publications inutiles.* Les étudiants remplissent souvent leur bibliographie avec des ouvrages et articles qui n'ont pas de rapport direct avec le sujet de la recherche. Si le sujet de votre thèse est « l'œuvre du Saint-Esprit dans l'Évangile de Luc », n'insérez pas dans la bibliographie le livre « Les 7 habitudes de ceux qui réalisent tout ce qu'ils entreprennent » de Stephen R. Covey. Si vous faites cela, nous serons immédiatement tentés de croire que vous avez été trop paresseux pour présenter un travail soigné et que vous avez inséré cet ouvrage dans la bibliographie seulement pour atteindre les 20 entrées requises.
- *Publications générales.* Essayez d'inclure autant de livres et d'articles spécialisés que possible. Bien que les commentaires en un seul volume, les dictionnaires bibliques ou les manuels de théologie systématique puissent s'avérer utiles pour vos études, les ouvrages spécialisés auront plus de valeur. Pour un projet de thèse sur le Psaume 3, l'article de Kselman sur la structure du Psaume 3 sera plus utile que le *Nouveau Commentaire Biblique*.

Si votre sujet touche à plusieurs domaines importants, votre bibliographie devrait inclure des ouvrages pertinents pour chacun d'eux. Si vous faites une recherche sur le leadership dans l'Armée du Salut en Afrique du Sud, votre bibliographie ne devrait pas être limitée à des titres sur le leadership. Elle devrait également inclure des ouvrages sur l'Armée du Salut, particulièrement celle qui œuvre en Afrique du Sud.

Notre établissement exige que tous les projets de recherche comprennent une bibliographie annotée d'au moins 20 entrées. C'est le minimum. Pour certains sujets, le tuteur ou directeur peut exiger des lectures préliminaires supplémentaires, en particulier au niveau du doctorat. Les ouvrages utilisés doivent être récents, pertinents, spécialisés et académiques. Résistez à la tentation de gonfler votre bibliographie avec des titres dépassés, inutiles, généraux et populaires.

Un bon conseil : *commencez à compiler la bibliographie de votre mémoire ou thèse dès le début* ! Chaque fois que vous consultez un livre ou un article, ajoutez-le à votre bibliographie. La rédaction de la bibliographie au fur et à mesure que vous avancez dans vos études n'est pas nécessairement une chose agréable. Cependant, si vous attendez de le faire à la fin du processus, il se peut que vous en soyez alors incapable. Par conséquent, nous vous recommandons de créer un fichier sur votre ordinateur appelé « Bibliographie » et le mettre à jour chaque fois que vous utilisez une nouvelle source.

13

L'exégèse biblique

L'exégèse biblique est un profond examen inductif de l'Écriture par lequel l'exégète applique systématiquement des règles d'herméneutique bien établies (méthodes exégétiques) pour découvrir la signification et les implications d'un texte biblique (ou d'un groupe de textes). Une bonne exégèse biblique doit répondre à tous les critères de la recherche. L'objet de l'investigation est le texte biblique lui-même. Les méthodes exégétiques sont des méthodes de recherche. L'objectif est de résoudre un problème d'interprétation dans le texte afin de déterminer sa signification et son importance.

Bien que ce chapitre propose quelques directives pour le développement d'une procédure exégétique, son objectif est surtout de présenter les éléments nécessaires pour faire de l'exégèse dans le cadre d'une recherche théologique. Pour un traitement détaillé des procédures exégétiques, les étudiants devraient consulter l'un ou l'autre des excellents guides exégétiques qui ont été publiés.

Présupposés de l'exégèse évangélique

En tant qu'interprètes, nous abordons tous le texte biblique avec un ensemble de présupposés qui régit notre exégèse. Comme ces présupposés influencent notre exégèse, nous devrions les mentionner ouvertement. Mes présupposés dans mon herméneutique influencent directement la méthode présentée dans ce chapitre. Si vos points de vue diffèrent considérablement des miens, vous devriez quand même trouver le chapitre utile. En revanche, vous aurez peut-être besoin de l'adapter. Voici mes convictions :

1. Les Écritures sont la Parole inspirée de Dieu et elles sont sans erreurs dans les autographes.

2. L'objectif principal de l'interprétation biblique est de découvrir la signification voulue par l'auteur, c'est-à-dire le message que le Saint-Esprit a inspiré à l'auteur humain et qui devait être transmis aux lecteurs originaux. De plus, le Saint-

Esprit a dirigé le processus de rédaction pour s'assurer que le message voulu soit communiqué fidèlement par écrit[1].

3. Chaque texte a seulement une signification voulue par l'auteur. Par conséquent, chaque passage ne peut avoir qu'une seule bonne interprétation. Je rejette toutes les formes de *sensus plenior* (significations multiples), en particulier l'idée selon laquelle le texte peut signifier pour nous quelque chose qu'il n'aurait jamais pu vouloir dire à ses lecteurs originaux.

4. La Bible doit être interprétée littéralement, c'est-à-dire au pied de la lettre, selon les règles normales de communication. Pour cette raison, je préfère une exégèse grammaticale et historique.

5. Bien que le texte ait une seule signification, il peut avoir plusieurs bonnes applications. Celles-ci doivent cependant découler de la signification unique du passage ; elles doivent être des applications concrètes d'une seule et même vérité éternelle.

6. L'exégèse doit être pertinente et utile aux croyants d'aujourd'hui. Pour effectuer son travail, un exégète doit passer de l'interprétation à l'application, du passé au présent.

Ces convictions sont à la base de mon approche des études exégétiques. Si vos présupposés diffèrent considérablement, vous devrez ajuster le modèle que je vais vous présenter.

Modèle d'une étude exégétique

Que ce soit pour une dissertation de 10 pages, un mémoire de 100 pages ou une thèse de 300 pages, une étude exégétique doit contenir cinq sections principales : (1) introduction, (2) contexte, (3) signification, (4) application et (5) conclusion. Dans une dissertation, elles serviraient de sections tout simplement. Dans un mémoire, elles pourraient représenter des chapitres. Dans une thèse doctorale, chaque partie pourrait exiger plusieurs chapitres.

Section 1 : L'introduction

La première section présente le cadre de l'étude. Elle introduit les limites du passage, les raisons de ce choix, les problèmes dans le texte, les points de vue des érudits (bref survol de la littérature) sur ce passage et ses problèmes, une brève description de l'approche de la recherche et un aperçu du reste de l'étude.

---

1. Cela n'est pas nécessairement le cas avec les communications ordinaires. Ce que nous disons peut ne pas représenter exactement ce que nous avions l'intention de communiquer. Mais en dirigeant la rédaction des Écritures, le Saint-Esprit s'est assuré que les auteurs humains écrivent exactement ce qu'il voulait.

- *Le passage.* Expliquez les raisons de votre choix du texte et la façon dont vous avez fixé ses limites.
- *Les objectifs.* L'objectif principal de l'exégèse est d'exposer la signification et l'importance d'un texte biblique. Si votre exégèse met l'accent sur des problèmes exégétiques particuliers dans le texte, décrivez-les. Votre objectif sera alors de résoudre ces problèmes.
- *Les perspectives.* Résumez les principaux points de vue des érudits sur le texte, surtout les différentes approches et les solutions possibles aux problèmes exégétiques.
- *Le plan.* Donnez un aperçu du reste de l'étude, en décrivant l'approche, la méthodologie et la structure.

Section 2 : L'arrière-plan

Cette section traite tous les aspects pertinents du contexte historique et littéraire du livre dans lequel se trouve le passage choisi. La plupart des études exégétiques comprennent une section consacrée au livre dans lequel se trouve le passage. Cette section devrait comprendre les éléments suivants, selon leur importance pour la recherche :

- *Le contexte général du livre.* Le contexte général englobe les questions liées à *l'auteur, la date de rédaction et les destinataires* du livre. À moins que ces questions soient cruciales pour l'argument, elles peuvent être abordées brièvement dans le mémoire ou la thèse.
- *Le contexte historique du livre.* Le contexte historique cherche principalement à découvrir l'*occasion* et le *but* du livre. Un aspect secondaire de cette section consiste à expliquer tout élément du cadre historique (culture) du livre qui pourrait être essentiel à la compréhension de son message.
- *Le contexte littéraire du livre.* Ici, le contexte littéraire porte sur la *structure* et l'*argument* du livre (c'est-à-dire, le courant de pensée.) La manière dont l'interprète comprend la structure générale et l'argument du livre aura une influence sur sa compréhension du passage.
- *Les thèmes théologiques du livre.* Pour certaines études, un survol des *thèmes* majeurs et des *idées clés* du livre sera nécessaire. Cette section devrait particulièrement analyser ce que le livre enseigne dans son ensemble à propos des thèmes pertinents au point principal du passage choisi.

Section 3 : La signification

Cette section est le cœur de l'étude exégétique. Elle consiste en une analyse approfondie du texte.

1. *Analyse préliminaire.* Le travail exégétique préliminaire comporte deux tâches principales : l'analyse textuelle des variantes et la traduction du passage.

- *Critique textuelle.* Examinez les variantes textuelles et présentez celles qui ont une certaine importance.
- *Traduction.* Si vous maîtriser la langue originale, il sera grandement utile de produire votre propre traduction du passage. Lorsque des décisions difficiles doivent être prises en matière de traduction, la traduction doit comporter des notes expliquant le problème, énumérant les options de traduction et expliquant la raison du choix de traduction. Si vous n'êtes pas en mesure de produire votre propre traduction, vous pouvez comparer les bonnes traductions qui existent déjà. Utilisez le texte de la traduction choisie comme texte principal en incluant des notes explicatives sur les autres possibilités de traduction[2].

2. *Analyse contextuelle.* Examinez le contexte historique et littéraire immédiat de votre péricope. Accordez une attention particulière aux éléments importants de ces deux aspects du contexte de la péricope :
   - *Contexte historique.* Déterminez le contexte historique de la situation abordée par l'auteur et analysez toute allusion historique ou culturelle dans le texte.
   - *Contexte littéraire.* Examinez attentivement le contexte littéraire du passage, ce qui comprend le contexte immédiat, le contexte du livre et le contexte canonique.

3. *Analyse verbale.* Étudiez les mots du passage, leur signification (analyse lexicale) et leurs relations (analyse grammaticale).
   - *Analyse lexicale.* Analysez la signification des mots et des phrases clés pour découvrir leur importance dans le texte.
   - *Analyse grammaticale.* Examinez tous les éléments grammaticaux importants du passage (par exemple, le temps des verbes, les phrases au génitif, les phrases conditionnelles, et ainsi de suite).

4. *Analyse littéraire.* Examinez les caractéristiques littéraires du passage afin de déterminer leur influence sur la signification du passage. L'analyse littéraire inclut les éléments suivants :
   - *Genre.* Déterminez le genre littéraire général et particulier du passage et son influence sur l'interprétation du texte. Par exemple, si le texte est Matthieu 8.18-22, le genre général est « l'évangile », tandis que le genre particulier est « les déclarations de Jésus ».
   - *Structure.* Analysez la relation entre les sections du passage. Les techniques d'analyse des diagrammes de phrases et de la structure sémantique peuvent être très utiles.
   - *Composition.* Pour certains textes et certaines études, les questions relatives aux traditions et aux sources, à la rédaction et au cadre historique peuvent exiger une recherche approfondie.

---

2. La traduction se fait habituellement en deux phases. Au début de votre étude, produisez une traduction provisoire. Puis, après avoir mené une étude en profondeur, reprenez votre traduction et peaufinez-la à la lumière de vos observations.

- *Rhétorique.* Examinez les éléments stylistiques du texte qui peuvent influencer sa signification. Il s'agit notamment des techniques de composition comme les figures de style, les répétitions et les tournures de phrase qui ont pour but d'attirer l'attention ou d'insister sur un point.

5. *Synthèse exégétique.* Dans cette section, vous devriez commencer à rassembler vos découvertes exégétiques. La question principale à laquelle vous devez répondre ici est la suivante : qu'est-ce que l'auteur voulait communiquer à ses lecteurs dans ce texte ? Pour y arriver, vous devrez premièrement répondre à des questions telles :

    - Quelles sont les principales préoccupations ou questions abordées dans ce passage ?
    - Quel est l'impact global du genre, des éléments littéraires et de la structure sur la signification du passage ?
    - Quelle est la relation entre les thèmes et les préoccupations du passage ?
    - Quelle est la relation entre ces thèmes et préoccupations et le contexte historique du livre ?

Section 4 : L'application

Une étude exégétique n'est pas complète tant qu'elle n'a pas abordé la question de l'application contemporaine du passage. Elle doit pouvoir répondre à la question suivante : quelle différence cela fait-il ? Cette section souligne donc deux sortes d'application : (a) théologique et (b) pratique.

1. *Théologique : la signification doctrinale du passage.* Ici, l'étude doit exposer ce que le passage nous enseigne au sujet (a) de Dieu, (b) de la création (particulièrement nous-mêmes) et (c) de la relation entre Dieu et la création.

    - Quelles sont les vérités (principes) universelles enseignées dans le passage ?
    - Comment cela s'harmonise-t-il avec l'ensemble de l'enseignement des Écritures ?
    - Quelle est sa contribution aux doctrines chrétiennes ?

2. *Pratique : la signification pratique du passage.* L'étude devrait apporter *au moins une application pratique* du passage au christianisme contemporain. Cette application devrait être axée sur l'idée centrale issue de l'exégèse du passage.

    - Identifiez le groupe cible qui fera l'objet de votre application. Ensuite, portez une attention particulière à la façon dont vous allez (a) leur expliquer la signification originale du texte et (b) les aider à faire le lien avec les vérités du texte.
    - Déterminez l'application du texte pour aujourd'hui. Vous pouvez mettre l'accent sur (a) la vie du chrétien en tant qu'individu et/ou (b) la vie et le ministère de l'Église.

Dans de nombreux établissements, les études exégétiques n'incluent pas de section particulière consacrée à l'application du texte. Les étudiants peuvent arrêter leur recherche à l'étape de la signification, sans avoir à faire de liens avec le monde d'aujourd'hui. À notre avis, l'exégèse n'est pas complète tant qu'elle n'a pas relié le texte biblique à la situation actuelle, en allant du passé au présent de manière à permettre au texte ancien de s'appliquer à notre contexte moderne. Comme tous les professeurs n'exigent pas (ou même ne désirent pas) cet élément, nous vous recommandons de demander à votre professeur ce qu'il attend de vous.

Section 5 : La conclusion

La conclusion peut ou ne pas être une section distincte de l'étude. Dans certaines études exégétiques, la section sur « l'application » sert de conclusion. Elle résume brièvement les découvertes exégétiques, puis se termine par une discussion sur l'application (doctrinale et/ou pratique) de ces découvertes. Dans d'autres études, la conclusion est une courte section à part qui résume le problème, le processus et les découvertes de l'étude et qui peut également proposer des avenues pour de nouvelles recherches.

La rédaction d'une étude exégétique

Comment devriez-vous rédiger une étude exégétique ? La réponse dépend un peu de l'étendue de l'étude. Le plan exégétique présenté ci-dessus décrit la logique de l'étude et les éléments qui font généralement partie de chaque section principale, mais il ne présente pas le plan de l'étude en soi. La façon la plus courante d'organiser les résultats d'une étude exégétique est d'utiliser la structure sous forme de commentaire.

La structure sous forme de commentaire

Cette approche considère le passage verset par verset et présente les éléments exégétiques pertinents au fur et à mesure qu'ils apparaissent dans la péricope. Elle nécessite une section d'introduction et une autre qui présente les principales questions d'arrière-plan du passage, mais elle présente surtout la plupart des éléments exégétiques issus des discussions sur chacun des versets. Le commentaire intègre les observations historiques, culturelles, rédactionnelles, grammaticales, lexicales et autres. Cette approche peut aussi présenter les applications (doctrinales et pratiques) à l'intérieur du commentaire lui-même ou dans une section à part.

Une étude exégétique peut être organisée comme suit :

1. Introduction
    1.1. Le passage
    1.2. Les problèmes
    1.3. Les points de vue
2. Contexte du livre
    2.1. Contexte général : auteur, date de rédaction et destinataires

2.2. Contexte historique : occasion, but et culture

2.3. Structure littéraire : structure et argument

2.4. Théologique : thèmes principaux et idées clés

3. Exégèse du passage

3.1. Texte et traduction

Présentez une traduction du texte (la vôtre ou celle d'un autre) accompagnée de notes explicatives sur les variantes textuelles importantes et les autres possibilités de traduction.

3.2. Signification pour les lecteurs originaux

Parcourez le texte verset par verset en présentant tous les points pertinents pour sa signification (mots-clés, grammaire, coutumes, géographie, rhétorique, rédaction, et ainsi de suite).

3.3. Applications pour les lecteurs d'aujourd'hui

4. Conclusion

5. Bibliographie

Une alternative à la structure sous forme de commentaire est la structure sous forme de plan thématique. Elle est moins populaire, mais bien adaptée pour certaines études.

La structure sous forme de plan thématique

Cette structure présente chaque étape du processus exégétique comme un titre (ou, dans des études plus longues, comme un chapitre). Par exemple, sous *analyse grammaticale* vous présentez tous les éléments importants de la grammaire. La composition, elle, pourrait être présentée sous le titre *critique rédactionnelle*. L'expression « plan thématique » dérive du fait que l'analyse du texte est divisée en sujets ou en catégories.

Voici des exemples de titres pour une étude thématique :

1. Introduction
2. Texte et traduction
3. Analyse exégétique
4. Application contemporaine
5. Conclusion
6. Bibliographie

La partie principale de l'étude dans ce plan est l'analyse exégétique. Cette section présente l'organisation des données exégétiques sous des rubriques qui constituent en fait les étapes du processus exégétique. La nature de l'étude déterminera quels seront les titres utilisés. Toute étape de la démarche exégétique pourrait être utilisée comme un titre (p. ex. l'analyse lexicale, l'analyse grammaticale, la critique de la forme, le contexte littéraire, les caractéristiques du discours, le contexte historique, et ainsi de suite).

En général, la méthode du commentaire est une meilleure façon de présenter une étude exégétique. L'étudiant devrait opter pour la méthode du commentaire, à moins qu'il n'ait une bonne raison de préférer un arrangement thématique.

En résumé

L'exégèse est une forme de recherche. Son objectif principal est de découvrir la signification du texte que l'auteur a voulu communiquer aux lecteurs originaux et son application pour l'Église d'aujourd'hui. À l'occasion, elle peut avoir comme objectif particulier de résoudre un problème d'interprétation dans un passage. Pour atteindre ces objectifs, l'exégète utilisera une variété de méthodes exégétiques dans ses recherches.

L'analyse exégétique détaillée d'une péricope choisie est le cœur de la recherche exégétique. L'étude préliminaire du livre dans lequel le passage se trouve permet de poser les fondements de l'exégèse. La recherche de l'application doctrinale et/ou pratique fait le lien entre l'exégèse et le présent.

Il y a deux façons acceptables de rédiger une étude exégétique : la forme d'un commentaire et la forme thématique. La méthode du commentaire procède verset par verset, tout en présentant des observations exégétiques liées au texte. La forme thématique organise le développement de l'étude sous des titres thématiques.

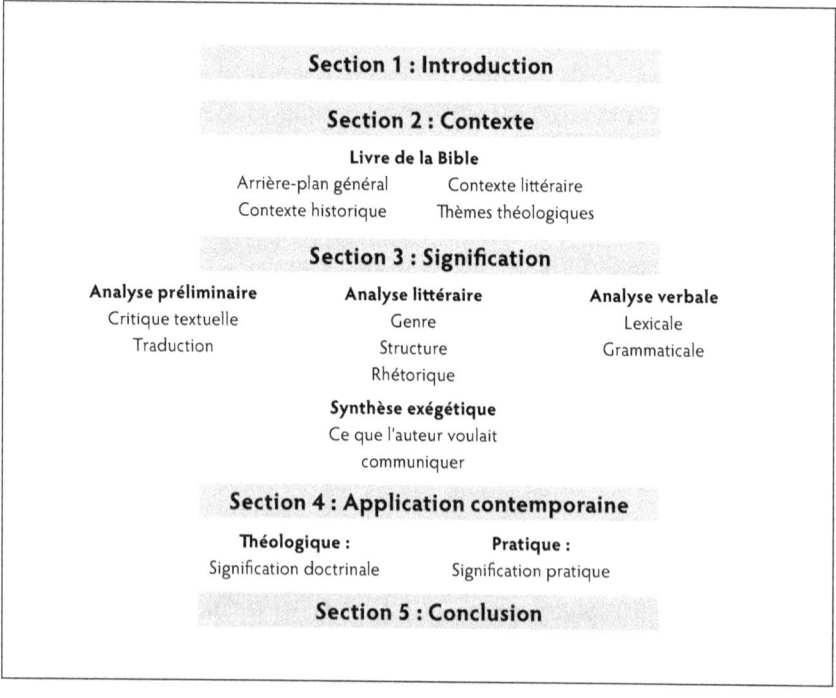

Figure 32 : Modèle d'une étude exégétique

14

La théologie systématique

Pour les évangéliques[1], la théologie systématique est *une étude systématique de ce que la Bible enseigne sur un sujet*. Pouvons-nous qualifier de *recherche* la discipline de la théologie systématique ? La réponse dépend de la manière dont nous le faisons, c'est-à-dire la méthode que nous utilisons. Si nous commençons avec le présupposé selon lequel la tâche de la théologie est de systématiser les enseignements de l'Écriture, la manière de procéder devra satisfaire tous les critères d'une recherche. Dans ce chapitre, nous allons examiner les présupposés et les étapes de la théologie systématique évangélique. Sur la base de ces présupposés et de ces étapes, nous allons présenter deux modèles pour faire de la théologie évangélique.

Présupposés de la théologie évangélique

Le point de départ de la théologie évangélique est la conviction que la Bible est la révélation complète et finale de Dieu. Trois présupposés essentiels de la théologie évangélique dérivent de cette conviction. Tout d'abord, Dieu a parlé dans sa Parole. Comme la Parole de Dieu est inspirée, infaillible, faisant autorité et suffisante, notre tâche est d'identifier et de résumer ce qu'elle enseigne. Deuxièmement, et en lien direct avec ce qui précède, parce que la Parole de Dieu est inspirée de Dieu, elle forme un ensemble harmonieux, sans contradiction interne (à condition de l'interpréter correctement). Troisièmement, bien que l'enseignement de la Bible soit un ensemble cohérent, il fait preuve d'un développement progressif depuis la Genèse jusqu'à l'Apocalypse. Une révélation progressive sous-entend que chaque nouvelle révélation sur un même sujet s'appuie sur le fondement de la révélation antérieure.

L'approche évangélique de la théologie systématique diffère énormément de l'approche libérale. Parce que les théologiens libéraux ne partent pas avec la conviction que Dieu a parlé, ils peuvent avoir recours à la spéculation. Faute d'un point de départ solide et objectif, leur méthode théologique se limite à la spéculation de ce à quoi Dieu pourrait ressembler. Ainsi,

---

1. Les érudits évangéliques (conservateurs) abordent la théologie systématique différemment de leurs homologues libéraux. Notre approche reflète des présupposés conservateurs. Nous utilisons le terme « théologie évangélique » dans le sens d'une « théologie systématique développée d'une manière conservatrice et évangélique ».

leur théologie dégénère en une comparaison subjective et conceptuelle de ce que d'autres ont écrit, qu'il s'agisse d'écrivains du passé ou d'autres théologiens.

En partant du fait que Dieu a parlé dans sa Parole, la théologie systématique évangélique peut procéder d'une manière vraiment scientifique. Ware explique le double procédé qui est au cœur de la méthode scientifique, à savoir (a) la collecte de données par l'observation et (b) la construction de la théorie[2]. De même qu'un médecin regroupe des données par l'observation des expériences et procède à la formulation d'une théorie pour expliquer toutes les données d'une manière harmonieuse, ainsi un théologien systématique rassemble des données au moyen d'une exégèse minutieuse du texte biblique (observation) et développe une théorie qui tient compte de toutes ces données. Comme toutes les autres sciences, la théologie systématique « va au-delà des détails de la méthode inductive, c'est-à-dire jusqu'à la synthèse de la construction d'une théorie[3] ».

Étapes de la théologie évangélique

La tâche du théologien systématique est de construire un modèle qui tient compte de tout ce que les Écritures enseignent sur un sujet. Cette tâche nécessite quatre étapes.

Étape 1 : Déterminer tous les passages de l'Écriture qui traitent du sujet

Il s'agit d'une étape préliminaire cruciale. Pour que votre recherche soit crédible, elle doit tenir compte de *toutes* les données pertinentes. L'omission de certains textes peut modifier ou discréditer votre théorie. Évitez de choisir les passages de l'Écriture qui soutiennent votre point de vue au détriment de ceux qui le remettent en question.

Les limites de la plupart des projets de recherche ne permettent pas une étude inductive exhaustive de tous les passages bibliques sur un sujet. Que vous ayez à traiter une grande quantité de données bibliques ou rédiger un court article, vous devriez délimiter votre étude. Il existe plusieurs manières de le faire. Par exemple, au lieu de traiter tous les passages de l'Écriture sur la divinité du Christ, vous pourriez limiter votre étude à ceux qui le présentent comme étant « Dieu » (en grec, *theos*) ou la limiter aux épîtres pastorales seulement.

Étape 2 : Analyser chaque passage de l'Écriture choisi pour déterminer sa signification

L'objectif de cette étape est de permettre à chaque passage de l'Écriture de parler pour lui-même, c'est-à-dire de communiquer l'intention de l'auteur original. Pour atteindre cet objectif, vous devez mener une étude exégétique inductive de chacun des textes choisis. Cela

---

2. Bruce Ware, « Method of Evangelical Theology », BiblicalTraining.org, 2001, consulté le 25 mars 2008 sur http://www.biblicaltraining.org/class.php?class=TH503.
3. *Ibid.*, traduction libre.

correspond à la phase d'observation de la méthode scientifique, soit la collecte des données de base à partir desquelles vous pourrez construire votre théorie.

L'exégèse est le fondement de la théologie. Votre théologie ne sera jamais meilleure que votre exégèse. Si votre analyse d'un texte fait défaut, votre interprétation de toutes les données et votre modèle théologique final feront également défaut. C'est pourquoi, si vous voulez faire de la théologie, vous devez développer vos compétences exégétiques. En particulier, apprenez l'hébreu et le grec. Nous sommes étonnés du nombre de théologiens systématiques en herbe qui considèrent que l'apprentissage des langues bibliques n'est pas important. Si la théologie doit être construite sur l'exégèse – ce qui est certainement le cas –, l'apprentissage des langues est incontournable.

Lorsque vous avez terminé votre étude exégétique d'un texte, présentez son enseignement sur le sujet en formulant une proposition simple ou une série de propositions. Le fait de présenter la contribution de chaque texte sous forme de propositions préparera le terrain pour la prochaine étape.

Étape 3 : Déduire les principes éternels enseignés par les passages de l'Écriture

Après avoir fait l'étude exégétique de chaque texte et mentionné sa contribution au sujet sous forme de propositions, la prochaine étape consiste à réduire la masse de données à un nombre limité de vérités éternelles (propositions). L'objectif de cette étape est de déduire les grandes vérités, c'est-à-dire de regrouper les nombreuses données en catégories et de les résumer en principes généraux. Sur la base d'observations individuelles (faits observés par induction), on en déduit des principes généraux nécessaires (Ware, 2001). Ce procédé est appelé « déduction ».

Ware illustre ce procédé avec la doctrine de la Trinité. Lorsque toute l'exégèse est terminée, quatre vérités principales se dégagent des données :

- Il y a un seul Dieu.
- Le Père est Dieu.
- Le Fils est Dieu.
- Le Saint-Esprit est Dieu[4].

Ces quatre vérités sont déduites de l'ensemble des preuves bibliques. Toutefois, elles ne représentent pas encore une doctrine à part entière, car elles n'indiquent pas comment elles sont liées les unes aux autres. Par conséquent, la tâche du théologien ne peut pas s'arrêter là. Il doit élaborer un modèle qui explique leurs liens mutuels.

---

4. Ware, « Method of Evangelical Theology », traduction libre.

Étape 4 : Construire une théorie qui tient compte de toutes les données pertinentes

L'étape 3 vous laisse avec un minimum de vérités fondamentales issues de l'exégèse des textes clés. La dernière étape consiste à construire une théorie ou un modèle qui tient compte de toutes les données de façon à former un tout. Ware appelle ce procédé *rétroduction*, qu'il décrit comme un examen des données afin de mieux en comprendre le sens[5]. Il cite la définition de la rétroduction proposée par John Warwick Montgomery :

> La rétroduction est l'arrangement créatif des données pertinentes en une structure conceptuelle qui a pour but d'exposer les liens entre ces données de façon à mettre leur sens propre en valeur[6].

L'objectif est de formuler un modèle conceptuel qui tient compte de toutes les données et qui clarifie leurs liens mutuels. Un tel modèle met en valeur le sens propre des données et démontre clairement leurs liens mutuels. La doctrine chrétienne de la Trinité est une construction théologique qui va bien au-delà des quatre propositions principales (voir ci-dessus). Le fait de comprendre la vérité de chacune de ces déclarations et de reconnaître les liens entre les Personnes de la Trinité améliore grandement notre compréhension des données.

La construction d'un modèle théologique viable est un procédé répétitif. Examinez d'abord les données et formulez une théorie provisoire qui en tient compte. Reprenez ensuite les données et vérifiez si la compréhension proposée leur rend justice. Tient-elle compte de toutes les données ? Met-elle en lumière les liens entre les données ? Est-elle logique et cohérente ? Si la réponse à l'une de ces questions est « non », vous devez revoir les données. En les réexaminant, vous devez soit modifier votre théorie originale ou construire un modèle différent.

Les données ne dictent pas leur propre interprétation. Différents systèmes théologiques émergent parce que d'autres modèles sont proposés pour expliquer les données. Les points de vue calvinistes et arminiens sur l'élection représentent deux modèles complètement différents pour expliquer les mêmes données. Le postmillénarisme, l'amillénarisme et le prémillénarisme représentent trois conclusions différentes sur les données bibliques concernant le millenium. La tâche d'un systématicien est d'analyser les données le plus objectivement possible et développer un modèle qui explique le mieux toutes les données en mettant en lumière leurs relations mutuelles.

Comment pouvons-nous rassembler tous ces éléments dans un plan de travail pour un projet de recherche en théologie systématique ? Nous allons vous proposer deux modèles. Dans la section suivante, nous proposons un modèle de base de théologie systématique. Ce modèle de base cherche à couvrir tous les textes d'un corpus choisi, que ce soit le canon en entier ou une partie seulement. Dans la section suivante, nous proposons un modèle alternatif qui présente l'étude à partir d'un seul passage de l'Écriture.

---

5. La rétroduction est aussi appelée *abduction*.
6. Ware, « Method of Evangelical Theology », traduction libre.

Modèle de base de théologie évangélique

Par essence, le modèle de base comporte cinq divisions logiques, dont chacune forme une section principale de l'étude (voir la figure 33).

Section 1 : Introduction

L'introduction indique le « quoi, » le « pourquoi » et le « comment » de l'étude. Le *quoi* énonce le problème, les questions clés, les délimitations et les hypothèses. Le *pourquoi* indique la pertinence de l'étude. Le *comment* décrit la méthodologie et se termine avec un aperçu du développement de l'étude.

Section 2 : Points de vue actuels

L'étude doit être menée avec une connaissance approfondie des recherches existantes sur le sujet. Cette section offre une présentation claire et objective de chacun des principaux points de vue actuels sur le sujet étudié.

La présentation de chacun de ces points de vue devrait généralement comprendre les éléments suivants :

- *Les principaux spécialistes et leurs ouvrages.* La présentation de chaque point de vue doit reposer sur les écrits des principaux auteurs qui le maintiennent. Dans la mesure du possible, démontrez que vous avez une certaine connaissance des écrits des principaux défenseurs d'un point de vue en question. Votre présentation ne doit pas être fondée sur des comptes rendus de leurs opinions (les traductions d'ouvrages en langue étrangère sont acceptables). De plus, bien qu'il soit approprié d'inclure des ouvrages primitifs par des théologiens du passé, l'accent devrait être mis sur les *points de vue actuels* tels qu'ils sont exprimés dans les livres et les articles les plus récents.
- *Définitions, descriptions et débats.* Vous devez définir et décrire clairement chacun des principaux points de vue. Vous devez également exposer les principaux éléments débattus qui les entourent, y compris les présupposés sur lesquels ils sont fondés.
- *Arguments et contre-arguments.* Vous devez indiquer les principaux arguments utilisés à l'appui de chaque point de vue et les objections qu'ils rencontrent. Tel qu'utilisée ici, l'expression « contre-arguments » se réfère aux arguments présentés en réponse aux objections et aux critiques contre un point de vue. (Les arguments *contre* chaque point de vue sont généralement présentés comme faisant partie de l'argument en faveur des points de vue opposés.)
- *Interprétation scripturaire.* Le cas échéant, la description de chaque point de vue doit indiquer la façon dont ses défenseurs interprètent les Écritures, autant dans leur approche générale des Écritures que dans leur analyse particulière de certains passages importants.

- *Forces et faiblesses.* Dans cette section, il s'agit de rédiger une critique appropriée des forces et des faiblesses évidentes de chacun des points de vue. Par *évidentes*, nous voulons souligner que comme vous n'avez pas encore terminé l'étude, vous n'êtes donc pas encore qualifié pour commenter au-delà du niveau de ce qui est évident.

Ces éléments n'ont pas pour but d'être utilisés comme des titres. Ils indiquent les ingrédients qui font partie de la recette pour une bonne description d'un point de vue actuel. Vous devez mélanger les ingrédients correctement.

Naturellement, vous êtes libre de délimiter les perspectives que vous abordez dans cette section. Si, par exemple, vous abordez une question d'éthique telle que l'avortement, vous devrez peut-être inclure tous les points de vue (autant chrétiens que non chrétiens). Par ailleurs, lors de l'analyse de certaines questions, vous pouvez délimiter l'étude de manière à mettre l'accent sur les perspectives au sein d'une communauté particulière (p. ex. les pentecôtistes ou les réformés).

Dans le domaine de la théologie systématique, la description des points de vue actuels est généralement fondée sur des sources littéraires. Cependant, ce n'est pas nécessairement toujours le cas. Rien n'empêche d'intégrer une recherche empirique (travail sur le terrain) dans cette section pour découvrir le point de vue actuel d'une communauté particulière. Par exemple, si vous effectuez des recherches sur les croyances des pasteurs baptistes du Cameroun concernant l'inspiration des Écritures, vous pourriez puiser vos données dans des ouvrages publiés, des archives confessionnelles et des sondages ou des entrevues avec des pasteurs baptistes.

Le résumé des points de vue existants sur un sujet préparera le terrain à votre propre analyse en profondeur des principaux points, qui commence nécessairement par une étude exégétique des textes bibliques abordant ce sujet.

Section 3 : Données bibliques

La prochaine section importante de la recherche consiste en une analyse inductive approfondie des textes bibliques pertinents. Cette phase constitue la majeure partie de l'étude. Dans une thèse ou un mémoire, elle peut nécessiter plusieurs chapitres. Le procédé lui-même se divise logiquement en deux phases distinctes : l'induction et la déduction. La phase d'*induction* consiste en une étude exégétique de chacun des passages pertinents abordant le sujet. Une fois cette phase terminée, vous disposerez d'une grande quantité de données isolées. La phase de *déduction* résume cette quantité de données isolées en quelques principes généraux, c'est-à-dire avec le moins de propositions possible.

Induction : exégèse des passages

En tant que chrétien engagé à développer une vision biblique du monde, vous devez prendre soin de construire votre théologie d'une manière exégétique. Cette étape exige l'identification et l'analyse de tous les textes bibliques pertinents. Le nombre de textes et le niveau de l'étude permettront de déterminer la profondeur de l'exégèse. Toutefois, contrairement à l'étude exégétique, il n'est pas nécessaire de documenter chaque étape de votre exégèse. Vous pouvez indiquer seulement les résultats de votre étude exégétique en commentant les aspects pertinents du texte qui se rapportent au sujet de la recherche.

Déduction : extraction des propositions

L'exégèse vous apportera une foule de données, toutes liées aux implications de la vérité dans les textes étudiés. Pour travailler avec ces données de manière à vous permettre de construire une théorie pour les expliquer, vous devez les résumer en un nombre acceptable de propositions. Divisez en catégories les idées qui se dégagent de la phase exégétique, en ne laissant rien de côté. Puis, formulez des énoncés propositionnels qui englobent toutes les données dans chaque catégorie. Une fois ce processus terminé, vous disposerez des idées clés à prendre en compte dans la section consacrée à la construction de la théorie.

Section 4 : Construction de la théorie

Après avoir analysé les textes pertinents (induction) et isolé les idées clés qu'ils enseignent (déduction), vous devez rassembler toutes les données pour former un portrait global de ce que la Bible enseigne sur le sujet (rétroduction). C'est la construction de la théorie. Votre but est de construire un modèle qui rende compte de toutes les données bibliques dans leur ensemble, en clarifiant les liens entre les données individuelles. Lorsque vous aurez conçu un modèle provisoire, revenez à l'ensemble des données exégétiques et assurez-vous que votre modèle tienne adéquatement compte de chaque donnée sans la dénaturer. Faites régulièrement cet examen.

Chaque théologie systématique évangélique majeure contient de nombreux exemples de la façon dont les théologiens experts font ce processus. Qu'est-ce qu'une dichotomie et une trichotomie ? Ce sont des modèles visant à expliquer toutes les données bibliques concernant la constitution de l'homme. Qu'est-ce que la doctrine de l'expiation au moyen de la substitution ? C'est une théorie visant à expliquer toutes les données bibliques concernant les raisons et la signification de la mort de Jésus. Les érudits qui écrivent ces livres ont suivi le processus ci-dessus ; quand vous lisez leurs livres, vous découvrez le résultat de leur analyse, le modèle qu'ils proposent avec un échantillon des données qu'ils ont inséré comme preuves.

Section 5 : Application contemporaine

À notre avis, la tâche de la théologie n'est pas complète tant que son application pour l'Église et les croyants d'aujourd'hui n'a pas été considérée. La dernière section de l'étude doit présenter son application contemporaine. Elle comporte deux aspects : doctrinal et pratique.

Tout ce qui est dit dans cette section finale doit être constamment et fidèlement lié à la question principale de recherche. Évitez d'insister sur des détails secondaires dans votre discussion sur l'application. Concentrez-vous plutôt sur les points principaux.

Dans de nombreuses études, l'énorme quantité de données bibliques et l'étendue elle-même de l'étude peuvent parfois rendre le modèle de base inutilisable. Dans de tels cas, le chercheur a trois options : (a) diminuer l'étendue du sujet ; (b) diminuer le nombre de passages, ou (c) utiliser un modèle différent. Le modèle alternatif qui suit présente une façon plus ciblée de traiter un grand nombre de textes que le modèle de base.

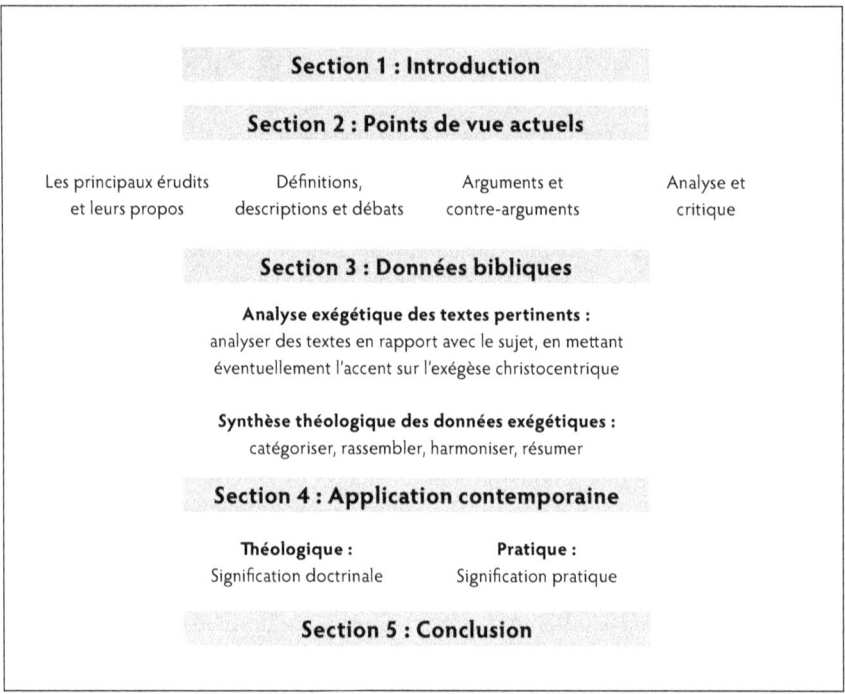

Figure 33 : Modèle d'une étude systématique

Modèle alternatif de théologie évangélique

Il n'est pas toujours possible de mener une étude exégétique complète de tout ce que la Bible enseigne sur un sujet donné dans un seul projet de recherche. Cela nécessiterait une exégèse approfondie d'un trop grand nombre de textes, ce qui est irréalisable dans une seule étude. Toutefois, il est possible de mener une étude exégétique approfondie d'un ou de deux textes clés. L'analyse minutieuse des autres textes pertinents vous permettra alors de bien documenter votre exégèse. Ainsi, l'étude est ancrée dans un passage clé. Les passages bibliques qui précèdent doivent être analysés en relation avec *ce passage clé*, fournissant ainsi ce que nous pourrions appeler *une théologie informative*. L'analyse des textes qui viennent après le passage clé révélera leur contribution au développement du sujet principal.

La figure 34 montre l'approche de base. Le texte biblique principal sur le sujet sert de passage clé. L'analyse exégétique détaillée de ce texte est au cœur de l'étude. Pour arriver à replacer le passage clé dans son contexte théologique, l'étude doit commencer par un résumé de la théologie informative, c'est-à-dire l'enseignement des passages précédents de l'Écriture, afin de poser le fondement conceptuel du passage clé. De plus, l'enseignement de ce passage sera enrichi par l'apport des passages subséquents dans la révélation progressive. L'étude se termine par une discussion sur l'application contemporaine de cet enseignement. Outre l'introduction, les quatre autres sections constituent généralement la structure de l'étude. Dans certains cas, vous devrez peut-être inclure un chapitre sur les « points de vue actuels », identique à celui du modèle de base.

Section 1 : Introduction

Voir la section correspondante du modèle de base de théologie évangélique.

Section 2 : Théologie informative[7]

Faites une étude exégétique des textes bibliques précédents qui font partie de la théologie informative du passage clé, de manière à produire une synthèse qui résumera systématiquement l'enseignement global de ces textes sur le sujet en question. Deux étapes seront nécessaires :

Étape 1 : identifiez et analysez les textes pertinents. Cette étape exige l'identification et l'analyse de tous les textes bibliques pertinents. Le nombre de textes et le niveau de l'étude permettront de déterminer la profondeur de l'exégèse. Il n'est pas nécessaire de documenter chaque étape de votre exégèse. Vous pouvez simplement signaler les résultats de votre étude exégétique en commentant les aspects pertinents des textes qui se rapportent au sujet de la thèse ou du mémoire.

Étape 2 : synthétisez et résumez l'enseignement global. Après avoir analysé les textes pertinents, rassemblez toutes les données pour former un portrait global. Il s'agit de classer, rassembler, harmoniser et résumer les données exégétiques. En résumé, il s'agit de systématiser les enseignements des textes que vous avez analysés. Faites toujours cela en considérant leur impact sur la question principale de recherche et sur le passage clé.

Section 3 : Passage clé

Le cœur de la recherche est l'étude exégétique détaillée du passage clé, qui se doit d'être un passage biblique majeur portant sur le sujet étudié. Pour une description détaillée de la façon de mener une étude exégétique, voir le chapitre 13 sur la rédaction d'une étude exégétique.

---

7. Si une revue de la littérature portant sur les points de vue contemporains est jugée nécessaire, elle sera présentée dans la section 2 et la théologie informative prendra place dans la section 3.

Section 4 : Développement de la théologie

Cette section est semblable à celle sur la théologie informative, sauf qu'elle examine la manière dont le thème principal est développé et appliqué dans les passages bibliques subséquents.

Section 5 : Application contemporaine

Voir la section correspondante du « modèle de base de théologie évangélique ».

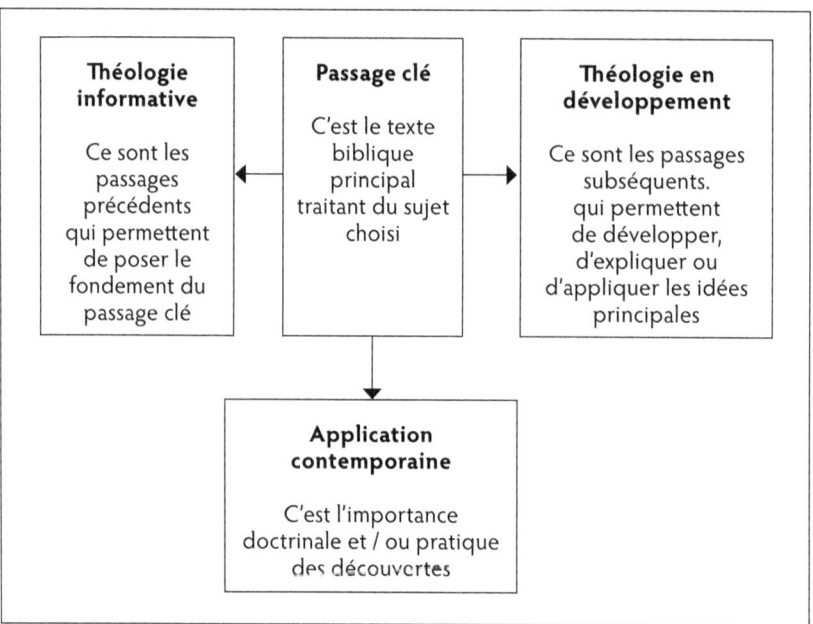

Figure 34 : Modèle alternatif d'une étude théologique

Christopher Peppler utilise une forme différente de ce modèle qu'il appelle « exégèse christocentrique ». Les paroles et les œuvres de Jésus (à savoir, les Évangiles) sont au cœur de ce modèle. Les Évangiles s'inspirent de l'Ancien Testament et sont expliqués et appliqués dans le reste du Nouveau Testament (voir la figure 35).

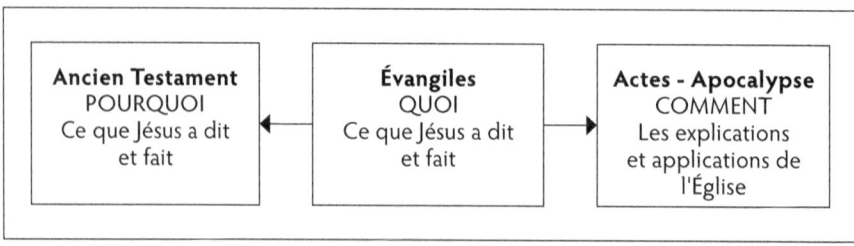

Figure 35 : Exégèse christocentrique

Ce modèle d'exégèse christocentrique est l'une des approches préférées du South African Theological Seminary. Dans la mesure du possible, nous nous efforçons de fonder notre exégèse sur les paroles et les œuvres de Jésus. Nous reconnaissons que l'application de ce modèle d'exégèse n'est pas toujours possible, car la plupart des textes bibliques clés se situent en dehors des Évangiles. Mais lorsque cela est possible, nous vous encourageons à donner une place de choix dans votre exégèse et votre théologie à « ce que Jésus a dit et fait ».

En résumé

Le but de ce chapitre est de donner une direction à vos recherches dans le domaine de la théologie systématique. Une approche évangélique de la théologie systématique commence par un présupposé essentiel : Dieu a parlé dans sa Parole. Par conséquent, la tâche de la théologie évangélique est d'identifier tout ce que Dieu a dit dans les Écritures, d'analyser chacun des textes pertinents, de présenter les principes fondamentaux sous forme de propositions et de construire un modèle théologique qui explique toutes les données.

Nous avons proposé deux modèles de projet de recherche. Le premier est un modèle de base de théologie évangélique. Il commence par un survol des points de vue actuels sur le sujet, puis procède à l'analyse des données bibliques en suivant les trois étapes suivantes : induction, déduction et rétroduction. Il se conclut par une étude de la signification des résultats de recherche. Le modèle alternatif présente l'étude autour d'un passage clé, au moyen d'une analyse de la théologie informative dans les textes précédents ainsi que du développement et de l'application de la théologie dans les textes subséquents.

15

La théologie pratique

Bien que la théologie pratique soit souvent la plus malmenée des disciplines théologiques, nous en sommes venus à la tenir en aussi haute estime que Schleiermacher, qui la qualifiait de reine des disciplines théologiques. Loin d'être une solution de facilité pour ceux qui ne peuvent pas faire de la « vraie » théologie, la recherche en théologie pratique requiert des compétences dans chacune des autres branches de la théologie (études bibliques, théologie systématique, histoire de l'Église et missiologie), mais elle requiert également un ensemble supplémentaire de compétences – l'étude des actions et des pratiques chrétiennes à l'aide d'outils de recherche empiriques. En outre, la théologie pratique est la branche de la théologie qui relie le plus directement la théologie à la vie quotidienne et au ministère, raison pour laquelle elle devrait être tenue en estime par tout théologien ou dirigeant qui aime l'Église.

La nature de la théologie pratique

Qu'est-ce que la théologie pratique ? À ses débuts, la théologie pratique était considérée comme la branche de l'étude théologique qui appliquait la théologie à la vie et au ministère ; c'était la théologie *appliquée*. Tandis que les autres disciplines faisaient progresser les frontières de la compréhension, la théologie pratique avait la tâche banale d'adapter leurs idées au ministère pastoral (le « paradigme clérical »). Cette vision réductrice de la théologie pratique en tant qu'application de la « vraie » théologie à la pratique pastorale a été à juste titre éclipsée.

Aujourd'hui, nous considérons la théologie pratique comme une branche de la recherche théologique. C'est la branche de la théologie qui étudie la praxis chrétienne, c'est-à-dire l'action chrétienne au service du Christ, de l'Église et du royaume de Dieu. Elle étudie la relation complexe entre les croyances et les actions des chrétiens – comment leurs croyances influencent leurs pratiques et comment leurs pratiques reflètent leurs croyances. Elle poursuit à la fois des objectifs d'information et de transformation. Le théologien pratique est un homme ou une femme de foi qui cherche à comprendre la pratique et le ministère chrétiens, et un serviteur de Dieu qui cherche à transformer la pratique du ministère pour qu'elle soit la plus fidèle possible à Dieu et la plus fructueuse possible dans le monde.

La théologie pratique met la foi et la pratique contemporaines en dialogue critique avec l'Écriture, la théologie et l'histoire, afin de garantir que le ministère est fidèle à Dieu et pertinent dans son contexte. Cela inclut le ministère pastoral, mais ne s'y limite pas. Cela inclut l'application à la vie, mais ne s'y limite pas. La théologie pratique couvre à juste titre la prédication, l'enseignement, le ministère auprès des enfants, le ministère auprès des jeunes, les missions, le conseil, le pastorat et le leadership, car elle s'efforce d'informer les meilleures pratiques dans ces domaines du ministère chrétien.

En tant que domaine de recherche, la théologie pratique combine la recherche sociologique et la réflexion théologique pour résoudre les problèmes de la vie réelle. Son point de départ est un problème réel, c'est-à-dire une situation défaillante. Par le biais d'une analyse rigoureuse du problème, de ses causes et des solutions possibles, le chercheur tente d'inverser la situation. Il cherche à comprendre en profondeur « le monde tel qu'il est », examine de manière critique les Écritures et d'autres sources influentes pour comprendre « le monde tel qu'il devrait être », puis met en corrélation les deux ensembles de données pour élaborer une stratégie « pour contribuer à ce que le monde devienne ce que Dieu veut qu'il soit[1] ».

Cowan fait la distinction entre les approches *contemplative* et *transformative* de la théologie. La théologie contemplative se contente de réfléchir sur le monde tel qu'il est réellement, tandis que la théologie transformative est déterminée à changer le monde en ce qu'il devrait être. Bien que les études bibliques et la théologie systématique puissent apporter de véritables changements, la théologie pratique est la branche la plus transformationnelle de la théologie. La recherche dans le domaine de la théologie pratique commence donc par un problème réel et espère aboutir à une solution viable qui apportera un changement à la situation.

Cowan affirme que la recherche dans la théologie pratique comporte quatre éléments essentiels : (a) corrélation, (b) herméneutique, (c) critique et (d) transformation.

a) *Corrélation.* Elle évalue les liens entre « le monde tel qu'il est » et « le monde tel qu'il devrait être ». Elle cherche une compréhension précise de la situation actuelle et ce que serait le scénario idéal.

b) *Herméneutique.* Elle exige la capacité d'interpréter correctement « notre monde et nos traditions ». Les théologiens pratiques utilisent deux boîtes à outils, l'une pour interpréter la situation actuelle et l'autre pour faire l'exégèse des Écritures.

c) *Critique.* Elle « exige une évaluation explicite des compréhensions qui dirigent notre interprétation et nos actions ».

d) *Transformation.* Son but principal est d'amener le monde vers une plus grande harmonie avec la Parole[2].

---

1. Michael A. Cowan, « Introduction to Practical Theology », *Loyola Institute of Ministry*, 2000, consulté le 2 juin 2006 sur http://www.loyno.edu/~mcowan/Practical Theology.html.
2. *Ibid.*

Ainsi, les buts de la recherche dans la théologie pratique sont d'examiner le monde afin de mieux comprendre les problèmes réels, d'examiner la Parole pour découvrir l'idéal de Dieu, et de développer ensuite un plan d'action pour amener les changements nécessaires. Ces trois buts constituent l'ossature d'un modèle de travail pour la théologie pratique.

Les étapes de la théologie pratique

Alors que la théologie systématique passe généralement de la théorie à la pratique, la théologie pratique adopte un mouvement pratique-théorie-pratique. Elle commence par essayer de comprendre une situation ou une pratique contemporaine, puis cherche à comprendre les sources bibliques, théologiques et historiques liées à cette situation ou à cette pratique, et conclut en cherchant des moyens d'améliorer la situation ou la pratique actuelle. Ce rythme pratique-théorie-pratique caractérise toutes les approches majeures de la recherche en théologie pratique.

En ajoutant une étape initiale d'identification d'un problème ou d'une pratique à la recherche, Michael Cowan a produit une séquence en quatre étapes pour faire de la recherche en théologie pratique. Nous pouvons l'appeler le modèle de Cowan[3].

Étape 1 : identifier un problème de la vie réelle. Le point de départ est un problème réel que nous avons remarqué et qui nous préoccupe. Il s'agit généralement d'un sujet de préoccupation au sein de l'Église ou de la communauté. Sur la base de nos observations et réflexions initiales, non scientifiques, nous définissons un problème et les forces sous-jacentes qui en sont la cause.

Étape 2 : interpréter le monde tel qu'il est. La recherche proprement dite commence par une investigation systématique de la situation. Au moyen d'une recherche descriptive, en utilisant à la fois la méthode empirique et la méthode littéraire, vous cherchez à interpréter le quoi, le comment et le pourquoi du problème. Le *quoi* correspond à la situation actuelle (vos premières impressions pourraient cependant être erronées). Le *comment* correspond à la façon dont la situation actuelle s'est développée. Le *pourquoi* correspond aux raisons de la situation actuelle. L'objectif est de produire une description précise et une interprétation fiable de la réalité actuelle, sur la base d'une recherche solide.

Étape 3 : interpréter le monde tel qu'il devrait être. Pour les chercheurs chrétiens, il s'agit d'essayer de comprendre la volonté de Dieu par rapport à la situation ou à la pratique. Pour ce faire, nous réexaminons les sources normatives de notre tradition religieuse. Pour les théologiens évangéliques, les Écritures tiennent la première place, mais des sources tirées de l'histoire de l'Église ou de théologiens influents sont incluses. Nous réexaminons de manière critique (exégèse) nos sources normatives afin de comprendre comment elles s'appliquent à la situation ou à la pratique que nous étudions.

Étape 4 : interpréter nos obligations contemporaines. L'étape finale consiste à développer un plan d'action réalisable qui représente fidèlement la volonté de Dieu telle qu'elle est

---

3. *Ibid.*

interprétée dans nos croyances et qui offre une solution potentielle au problème. Cowan décrit l'idéal comme suit : « Nous préparons une intervention adéquate et détaillée, sur la base de l'option que nous avons choisie. Nous l'exécutons avec soin puis nous évaluons rigoureusement les changements pratiques qu'elle a produits[4]... » Les études ne se terminent pas toutes avec une occasion de mettre en œuvre la solution ; le plus souvent, le chercheur doit se contenter de présenter des recommandations.

Ces quatre étapes sont les prémices d'un modèle simple et logique d'un projet de recherche dans le domaine de la théologie pratique.

Modèle de théologie pratique

L'approche dominante de la recherche en théologie pratique, comme nous l'avons dit, suit un modèle pratique-théorie-pratique. La recherche commence ainsi par l'étude de la pratique actuelle, puis se tourne vers la théorie théologique et revient ensuite à la pratique en proposant la pratique préférée. Ce courant de pensée domine la théologie pratique aujourd'hui. Bien que les détails diffèrent, toutes les variantes de la conception pratique-théorie-pratique ont le même mouvement essentiel. Elles commencent par une étude approfondie d'une situation ou d'une pratique. Elles se tournent ensuite vers des sources normatives pour formuler une réponse théologique à la situation ou à la pratique ; les sources normatives peuvent inclure l'Écriture, la tradition, l'histoire de l'Église, des modèles de bonne pratique, des théories scientifiques, etc. Enfin, elles reviennent à la pratique et tentent de planifier une intervention visant à améliorer la pratique.

Dans un modèle pratique-théorie-pratique, les chercheurs ne sont pas autorisés à supposer qu'ils connaissent la situation actuelle avec précision. Ils doivent effectuer des recherches approfondies pour s'assurer que leurs présupposés et postulats sont vrais. La nature réelle de la situation actuelle étant supposée inconnue, l'orientation que prendra l'étude de la Bible et de la théologie ne peut être prédite avec certitude tant que l'analyse empirique de la situation n'est pas achevée. Les questions que les chercheurs posent à leurs sources normatives proviennent de l'étude de la situation et ne peuvent donc être formulées que de manière provisoire avant que la première phase de la recherche ne soit achevée.

Une thèse basée sur le modèle de Cowan suivrait probablement ces phases.

1. Introduction

Exprimez les préoccupations qui sont directement liées au sujet choisi, énoncez un problème particulier, présentez les objectifs de l'étude, formulez une hypothèse possible et indiquez votre méthodologie de recherche.

---

4. *Ibid.*

2. Situation actuelle

Dans cette étape[5], vous interprétez le monde tel qu'il est. Il s'agit de décrire la situation comme suit :

- Faites un *survol historique* afin de présenter un portrait de l'histoire de la situation. Selon la nature de la situation, vous pouvez le faire en utilisant des ouvrages publiés, des archives et des dossiers pertinents, ou des entrevues avec des témoins et des participants.
- Décrivez la situation actuelle : ce qui se passe actuellement (les faits et les réalités) et *pourquoi* cela arrive (les forces à l'œuvre qui façonnent les réalités). Faites-le en effectuant une *recherche empirique* (travail sur le terrain, questionnaires et entrevues) et/ou en faisant une *analyse de la situation* (survol de la littérature en sciences sociales).

Ce portrait de la situation actuelle décrit en détail une situation réelle qui a besoin d'être améliorée. La précision et l'objectivité de l'analyse sont cruciales pour le reste de l'étude. Si la situation est bien analysée, cela permettra d'établir une base solide en vue d'une réponse biblique et pratique. Cette partie de l'étude de la théologie pratique est tellement importante et complexe que nous avons décidé de consacrer un chapitre en entier à la recherche descriptive (voir ch. 17). Étudiez le chapitre 17 en parallèle avec ce chapitre sur la théologie pratique.

3. Scénario idéal

L'objectif de cette étape est d'élaborer un modèle théologique représentant le scénario idéal, en interprétant le monde tel qu'il devrait être. Vous devez développer ce modèle en utilisant des sources d'érudition qui vous permettront de bien interpréter vos propres croyances.

Qu'est-ce qu'une *tradition religieuse* ? Cowan, qui est catholique, inclut les textes de l'Écriture, les ouvrages théologiques classiques, et les enseignements de l'Église comme éléments de la tradition religieuse[6]. Pour les évangéliques, seules les Écritures sont normatives, mais les traditions et l'histoire de l'Église, les textes théologiques et les positions confessionnelles constituent une histoire de l'interprétation au sein d'une communauté de foi. Ces traditions influencent considérablement la manière dont nous comprenons les enseignements de l'Écriture. Nous ne pouvons pas nous plonger dans l'Écriture sans être conscients de la manière dont ces forces historiques à l'œuvre dans notre communauté de foi et notre tradition ont façonné notre lecture de l'Écriture. Bien que l'objectif de cette phase de l'étude soit de présenter une vision théologique d'un scénario préféré basé sur une perspective biblique, nous devons pour cela réexaminer de manière critique à la fois les

---

5. Dans la suite logique de certaines études, la situation actuelle est plutôt présentée après le scénario idéal.
6. Cowan, « Introduction to Practical Theology ».

Écritures et les autres aspects de notre tradition religieuse qui façonnent nos interprétations des Écritures.

Si vous écrivez une thèse ou un mémoire dans le domaine de la théologie pratique, quelles sont les attentes concernant l'analyse biblique ? Généralement, cela prend la forme d'un survol ou d'une analyse sommaire des enseignements bibliques touchant à votre sujet. Vous devriez traiter les passages de l'Écriture d'une manière organisée, en expliquant leur apport à votre sujet. Pour la plupart des passages, vous n'aurez pas besoin de procéder à une analyse exégétique profonde. Cependant, vous devez vous assurer que votre interprétation est correcte et que les conclusions ou les applications proposées proviennent réellement du texte. Dans le cas de certains passages clés, vous devrez peut-être procéder à une exégèse détaillée. Lors de votre analyse sommaire, vous devrez peut-être aussi consulter des spécialistes sur les textes que vous traitez, notamment les principaux commentaires des érudits. Si le diplôme visé est une maîtrise en théologie ou un doctorat en théologie, vous devez faire preuve d'une bonne compétence dans votre traitement des textes bibliques. Ne vous y trompez pas ; le simple fait d'ajouter le mot « pratique » après « théologie » ne vous décharge pas de la nécessité de traiter avec compétence les aspects bibliques et théologiques de la thèse.

4. Suggestions pratiques

Préparez un *plan d'action* qui vous servira de *cadre pratique* en vue d'amener la situation actuelle vers le scénario idéal. Faites des recommandations pour des solutions possibles à la situation actuelle (une liste d'interventions potentielles ou d'étapes à suivre) à la lumière de :

- votre analyse historique et empirique de la situation actuelle (le monde tel qu'il est) ;
- votre résumé des ressources bibliques et théologiques pertinentes pour un scénario idéal.

Dans certains cas, un projet de recherche peut comprendre la mise en œuvre et l'évaluation d'un plan d'action. Cependant, pour la plupart des recherches faites par les étudiants, l'étude se termine par des suggestions pratiques pour passer de la situation actuelle (le monde tel qu'il est) au scénario idéal (le monde tel qu'il devrait être).

Conceptions avancées pour la théologie pratique

L'attrait du modèle de Cowan réside dans sa facilité d'utilisation. Il peut être utilisé pour un large éventail d'études. Don Browning et Richard Osmer ont tous deux popularisé des modèles plus avancés qui suivent le mouvement pratique-théorie-pratique[7].

---

7. Don S. Browning, *A Fundamental Practical Theology. Descriptive and Strategic Proposals*, Minneapolis, Fortress, 1991 ; Richard R. Osmer, *Practical Theology. An Introduction*, Grand Rapids, Mich., Eerdmans, 2008.

Browning prône une conception pratique-théorie-pratique. Son approche comporte quatre mouvements :

1. Le premier mouvement s'efforce de fournir une description détaillée des pratiques porteuses de théorie. L'objectif est de comprendre la pratique de manière complète et précise.
2. Le deuxième mouvement explore ce que les textes chrétiens normatifs impliquent réellement pour notre pratique. Ce mouvement implique un réexamen critique des Écritures pertinentes et d'autres sources théologiques.
3. Le troisième mouvement cherche à fusionner les « horizons entre la vision implicite dans les pratiques contemporaines et la vision implicite dans les pratiques des textes chrétiens normatifs ». Il réexamine la pratique et les textes à la lumière l'un de l'autre, en étant ouvert à la modification des pratiques et à la réinterprétation des textes.
4. Le dernier mouvement s'efforce de répondre aux questions clés « Comment devons-nous vivre ? » et « Que devons-nous faire ? ». C'est la réponse *stratégique*. Browning propose qu'elle réponde à quatre questions :
    a. Comment comprenons-nous la situation concrète dans laquelle nous devons agir ?
    b. Quelle doit être notre praxis dans ce contexte ?
    c. Comment défendre la praxis que nous proposons ?
    d. Quelle rhétorique et quelles stratégies devrions-nous utiliser pour communiquer et mettre en œuvre la praxis que nous proposons ?

Osmer considère également que la conception pratique-théorie-pratique nécessite quatre tâches, mais celles-ci sont légèrement différentes de celles de Browning. Par rapport à Browning, Osmer étend la première étape de la pratique en deux tâches, mais n'a pas de tâche spécifique consacrée à la corrélation et à la « fusion » des horizons. Voici les quatre tâches d'Osmer :

1. La tâche *descriptive* pose la question suivante : « Que s'est-il passé ? » Nous commençons par une étude empirique d'une situation ou d'une pratique.
2. La tâche *d'interprétation* pose la question suivante : « Pourquoi cela s'est-il produit ? » Nous nous appuyons sur des théories issues des sciences naturelles, sociales et humaines pour expliquer la situation ou la pratique.
3. La tâche *normative* pose la question suivante : « Que devrait-il se passer ? » Nous explorons les Écritures, la théologie et les modèles de bonnes pratiques.
4. La tâche *stratégique* pose la question suivante : « Que devons-nous faire ? ». Nous élaborons une stratégie pour améliorer la situation ou la pratique.

Conception alternative pour la théologie pratique

Bien que la recherche en théologie pratique suive généralement un schéma théorie-pratique-théorie, ce n'est pas la seule façon d'entreprendre une recherche en théologie pratique. Vous pouvez entreprendre la tâche d'améliorer la praxis en passant de la théorie à la pratique. Il s'agit d'une approche bien établie dans les thèses de doctorat en ministère, qui se divisent souvent logiquement en deux parties principales : d'abord une base théorique et ensuite une application pratique dans un contexte spécifique. Le fondement théorique couvre les bases bibliques et théologiques, ainsi que les théories pertinentes des sciences humaines et sociales (p. ex. l'histoire, la psychologie, la sociologie, le leadership, l'éducation). La partie pratique comprend souvent une étude empirique du contexte ou de la situation (étude de cas ; enquête descriptive), avant de passer à l'application de la théorie à la pratique.

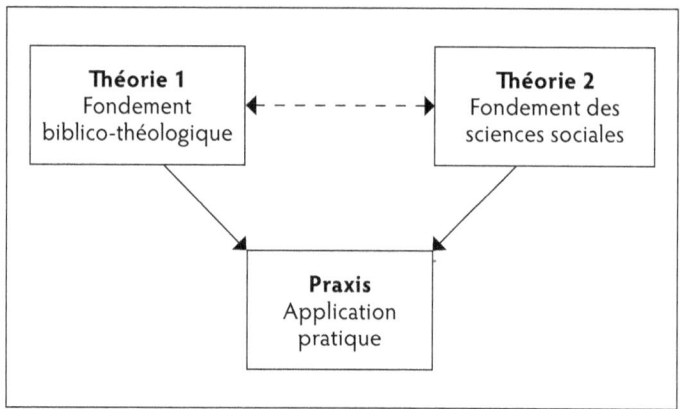

Le point de départ est une question sur la pratique qui émane d'une observation ou d'une expérience. Contrairement à la recherche utilisant l'approche pratique-théorie-pratique, le chercheur ne procède pas à une étude détaillée de la situation qui donne lieu à la question. La praxis donne naissance à une question, qui est supposée valide. Une description détaillée de la situation n'est pas jugée nécessaire avant que le chercheur puisse étudier les fondements théoriques d'une réponse. Après avoir déduit un problème de recherche de la pratique, le chercheur se tourne plutôt vers les Écritures et les sciences pour formuler un fondement théorique en vue d'une application.

Le schéma naturel de ce type d'étude serait le suivant :

1. Introduction.

2. Théorie 1 : fondement biblico-théologique.

3. Théorie 2 : fondement des sciences sociales.

4. Praxis : application pratique.

5. Conclusion.

L'introduction fournit une brève description du contexte réel qui donne lieu à la question de recherche ; elle énonce le problème de recherche et présente le plan de recherche. La section sur la pratique peut nécessiter deux chapitres si l'un est nécessaire pour une étude empirique d'un contexte de ministère, et l'autre pour fournir une stratégie de ministère. Dans de nombreux cas, la section sur la pratique peut être couverte par un seul chapitre.

Prenons l'exemple d'un pasteur qui a constaté qu'un nombre croissant de ses fidèles développaient une dépendance à la pornographie sur Internet. Il espère trouver une stratégie de ministère efficace pour aider les hommes à se libérer de leur dépendance. La question est née d'une observation et d'une expérience (des hommes chrétiens luttant contre la pornographie) et l'objectif est de développer une stratégie pour un ministère fructueux (pour les aider à surmonter leur dépendance). Le chercheur commence par chercher à comprendre la *dépendance à la pornographie sur Internet* d'un point de vue scripturaire et scientifique. Il entreprend une étude thématique des enseignements de la Bible, avant de s'intéresser à la recherche scientifique. Il découvre un nombre croissant de recherches neurologiques et psychologiques qui montrent comment la pornographie affecte le cerveau et le comportement. Armé d'une connaissance approfondie du phénomène de la pornographie sur Internet, le chercheur s'intéresse au contexte de son ministère. Il utilise la compréhension qu'il a développée de la pornographie sur Internet pour concevoir une étude empirique à petite échelle du phénomène dans son contexte, puis il élabore un plan de ministère éclairé et holistique pour traiter le problème dans sa propre église.

Cette conception théorie-pratique de la recherche en théologie pratique présente des similitudes et des différences par rapport aux conceptions pratique-théorie-pratique. Les deux approches cherchent à améliorer la pratique du ministère. Elles commencent par une préoccupation concernant la pratique et se terminent par une stratégie visant à améliorer la pratique. Toutefois, dans la conception théorie-pratique, la situation ou la pratique ne fait que soulever la question de recherche. La recherche ne tente pas initialement d'étudier en profondeur la pratique actuelle. Bien que le contexte soulève la question, il n'est pas central pour la partie initiale de l'enquête. Les chercheurs étudient plutôt les sources scripturaires et scientifiques pour formuler une perspective théorique (théologique) sur le sujet dans son ensemble. L'étude théologique n'est pas régie par le contexte. Cela tranche avec les modèles pratique-théorie-pratique, dans lesquels les chercheurs ramènent les questions soulevées par une étude approfondie de la pratique actuelle à leurs sources normatives, de sorte que la réflexion théologique est une réponse directe aux questions qui surgissent au cours de l'étude empirique.

En résumé

La théologie pratique couvre une variété de sujets. En tant que reine des disciplines théologiques, elle a la noble et belle tâche d'étudier le ministère et la pratique chrétienne dans le but de l'aider à devenir aussi fidèle que possible à la volonté de Dieu. La recherche en théologie pratique commence généralement par une analyse détaillée de la pratique actuelle, puis réexamine les sources normatives pour en tirer des enseignements, et revient pour réformer ou améliorer la pratique. L'élégante simplicité de cette approche pratique-théorie-pratique pourrait masquer le fait que pour bien faire de la théologie pratique, il faut une grande capacité d'interprétation du monde et de la Parole.

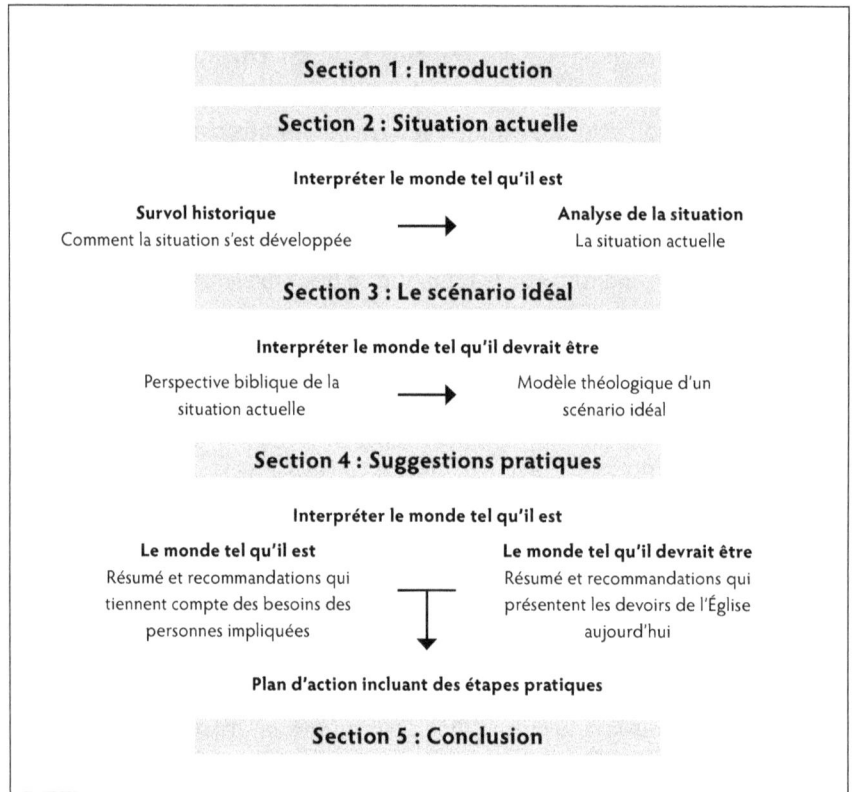

Figure 36 : Modèle de théologie pratique

16

La revue de littérature

« Il est essentiel de commencer tout projet de recherche par une revue de la littérature existante[1]. » Dans de nombreuses thèses et mémoires, le chapitre 2 présente la revue de littérature. Toutefois, même si le travail ne contient pas de chapitres consacrés à la revue de littérature, il doit quand même démontrer une certaine connaissance de l'histoire de la recherche en question et interagir avec les principaux auteurs dans ce domaine.

Certains préfèrent l'appeler *revue des documents d'érudition*, comme l'intérêt du chercheur ne réside pas simplement dans n'importe quel genre d'ouvrage, mais particulièrement dans les ouvrages d'érudition. « En bref, vous vous intéressez aux érudits les plus récents, crédibles et pertinents dans le domaine de votre choix[2]. » D'autres préfèrent encore l'appeler *histoire de la recherche*, car elle présente une vue d'ensemble des recherches précédentes jusqu'au moment où la recherche du chercheur entre elle-même dans la discussion.

Pourquoi faire une revue de littérature ?

Pourquoi la revue de littérature est-elle si importante dans la rédaction d'une thèse ou d'un mémoire ? Quelles sont les principales raisons de faire une revue de la littérature au début de tout projet de recherche ? Il y en a plusieurs. Par exemple, une revue de littérature vous aidera à :

- éviter de faire une recherche qui a déjà été faite ;
- identifier les lacunes dans les recherches existantes qui nécessitent une étude plus approfondie ;
- interagir avec les théories et les conclusions empiriques les plus récentes ; et
- préciser votre idée de recherche grâce à une meilleure compréhension du domaine.

Vous ne pouvez pas traiter un sujet simplement parce qu'il vous intéresse. Vous devriez situer votre recherche en tenant compte des questions qui ont déjà été posées et traitées. Vous devez diriger votre recherche vers des questions qui n'ont pas encore reçu de réponses

---

1. Mouton, *Master's and Doctoral Studies*, p. 86.
2. *Ibid.*, p. 87.

ou qui, selon votre opinion, n'ont pas été traitées de façon adéquate. Une revue approfondie de la littérature vous aidera à concentrer vos efforts au bon endroit, en mettant l'accent sur les lacunes et les besoins réels. Elle vous aidera également à effectuer votre recherche d'une manière éclairée, ayant pris connaissance des recherches et des conclusions de ceux qui vous ont précédé. En fin de compte, vous gagnerez du temps !

Comment votre revue de littérature sera évaluée

Dans quelque domaine que ce soit, il est toujours plus facile de répondre aux attentes lorsque vous les connaissez. Quelles sont donc les attentes concernant une revue de littérature ? Mouton énumère quatre critères d'évaluation d'une revue de littérature[3].

1. *Elle doit couvrir les principaux aspects de l'étude d'une manière exhaustive.* Si votre étude met quatre points particuliers en corrélation, votre revue de la littérature doit couvrir ces quatre points. De plus, elle doit démontrer que vous connaissez *toutes* les études majeures sur chaque point[4]. Si votre sujet touche à la doctrine du Saint-Esprit dans le livre des Actes et que vous n'avez pas mentionné le débat considérable entre Gordon Fee et Roger Stronstad dans les années 1990, vos examinateurs concluront que vous n'avez pas fait un travail minutieux. Il convient de consulter l'ensemble des contributions majeures.

2. *Elle sera équitable envers les écrits des différents auteurs.* Les étudiants en théologie sont connus pour laisser leurs préjugés s'infiltrer dans leurs recherches. En lisant l'ébauche d'un projet de recherche de master en théologie, nous avons souvent l'impression que l'étudiant connaît déjà les réponses à son étude. Son idée est arrêtée, et il veut se servir de son mémoire pour la prouver. Cette attitude est incompatible avec le principe même de la recherche, qui exige l'objectivité et l'ouverture d'esprit. Le chercheur influencé par ses préjugés sera souvent injuste dans sa façon de traiter les sources lors de la revue de littérature. S'il n'est pas d'accord avec une source, son résumé des points de vue et des arguments ne sera pas équitable. Parfois, il ne s'agit pas nécessairement d'une question de préjugés, mais de négligence. Le chercheur n'a pas vraiment lu la source, de sorte qu'il n'est pas en mesure de reconnaître ses mérites. Pour produire une bonne revue de littérature, vous devez lire consciencieusement les ouvrages à examiner et en présenter une évaluation impartiale et précise.

3. *Une revue de littérature doit être d'actualité et ne pas être dépassée.* Par « d'actualité », nous voulons dire ce qui est à jour et qui comporte un intérêt actuel. Quoiqu'il soit souvent nécessaire de commencer par un bref aperçu historique, la

---
3. *Ibid.*, p. 90-91.
4. Cela est vrai au niveau du master en théologie et du doctorat en théologie, mais moins nécessaire au niveau de la licence en théologie.

plus grande partie de la revue de littérature devrait être consacrée à l'état actuel de la discussion. Quels sont les sujets brûlants du domaine étudié ? Qui sont les porte-parole importants des différents points de vue ? En quoi les publications récentes contribuent-elles à la discussion ? Votre revue de la littérature doit répondre à ce genre de question.

4. *Une bonne revue de littérature doit être bien organisée et interprétative.* Une revue de littérature ne doit pas se lire comme une bibliographie annotée, c'est-à-dire comme une simple liste d'ouvrages et d'articles accompagnée de quelques mots d'explication sur chacun d'eux. Elle doit plutôt révéler votre interaction avec l'histoire de la recherche et l'interprétation que vous en faites. Autrement dit, vous devez interagir avec les principaux ouvrages de manière à démontrer votre interprétation de l'histoire de l'érudition. Cela implique une certaine organisation. Il existe différentes façons d'organiser la revue de littérature. Pour votre étude, la meilleure façon pourrait être l'arrangement selon l'ordre chronologique, les écoles de pensée, ou encore selon les divisions de votre étude. Le système que vous choisissez doit vous permettre de démontrer votre interaction interprétative des ouvrages d'érudition.

Ce sont donc là les critères essentiels. Votre revue de la littérature doit être exhaustive, objective, actuelle et interprétative. Nous avons regardé *pourquoi* une revue de la littérature était importante et *ce à quoi* elle devait ressembler. Passons maintenant à la *façon* d'obtenir les sources dont vous avez besoin.

Comment obtenir les sources pour votre revue de littérature

Effectuer une revue de la littérature peut être intimidant surtout en raison de la difficulté à identifier et à accéder à tous les documents pertinents. Autrement dit, vous devez faire face aux deux défis suivants :

- Identifier tous les documents pertinents sur votre sujet.
- Accéder à la plupart des documents identifiés.

Si vous avez facilement accès à une bibliothèque théologique d'envergure, vous ne devriez pas avoir beaucoup de difficulté à accéder à l'information. Si, toutefois, vous êtes un étudiant à distance et n'avez pas accès à une bibliothèque de haute qualité, l'accès à la documentation pertinente deviendra l'un des plus grands défis de recherche auquel vous ferez face. Mais ne vous découragez pas ; vous pouvez réussir ! Comment ? Nous allons répondre à cette question.

De quels outils ai-je besoin pour identifier et accéder aux documents pertinents ? Vous avez besoin de deux outils : une bibliothèque et Internet. Au cours de votre étude, vous devrez avoir accès à une bonne bibliothèque théologique. Il vous faudra peut-être vous rendre à la bibliothèque la plus proche et y passer quelques semaines. Au cours de mes études de doctorat, j'ai fait trois voyages de deux semaines à l'Université de Stellenbosch en vue d'utiliser leur bibliothèque. Durant ces périodes, j'ai photocopié autant de documents que possible afin de pouvoir utiliser ces ressources à domicile.

Il vous faudra aussi avoir accès à des ressources sur Internet. Au début de votre recherche, cela est même plus utile qu'une bibliothèque. Il y a deux raisons pour cela : (a) il y a beaucoup de bons livres et de bonnes revues en format électronique disponibles en ligne et ce, en version intégrale et (b), même si une ressource particulière n'est pas disponible dans son texte intégral, vous pouvez quand même prendre connaissance de son existence lorsqu'elle apparaît dans vos résultats de recherches. De plus, vous courrez la chance de trouver des abrégés ou des critiques de ces ouvrages.

De quels types de documents ai-je besoin ? La réponse générale est : *des documents d'érudition de haute qualité*, en particulier les plus récents (10 dernières années). Pour être plus précis, vous devriez vous concentrer sur les trois principaux types de sources suivants :

- *Revues.* Les articles de revues théologiques sont la *meilleure source* dans la littérature académique. Ils sont plus courts et plus récents que les livres.
- *Livres.* Vous devez accéder aux principaux livres de votre domaine, en particulier les ouvrages fondamentaux et les principaux ouvrages d'érudition.
- *Thèses.* Les thèses sont des recherches universitaires. Si quelqu'un d'autre a effectué des recherches connexes, vous devez en prendre connaissance et les étudier.

Par ailleurs, la bibliographie est l'une des premières choses que les évaluateurs examinent lors de l'évaluation d'une thèse ou d'un mémoire ! Que cherchent-ils ? Tout d'abord, des publications récentes : livres et articles des 10 dernières années. Deuxièmement, des ressources de qualité : les principaux titres et les meilleures revues sur le sujet. Troisièmement, des auteurs clés : les plus grands érudits et spécialistes dans le domaine.

Comment trouver les ouvrages clés sur mon sujet ? Voici quelques moyens simples pour trouver rapidement des ressources clés :

1. *Lisez des revues de littérature.* Les publications académiques telles les monographies et les thèses commencent généralement par une revue de la littérature existante (tout comme vous devez le faire). Cette section présente les principaux auteurs et leurs ouvrages, et résume brièvement leur contenu et leur contribution. Les ouvrages qui reçoivent le plus d'attention sont les ouvrages les plus importants dans le domaine ! Ce sont des ressources incontournables.

2. *Étudiez les bibliographies.* Lorsque vous identifiez une ressource clé (livre, article ou thèse), étudiez sa bibliographie pour découvrir d'autres titres pertinents. Vous serez étonné de la rapidité avec laquelle vous trouverez tous les ouvrages importants de votre domaine. Ces ouvrages sont cités par un grand nombre de personnes, de sorte qu'ils sont faciles à identifier. Il suffit de chercher les noms qui reviennent fréquemment.

3. *Recherchez des librairies en ligne.* La plus grande librairie dans le monde est www.amazon.com. Amazon cite presque tous les livres publiés. Faites une

recherche sur votre étude par mots clés ou par sujets sur Amazon ; vous trouverez tous les livres importants sur le sujet (et même certains livres qui ne sont pas encore publiés). Vous trouverez également des critiques de livres et quelques liens vers des livres traitant de sujets semblables. L'importance de ce type de recherche est que vous trouverez les dernières nouveautés, c'est-à-dire les ressources qui n'ont pas encore été mentionnées dans des revues de littérature ou dans des bibliographies.

4. *Utilisez Google scholar et Google livres.* Les recherches normales sur Google ne seront pas très efficaces parce que vous trouverez probablement trop d'ouvrages populaires (et non d'érudition). Toutefois, deux initiatives de Google peuvent devenir une mine d'or pour trouver des sources d'information : Google scholar et Google livres.

Google scholar (https://scholar.google.fr) est un moteur de recherche qui repère des ressources d'érudition (par opposition à populaire) sur le Web. Vous pouvez trouver des articles de revues théologiques, des thèses et des mémoires, des documents de recherche, et ainsi de suite. La plupart des résultats peuvent être consultés en version intégrale sur Internet, tandis que d'autres n'offrent que des aperçus. Contrairement à la recherche de base de Google, les résultats d'une recherche sur Google scholar auront beaucoup plus de valeur académique.

Google livres (https://books.google.com) est une initiative visant à rendre les livres publiés disponibles en ligne. Un grand nombre de livres ont déjà été mis en ligne, et d'autres sont ajoutés quotidiennement. Les livres qui sont dans le domaine public (aucun droit d'auteur) apparaissent en version intégrale. Les ouvrages sous copyright sont également mis en ligne en version intégrale, mais vous ne pouvez pas lire le texte en entier. Cependant, vous pouvez faire une recherche dans le texte du livre, voir la table des matières et lire des extraits (parfois des extraits assez longs). Le site offre souvent des liens vers des critiques du livre.

Comment trouver des articles de revues sur mon sujet ? L'ancienne méthode consistait à aller dans une bibliothèque et effectuer des recherches dans les catalogues d'articles. Si vous avez accès à une grande bibliothèque théologique avec une importante collection de revues, c'est toujours utile. Cependant, de nombreuses revues sont maintenant disponibles sur Internet. Les revues en ligne se présentent sous deux formes : (1) le texte intégral : vous pouvez télécharger l'article en question ; (2) référence : vous trouverez la notice bibliographique et, parfois, le résumé. De toute évidence, les articles en version intégrale sont plus utiles, car vous pouvez y avoir accès immédiatement. Le problème est de les trouver. Voici quelques façons de faire pour y arriver :

Les bases de données. Il existe des collections considérables d'articles dans des bases de données consultables. Ces bases de données sont spécifiquement conçues pour des fins de recherche et sont principalement utilisées par des bibliothèques universitaires.

- *EBSCOhost* est la plus grande collection de revues au monde ; renseignez-vous auprès de votre institution pour savoir si elle y est abonnée. Vous pouvez accéder à de nombreux articles et critiques de livres en version intégrale.

- *JSTOR* (www.jstor.org) est un projet visant à rendre les articles de revues disponibles en ligne. La plate-forme comprend déjà une vaste collection. Vous pouvez effectuer une recherche complète dans toutes les ressources sur le site et vous pouvez accéder à tous les articles en version intégrale.
- *ATLA* et *ATLAS* sont la plus grande liste de travaux académiques dans le domaine de la théologie. Bon nombre d'entrées ne contiennent que des informations bibliographiques, mais une quantité importante de travaux peut être consultée en version intégrale. Les recherches sur ATLA vous donneront une bonne idée de ce qui a été écrit sur un sujet théologique. ATLAS contient bon nombre des articles énumérés sur ATLA en version intégrale.
- *OT and NT Abstracts* (accessible sur EBSCOhost) offre des abstracts de presque tous les livres ou articles importants publiés dans les domaines de l'Ancien ou du Nouveau Testament. Les abstracts portent sur des ouvrages publiés dans les principales langues théologiques, mais ils sont tous en anglais. Le fait de parcourir les abstracts ayant trait à votre sujet est une excellente façon de commencer une revue de la littérature. En quelques heures seulement, vous pouvez vous faire une idée des études actuelles dans un domaine en lisant quelques dizaines d'abstracts (c'est toujours ainsi que je commence mes recherches bibliques !).
- *Religion and Philosophy Collection* contient plus de 300 revues en version intégrale ! Tous les articles sont disponibles en version intégrale. Ils couvrent un large éventail de sujets dans la théologie, la religion et la philosophie.
- *Theological Journal Library* est une collection sur CD-ROM d'environ 500 volumes de revues théologiques provenant de publications fondées sur la Bible. Vous pouvez rechercher et visionner des extraits d'articles en ligne sur www.galaxie.com/journal.php. Le prix de la collection est raisonnable. Ainsi, vous pouvez même envisager d'acheter votre propre exemplaire.
- *SA e-Publications* (www.sabinet.co.za) est une plate-forme en ligne qui publie des versions électroniques de revues sud-africaines, y compris une collection importante de revues sur la religion. La plate-forme est entièrement consultable et tous les articles apparaissent en version intégrale.
- *Directory of Open Access Journals* (www.doaj.org) : une grande collection de revues en ligne qui contient un moteur de recherche, dont un bon nombre de revues religieuses et de revues philosophiques ; les articles sont disponibles en version intégrale.
- *Ingenta* (www.ingentaconnect.com) vous permet d'effectuer des recherches dans une base de données religieuse comprenant 63 revues (de toutes les religions). On peut effectuer des recherches dans tous les articles, mais ils ne sont pas tous gratuits. Il faut payer pour consulter la plupart des articles.

En plus de ces collections, il y a littéralement des centaines de revues académiques accessibles sur Internet. Google scholar vous aidera à trouver celles qui se rapportent à votre sujet.

Comment trouver des thèses et des mémoires sur mon sujet ? En plus des recherches que vous pouvez faire sur les sites web des établissements, vous devriez essayer TREN (www.tren.com). Le Theological Research Exchange Network [Réseau de partage des recherches théologiques] est une bibliothèque de plus de 10 000 titres de mémoires et de thèses théologiques provenant des recherches de plusieurs établissements différents. TREN met également à disposition des articles de conférence présentées lors des réunions annuelles de certaines sociétés académiques. Le niveau d'accès aux documents varie. Pour certains, vous ne pouvez voir que les informations bibliographiques seulement et vous devez acheter le document pour pouvoir le consulter. D'autres présentent des extraits ou des résumés que vous pouvez lire. Quelques-uns sont offerts gratuitement.

En résumé

La revue des ouvrages d'érudition est une première étape essentielle pour la plupart des projets de recherche. Elle vous aide à éviter de refaire ce que d'autres ont déjà fait, à identifier les lacunes, à interagir avec les découvertes récentes et à préciser votre idée de recherche. Votre revue de la littérature doit se concentrer sur les sources d'érudition et doit être exhaustive, objective, actuelle et interprétative. Les revues, les livres et les thèses sont des sources d'érudition précieuses. Les sites internet peuvent être utiles, mais doivent être utilisés avec précaution. Si vous ne pouvez pas avoir facilement accès à une bonne bibliothèque théologique, vous pouvez quand même accéder en ligne à plusieurs des meilleures sources.

17

La recherche descriptive

La recherche descriptive, aussi appelée recherche par sondage ou recherche descriptive-sondage, est un outil de recherche essentiel pour des études dans le domaine de la théologie pratique. De nombreuses études en théologie pratique comprennent une recherche sur le terrain (empirique) dans laquelle le chercheur utilise des entrevues, des sondages et/ou des questionnaires pour recueillir des données originales à propos d'une Église, d'une communauté, d'une organisation, d'un événement, d'une coutume, ou quelque chose d'autre. Le but de ce chapitre est d'offrir des directives pratiques pour faire de la recherche descriptive dans des études théologiques.

Comprendre la recherche descriptive
Sa nature

> La recherche descriptive fait exactement ce que son nom indique : elle décrit, en général, une ou plusieurs caractéristiques d'un groupe de personnes, techniquement appelé population. Parfois, les données recueillies sont strictement quantitatives (chiffres et pourcentages). À d'autres reprises, elles sont qualitatives. Elles comprennent alors le « pourquoi » et le « combien »[1].

Comme toutes les recherches, la recherche descriptive vise à étudier un problème. Elle utilise généralement des données issues d'entrevues, de questionnaires, de sondages et d'études de cas pour former les conclusions et les recommandations d'une étude ou d'un rapport. La recherche descriptive présente des données sur le sujet de l'étude, décrivant le « qui, quoi, quand, où et comment » d'une situation. Elle présente une description systématique qui est aussi précise et factuelle que possible. Cette approche se prête bien à une recherche statistique (quantitative). Cependant, elle peut aussi être de nature qualitative, cherchant à décrire un phénomène.

Techniquement parlant, les questions relatives aux causes et aux solutions d'une situation ne font pas vraiment partie de la recherche descriptive elle-même. Dans une étude qualitative,

---
1. Vyhmeister, *Quality Research Papers*, p. 30, traduction libre.

le chercheur peut sonder les points de vue d'une population sur les causes d'une situation ou sur la façon de résoudre des problèmes. Mais ce faisant, il présente les perceptions subjectives de quelqu'un d'autre plutôt que de décrire les causes d'une manière objective et factuelle. Une bonne recherche descriptive servira généralement de fondement solide sur lequel le chercheur pourra diagnostiquer les causes et proposer des solutions. Toutefois, ces mesures sont des conclusions tirées de la description, et ne font pas partie de la description elle-même.

Ses objectifs

L'objectif principal de la recherche descriptive est de décrire les données et les caractéristiques d'un problème ou d'une question à l'étude. Autrement dit, le but est de faire connaître la réalité. Vous pouvez tirer des conclusions et prendre des décisions fondées sur la description[2].

En langage technique, selon Isaac et Michael[3], la recherche descriptive vise à atteindre quatre objectifs principaux :

1. Rassembler des données détaillées décrivant des phénomènes existants.
2. Identifier des problèmes ou justifier des conditions et des pratiques.
3. Faire des comparaisons et des évaluations.
4. Déterminer ce que d'autres font avec des problèmes ou des situations semblables et bénéficier de leur expérience pour des plans et des décisions éventuels.

Dans le contexte du ministère au sein de l'Église locale, la recherche descriptive est conçue pour signaler les conditions ou les stratégies actuelles du ministère. Sur la base de la description, le chercheur peut évaluer de façon critique les résultats de la recherche et suggérer des moyens d'améliorer la situation du ministère[4].

Ses caractéristiques

Leedy indique que la recherche par sondage possède clairement les caractéristiques suivantes :

1. La méthode de recherche par sondage traite les situations qui exigent la technique d'observation comme moyen principal de collecte des données.
2. La population étudiée doit être sélectionnée avec soin, clairement définie et délimitée avec précision afin de pouvoir établir des paramètres précis pour assurer la discrétion à la population.

---

2. *Ibid.*, ch. 4.
3. Stephen Isaac et William B. Michael, *Handbook in Research Evaluation*, San Diego, EDITS, 1971, p. 18.
4. « Applied Research Project », 2005, consulté le 19 mars 2008 sur www.dts.edu.

3. Dans la recherche descriptive par sondage, les données peuvent être particulièrement déformées par les préjugés introduits dans le modèle de la recherche. Une attention particulière devrait être accordée à la préservation des données contre l'influence des préjugés.

4. Bien que la méthode de recherche par sondage soit fondée sur l'observation pour l'acquisition des données, celles-ci doivent être ensuite organisées et présentées systématiquement pour que des conclusions valides et exactes puissent en être tirées[5].

Sa valeur

Les points suivants soulignent l'importance de la recherche descriptive[6].

1. La recherche descriptive décrit des phénomènes, des problèmes et/ou des opinions actuels.
2. Cette méthode est très facile à gérer. Par conséquent, c'est une méthode de recherche populaire et largement utilisée.
3. La recherche descriptive ne décrit pas seulement le problème actuel, mais elle suggère aussi souvent des solutions valables aux problèmes.
4. La recherche descriptive est utile pour le développement des outils de collecte des données comme les questionnaires, les calendriers, les listes de contrôle, et ainsi de suite.
5. En traitant les liens entre ou parmi les variables, la recherche descriptive sera utile pour développer de nouveaux principes ou des théories et des conclusions nouvelles ayant une validité et une utilité universelles.

Ses limites

La recherche descriptive peut décrire une situation avec précision et présenter des perceptions communes quant aux causes et aux solutions possibles, mais elle ne peut pas poser un diagnostic objectif sur les causes ou prescrire des solutions. Elle peut poser un fondement solide et factuel à partir duquel le chercheur pourra déduire les causes probables et proposer des solutions pratiques, mais il doit reconnaître qu'elles ne seront que des extrapolations tirées des résultats du sondage.

---

5. Leedy, *Practical Research*, p. 187.
6. « Types of Research in Education », 2008, consulté le 19 mars 2008 sur bhojvirtualuniversity.com.

En d'autres termes, elle ne peut pas établir un lien *causal* entre les variables[7]. Patwardhan recommande que la recherche descriptive :
- ne se concentre pas sur le « pourquoi » en essayant de comprendre les phénomènes ;
- ne soit pas utilisée pour faire des prévisions et des contrôles[8].

Ne pas reconnaître ces limites de la méthode amènera les chercheurs à surestimer leurs conclusions. Connaître ces limites vous protégera contre cette tendance.

Mener une recherche descriptive

Le processus de la recherche descriptive peut être divisé en neuf étapes :

1. Énoncez l'objectif.
2. Passez en revue les recherches connexes.
3. Élaborez l'approche.
4. Développez les outils de recherche.
5. Sélectionnez les participants.
6. Décrivez les procédures pour la collecte des données.
7. Analysez et interprétez les données.
8. Tirez des conclusions.
9. Rédigez le rapport.

Le reste de ce chapitre sera consacré à l'analyse détaillée de chacune de ces étapes.

Étape 1 : Énoncez l'objectif de la recherche

Toutes les recherches sont fondées sur un problème ou un objectif de recherche. Dans une thèse théologique, le problème principal de la recherche régira l'objectif de l'élément descriptif de l'étude (voir ch. 10). Lorsque le problème principal de la recherche est divisé en sous-problèmes ou questions clés, l'un de ces éléments présentera l'objectif de l'étude empirique. Dans de rares cas, le projet de la recherche descriptive comptera lui-même pour le projet en entier. Qu'il forme l'étude en entier ou une partie seulement, le sondage descriptif doit être fondé sur un problème particulier et avoir un objectif précis. Vous devez donc indiquer l'objectif de la recherche descriptive en une seule phrase.

Tout ce que nous avons dit précédemment à propos de l'énoncé de la problématique de recherche s'applique également ici. La pertinence de l'étude est particulièrement essentielle dans ce genre de recherche, car elle doit être suffisamment importante pour motiver les

---

7. « Educational Research », 2005, consulté le 18 mars 2008 sur http://www83.homepage.villanova.edu.
8. H. Patwardhan, « Research Design and Implementation », 2007, consulté le 18 mars 2008, http://bb.cutn.sk/discus/messages/31352, présentation en ligne.

personnes interrogées potentielles. L'objectif régit tous les autres aspects de l'étude. Il détermine le choix du plan de la recherche, le type d'informations nécessaires, la sélection des participants, la taille de l'échantillon, les questions à poser, et bien plus encore.

En règle générale, l'objectif (ou la question, le problème) indiquera la méthode de recherche à utiliser, du moins quant à sa nature *quantitative* ou *qualitative*. Par exemple, la question « Quelle influence le fait de grandir dans la maison d'un pasteur évangélique a-t-il sur l'implication dans l'Église de la personne devenue adulte ? » suggère une étude qualitative. En revanche, la question « Quelle est la corrélation entre l'enseignement d'une Église sur la générosité et le pourcentage de la contribution de ses membres par rapport au revenu de l'Église ? » suggère une approche quantitative.

Étape 2 : Passez en revue les recherches connexes

Avant de vous précipiter et de mener votre propre étude descriptive d'une population, vous devez démontrer une certaine connaissance des projets de recherche connexes. Vous devez présenter les *recherches précédentes* dans le même domaine (ou toute recherche pertinente dans des domaines connexes). Votre revue devrait viser les objectifs suivants :

- Résumer les résultats des autres projets de recherche qui vont dans la même direction que votre étude.
- Résumer les conclusions des autres études qui ont une certaine pertinence pour la vôtre.
- Évaluer la pertinence des méthodes utilisées pour d'autres études similaires. Ici, vous devez indiquer les conclusions tirées par les chercheurs qui ont déjà passé en revue les recherches connexes.
- Indiquer toutes les applications pratiques des résultats des recherches antérieures.

Cet examen des recherches connexes est généralement présenté dans une section intitulée « revue de la littérature ». Cette revue nécessite souvent un chapitre entier. Si elle est suffisamment courte, insérez-la dans le chapitre d'introduction de la thèse ou du mémoire. Pour la recherche en théologie, vous devez également présenter un fondement biblique, théologique et théorique pour le projet, en expliquant la logique de votre plan de recherche. Cette description doit prendre en considération les recherches antérieures sur ce sujet et sur des sujets connexes[9].

Étape 3 : Élaborez l'approche

Après avoir pris connaissance de ce que vous devez savoir (objectif clair) et comment d'autres études ont atteint des objectifs similaires (revue des recherches connexes), la prochaine étape consiste à choisir la meilleure façon d'obtenir les informations dont vous

---

9. « Applied Research Project », 2005, consulté le 19 mars 2008 sur www.dts.edu.

avez besoin. Les *entretiens* individuels peuvent être appropriés pour recueillir certaines données (recherche qualitative). L'usage du *questionnaire* est le meilleur moyen pour glaner d'autres informations. Vous pouvez obtenir certaines informations dans des *rapports* (ou dossiers). Les observations personnelles sont également valables. Il vous faudra élaborer une stratégie pour chacune de ces différentes approches. Vous devez être en mesure de présenter une logique claire pour chaque type d'outil de collecte de données que vous comptez utiliser. Votre logique doit indiquer *pourquoi* c'est la méthode la plus appropriée pour atteindre votre objectif. Votre stratégie devrait également décrire en détail *comment* vous comptez utiliser chaque approche. Si vous avez l'intention de mener des entrevues (ou de soumettre des questionnaires), précisez le nombre d'entrevues, l'identité des participants et ce qui motive leur sélection, le format et la durée des entrevues, comment vous allez rencontrer ces personnes, les données à recueillir et ainsi de suite. Si vous prévoyez d'utiliser des dossiers ou des archives, indiquez ce qui est disponible et comment vous y accéderez.

Allez-vous par exemple interroger tous les diacres ? Autrement, comment allez-vous choisir ceux que vous interrogerez ? Quand et où allez-vous mener ces entrevues ? Le sondage sur les impressions des membres de l'Église concernant le travail des diacres sera-t-il anonyme ? Comment allez-vous obtenir le plus grand nombre de membres de l'Église possible pour répondre à votre sondage ? Le plan de la recherche doit répondre à ces questions et à toute autre question pratique[10].

Étape 4 : Développez les outils de recherche

Vous pouvez utiliser une variété de méthodes de collecte des données, y compris des questionnaires, des entrevues et des observations.

Questionnaires (principalement pour la recherche quantitative)

Le questionnaire en tant qu'outil de sondage. Les données sont parfois profondément enfouies dans l'esprit ou dans les attitudes, les sentiments ou les réactions des hommes et des femmes. Comme pour le pétrole au fond de la mer, le premier problème est de concevoir un outil pour pouvoir explorer sous la surface. Le *questionnaire* est l'outil commun pour l'observation des données au-delà de ce qui est palpable[11].

> Les sondages sont de plus en plus populaires de nos jours. On demande aux gens quel genre de dentifrice ils utilisent, pour quels candidats politiques ils vont voter, ou ce qu'ils pensent au sujet des mariages mixtes. Certains sondages sont effectués oralement. D'autres utilisent des questionnaires auxquels les gens doivent répondre par écrit. Bien que l'information obtenue à partir d'un questionnaire puisse être vaste, elle a tendance à être superficielle. Ce type

---

10. Vyhmeister, *Your Indispensable Guide to Writing Quality Research Papers. For Students of Religion and Theology*, Grand Rapids, Mich., Zondervan, 2001.
11. Leedy, *Practical Research*, p. 187.

de recherche est appelé *recherche quantitative* et dépend en grande partie du nombre de répondants[12].

Préparation des questionnaires. La préparation des questionnaires prend beaucoup de temps et exige une certaine expertise. Les questionnaires doivent être attrayants, brefs et faciles à répondre. Un questionnaire bien préparé peut permettre d'obtenir des données qui décrivent la réalité et qui génèrent les informations requises.

Directives pour la préparation de questionnaires. Voici quelques directives pratiques pour vous aider à la préparation de vos questionnaires. La liste n'est pas exhaustive, mais elle présente les éléments clés d'un questionnaire bien rédigé. Premièrement, voici les démarches à suivre :

- Commencez votre questionnaire avec un titre et une introduction ou un message de bienvenue.
- Garantissez la confidentialité et l'anonymat des participants.
- Gardez les choses simples.
- Rédigez des questions et des réponses avec des objectifs clairs, dans un langage concis, avec des phrases complètes, des mots simples, ainsi qu'une orthographe et une grammaire correctes.
- Soyez précis en posant chaque question.
- Insérez les questions personnelles et confidentielles à la fin du questionnaire.
- Faites en sorte que les répondants lisent attentivement chaque question en variant la façon de poser les questions.
- Concevez vos questions de manière à obtenir des réponses exclusives à chaque question.
- Incluez des cases réponses « je ne sais pas » ou « sans objet », s'il y a lieu.
- Testez votre questionnaire au moyen d'une étude pilote.

Voici maintenant certaines choses à éviter :

- Ne posez pas de questions vagues.
- Ne posez pas des questions qui utilisent une double négation.
- N'utilisez pas beaucoup d'abréviations, d'acronymes ou de clichés.
- Ne posez pas des questions désagréables ou sur des jugements de valeur.
- Ne posez pas des questions tendancieuses.
- Ne posez pas des questions ouvertes, sauf si nécessaire.
- Ne posez pas des questions à deux volets.
- Ne posez pas des questions hypothétiques.
- Ne demandez pas aux répondants de faire des calculs inutiles.
- Ne posez pas des questions qui ne sont pas essentielles.

---
12. Vyhmeister, *Quality Research Papers*, p. 37, traduction libre.

Types de questions. Les questionnaires utilisent toutes sortes de questions. Toutefois, elles peuvent toutes être regroupées en deux catégories : *ouvertes* ou *fermées*[13].

- *Les questions ouvertes.* Une question ouverte permet aux répondants de répondre librement comme ils le désirent. Étant donné que les réponses peuvent varier énormément, la classification des questions ouvertes peut prendre beaucoup de temps.
- *Les questions fermées.* Dans les questions fermées, les répondants ont des choix de réponses. Ce sont des questions auxquelles il est facile de répondre, mais les réponses peuvent manquer d'exactitude.

Tester le questionnaire (étude pilote). Faites une étude pilote pour déterminer les lacunes de votre questionnaire et des idées pour l'améliorer. Testez-le auprès de 5 à 10 répondants qui ne feront pas partie de l'étude principale. Cela augmentera beaucoup la validité du questionnaire en tant qu'outil de recherche.

Entrevues (principalement pour la recherche qualitative)

Les entrevues permettent une compréhension plus profonde et plus complète des comportements des répondants. Alors que les sondages (par questionnaires) ne permettent le plus souvent que des réponses « d'accord » et « pas d'accord », une entrevue peut amener le chercheur à découvrir pourquoi une personne est d'accord ou ne l'est pas. L'entrevue prend du temps, mais elle fournit des informations qu'on ne peut pas obtenir au moyen d'un sondage. Pour maximiser les résultats d'une entrevue, celle-ci devrait être enregistrée. Cependant, il faut l'autorisation expresse de la personne interrogée. Lors de l'entrevue, assurez-vous d'avoir en mains un plan écrit des questions que vous avez l'intention de poser. La conversation pourrait s'écarter de ce plan, mais vous aurez au moins un cadre pour votre entrevue[14].

Résumé des étapes pour mener une entrevue. Leedy recommande les étapes suivantes pour mener une entrevue avec succès, en tant que technique de collecte de données pour la recherche. Elles sont simples, mais très importantes :

1. Planifiez l'entrevue suffisamment à l'avance.
2. Préparez l'ordre du jour des questions à poser.
3. Demandez la permission d'enregistrer l'entrevue.
4. Confirmez immédiatement la date par écrit.
5. Envoyez un rappel incluant l'ordre du jour des questions dix jours avant l'entrevue.

---

13. *Ibid.*, p. 38-39.
14. *Ibid.*, p. 14, traduction libre.

6. Soyez prompt, suivez l'ordre du jour, et prenez soin d'amener une copie de vos questions avec vous au cas où votre répondant aurait égaré la sienne.
7. Lorsque ce sera fait, présentez-lui une transcription de l'entrevue et demandez-lui une reconnaissance écrite de son exactitude ou une copie de la transcription corrigée.
8. Après avoir intégré les résultats de l'entrevue dans votre rapport de recherche, envoyez cette section du rapport à la personne interrogée pour avoir son approbation finale et son autorisation écrite vous permettant d'utiliser les données dans votre rapport[15].

Étape 5 : Sélectionnez les participants (échantillonnage d'une population)

Échantillonnage. Faites votre échantillonnage avec soin pour que vous puissiez avoir toutes les caractéristiques de la population totale[16].

> Quand un sondage Gallup est entrepris pour découvrir le candidat que les citoyens éliront, les chercheurs n'interrogent pas chaque électeur inscrit. Ils échantillonnent une population, c'est-à-dire qu'ils sondent un groupe représentatif. Quel que soit le type d'outil utilisé pour obtenir les informations – sondage, entrevue ou liste de contrôle – l'échantillonnage est un moyen d'obtenir beaucoup d'informations auprès d'un petit nombre de personnes. Pour qu'un échantillonnage puisse représenter fidèlement une population totale, il doit tenir compte de toutes les caractéristiques de cette population. Un échantillonnage doit être suffisamment large pour représenter toute la population et doit contenir les mêmes types de personnes dans la même proportion qu'ils se trouvent au sein de la population totale[17].

Techniques d'échantillonnage. Lorsque vous sélectionnez les participants, utilisez une technique d'échantillonnage appropriée. Assurez-vous que les participants sont à la fois capables et désireux de fournir les informations souhaitées. Vyhmeister décrit les trois principales techniques d'échantillonnage :

- *L'échantillonnage représentatif.* Pour bien représenter une population, l'échantillonnage doit inclure de manière proportionnelle tous les différents types de personnes d'un groupe. Ainsi, un échantillonnage représentatif (souvent appelé échantillonnage en différentes couches sociales) comprendra des hommes et des femmes, des jeunes et des personnes âgées, des riches et des pauvres, des noirs et des blancs, et tout autre type de personnes du groupe.

---

15. Leedy, *Practical Research*, p. 195, traduction libre.
16. *Ibid.*, p. 200.
17. Vyhmeister, *Quality Research Papers*, p. 35, traduction libre.

- *Échantillonnage aléatoire.* L'échantillonnage aléatoire est une technique utilisée pour assurer, autant que possible, une représentation objective d'une population. Ici, le mot « aléatoire » ne signifie pas « par hasard ». Le chercheur conçoit des moyens d'y parvenir. Par exemple, il peut sonder tous les dixièmes noms d'une liste ou interroger chaque quatrième candidat. L'échantillonnage aléatoire peut être appliqué à une population totale. Par exemple, chaque sixième membre de l'église – peu importe l'âge, le sexe ou autres facteurs – reçoit un questionnaire.
- *L'échantillonnage par groupes.* L'échantillonnage par groupes sélectionne des groupes d'échantillonnage. Par exemple, Brian veut étudier les Églises baptistes dans le Cap-Occidental. Il trouve 29 Églises affiliées à l'Union Baptiste de l'Afrique du Sud. Il les sépare ensuite par le nombre de membres, en notant que trois en ont plus de 300, quatorze en ont 100-300 et dix sont composées de moins de 100 membres. Après avoir séparé les Églises en catégories, il peut choisir d'une manière aléatoire une Église dans chaque catégorie[18].

Étape 6 : Décrivez les procédures pour la collecte des données

La collecte des données est une étape passionnante de la recherche. Après tout le travail difficile de préparation, il est agréable d'envoyer et de recevoir les questionnaires. L'idéal serait d'avoir un retour de 100 pour cent, c'est-à-dire, que chaque questionnaire soit rempli et retourné à temps pour être compilé. Mais cela ne se produit que rarement. Souvent, une lettre se perd dans le courrier, ou le répondant omet de retourner le questionnaire, ou un questionnaire n'est pas rempli correctement et les résultats du sondage présentent des informations provenant d'une partie seulement de la population.

Les procédures de collecte des informations nécessaires à la recherche portent sur des questions telles que : Comment les données seront-elles recueillies ? Qui les collectera ? Quelles sont les procédures qui seront utilisées ? Les procédures de collecte des données peuvent être divisées en deux phases : la phase de préparation et la phase de collecte.

Phase de préparation : préparez la lettre explicative. Lors de l'envoi des questionnaires, joignez-y une lettre explicative. Cette lettre doit :

- Expliquer brièvement l'importance de l'étude (veuillez noter que son importance n'est pas liée au fait que vous rédigez une thèse, mais à la valeur de votre recherche pour la communauté ou pour l'Église. Le fait de vous aider à terminer votre thèse ne sera pas nécessairement important pour la plupart des gens).
- Décrire brièvement ce que le répondant doit faire et les raisons.
- S'adresser au répondant potentiel d'une manière personnelle et individuelle.
- Inclure une approbation écrite du superviseur de la recherche pour ajouter de la crédibilité à la lettre.
- Garantir aux répondants un parfait anonymat et une entière confidentialité.

---

18. *Ibid.*, p. 35-36.

- Mentionner une date précise (date limite) de retour pour le questionnaire.
- Contenir une signature personnelle.
- Être accompagnée d'une enveloppe de retour suffisamment affranchie.

Phase de collecte : stratégies pour le suivi. Le pourcentage des questionnaires dûment remplis et retournés aura tendance à être plutôt faible (30-50 pour cent). Pour cette raison, les chercheurs doivent utiliser certaines stratégies de suivi pour augmenter le taux de réponse.

Les stratégies de suivi initiales peuvent augmenter le taux de réponse de 20 pour cent. Nous recommandons deux stratégies de départ. Tout d'abord, envoyez un rappel par SMS, courriel ou carte postale. Un peu plus tard, envoyez un second courrier incluant une lettre explicative, formulée de manière positive, et une enveloppe de retour suffisamment affranchie.

Une *stratégie secondaire de suivi* peut augmenter le taux de réponse jusqu'à 10 pour cent. La technique la plus efficace est simplement de téléphoner aux répondants qui sont lents à répondre et les encourager à retourner le questionnaire dûment complété.

Vous devez inscrire et systématiser les données recueillies dans le sondage. Lorsque vous aurez récupéré suffisamment de questionnaires, inscrivez chacune des données d'une manière organisée[19].

Étape 7 : Analysez et interprétez les données

Les données brutes n'ont pas de signification en elles-mêmes. Vous devez les analyser, les organiser et les interpréter. Vous devez collecter les données puis les traiter avec des techniques d'analyse appropriées. Dans le cas de données quantitatives, ces techniques comprennent des outils d'analyse statistique. Pour les données qualitatives, vous aurez besoin d'un système de codage, d'organisation et d'analyse des données non numériques.

Lors de l'analyse des données numériques (autrement dit, lors des recherches quantitatives), vous pouvez utiliser un ou plusieurs de ces outils d'analyse de données :

- *Analyse des questions discriminantes* : présentez le taux de réponse pour chaque question, l'étendue exacte de l'échantillonnage et le pourcentage global des questionnaires retournés, car les personnes sondées ne répondront pas toutes aux questions (il faut donc créer un profil ou décompte numérique de vos résultats, les pourcentages, et ainsi de suite).
- *Analyse par groupe* : regroupez les questions qui portent sur le même sujet et présentez les résultats totaux d'un groupe de questions afin d'éviter une « surcharge d'information ».
- *Statistiques déductives (analytiques)* : utilisez les statistiques pour tester votre hypothèse.

D'autre part, les données qualitatives en elles-mêmes ne sont pas numériques. Elles incluent des observations, des inscriptions et différentes sortes de documents (par exemple,

---

19. Leedy, *Practical Research*, p. 216 ; Vyhmeister, *Quality Research Papers*, ch. 4.

des archives et des procès-verbaux). Généralement, elles prennent la forme de questions ouvertes dans des sondages ou des entrevues. Pour présenter ces données d'une manière succincte, exacte et honnête, vous devez les coder, les organiser et les analyser.

- *Codage.* Pour protéger l'anonymat de vos répondants, utilisez un système de codage. Par exemple, le code MGBC pourrait dissimuler les informations suivantes : M pour masculin, G pour la province de Gauteng, B pour la confession Baptiste et C pour une classe d'âge située entre 40-49 ans.
- *Organisation.* Pour aider vos lecteurs à suivre votre discussion, vous devez trouver un moyen judicieux d'organiser et de présenter vos données.
- *Analyse.* Enfin, vous devez commenter les tendances que vous observez et les causes probables. Il s'agit de les analyser et de les interpréter.

Il existe plusieurs techniques particulières pour l'analyse des données. Elles se résument toutes à l'identification des similitudes et des différences entre les réponses, puis à la séparation des réponses en groupes ou en catégories, et finalement à l'analyse des tendances et des causes possibles.

Lors de l'analyse des données, vous devez relier vos résultats aux théories existantes et les interpréter à la lumière de celles-ci. Vous devez également vérifier si vos résultats permettent d'élaborer une nouvelle théorie ou de confirmer celles qui existent déjà.

Étape 8 : Tirez des conclusions

Le processus de la recherche doit aboutir à des conclusions. Ces conclusions seront valables dans la mesure où la collecte et l'analyse des données sont bien faites. Le procédé permettant de tirer des conclusions comporte trois étapes principales : (a) énoncer les résultats, (b) vérifier leur crédibilité et (c) examiner leurs implications. Nous allons voir chacune de ces étapes un peu plus en détail.

Énoncer les résultats. Vous devez présenter les résultats de vos recherches avec le plus de clarté et de précision possible, en reliant les résultats au problème de la recherche. Quelles sont les réponses à vos questions ? Vos conclusions vous conduisent-elles à accepter ou à rejeter vos hypothèses ?

Vos conclusions peuvent varier de concluantes à non concluantes. Celles qui se situent entre les deux demeurent provisoires. Vos conclusions sont *concluantes* si vous croyez qu'elles représentent la réponse définitive au problème. Elles sont *non concluantes* lorsque les données entrent en conflit les unes avec les autres et ne peuvent pas proposer de réponses claires. La plupart des conclusions tombent dans la catégorie des conclusions provisoires. Cela se produit lorsque les données suggèrent une solution sans que vous soyez capable d'en faire une réponse définitive au problème. En règle générale, il est préférable de sous-estimer vos conclusions plutôt que de les surestimer.

Si votre étude tourne autour de la vérification d'une hypothèse, les résultats de vos recherches seront acceptables, que vous l'acceptiez ou la rejetiez. Ne croyez pas que vous êtes obligé de « prouver » votre hypothèse. Autrement, vous risquez de fausser l'analyse des données pour y arriver, ce qui compromettra la recherche.

Vérifier leur crédibilité. Vous devez vérifier, revérifier et vérifier à nouveau pour vous assurer que les données soutiennent vraiment les conclusions que vous en tirez. Avez-vous analysé et interprété les données correctement ? Auriez-vous négligé des causes ou des facteurs importants ? Y a-t-il d'autres façons plausibles d'interpréter les données ? Vos conclusions sont-elles fondées sur des faits plutôt que sur des opinions ? Les données sont-elles suffisantes pour justifier vos déclarations ? Voilà le genre de questions que vous devez vous poser afin de vous assurer de la crédibilité de vos résultats.

Examiner leurs implications. La dernière étape consiste à examiner les implications et les applications des résultats. Quelles sont les implications pratiques et ministérielles possibles ? Qui peut en bénéficier ? Quels principes pouvez-vous tirer de l'étude ? Cette dernière question, bien que nécessaire, peut être également hasardeuse. D'une part, votre étude est probablement fondée sur une petite population en particulier, il serait donc hasardeux de penser que ce qui est vrai pour une petite population peut aussi l'être pour toute la population en général. D'autre part, il existe probablement des éléments communs entre votre population et d'autres communautés qui pourraient donc aussi bénéficier de la recherche. Le juste équilibre serait de souligner les applications possibles de vos résultats à d'autres populations, mais de le faire avec sagesse et prudence, en reconnaissant que vos conclusions s'appliquent premièrement et surtout à la population que vous avez étudiée.

Pour la plupart des projets de recherche, l'étude ne constitue pas le dernier mot sur le sujet. Le chercheur doit reconnaître la nécessité de poursuivre la recherche pour clarifier ou corroborer ses découvertes. Il sait que son étude a fait progresser les recherches précédentes, mais il sait également qu'il y a encore beaucoup de progrès à faire. Si cela décrit votre conviction à la fin de votre étude, prenez soin de la terminer avec des recommandations pour des recherches futures.

Étape 9 : Rédigez le rapport

La dernière étape de l'étude est la plus importante : elle consiste à rédiger un rapport clair et détaillé de vos démarches et de vos découvertes, afin que d'autres puissent aussi profiter de ces nouvelles connaissances. Ce rapport comporte généralement cinq sections :

Introduction (étape 1). Comme dans tous les autres travaux de recherche, il doit y avoir une introduction. Elle présente le contexte et la définition du problème, le but, les limites et les délimitations, ainsi que les définitions des termes.

Revue de la littérature (étape 2). Après l'introduction, la recherche descriptive doit comporter ce qu'on appelle une « revue de la littérature ». Cette section porte sur les lectures préparatoires, autant sur le sujet de l'étude que sur la population étudiée (jeunes, diacres, administratrices et ainsi de suite), la méthodologie utilisée (sondage, échelle, rang, et ainsi de suite) et, le cas échéant, le cadre théorique.

Méthode(s) de recherche (étapes 3-6). Cette section traite des méthodes de recherche employées. Vous devez décrire chacune de vos démarches, une à une : l'approche (qualitative ou quantitative), les outils, l'étendue et les techniques de l'échantillonnage, les procédures de collecte des données et toute autre étape ou détail qu'une personne devrait savoir si elle devait refaire votre étude. Cela soulève deux points très importants. Premièrement, vous devez décrire comment vous avez développé, testé et appliqué un questionnaire, ou, dans le cas d'une entrevue, comment vous l'avez préparée et menée. Ensuite, vous devez expliquer les procédures que vous avez suivies pour organiser et analyser les données.

Résultats (étape 7). Quelles sont vos découvertes ? Les sujets doivent être organisés d'une façon logique et décrits un à un. Souvent, les questions d'un sondage sont simplement présentées l'une à la suite de l'autre. Si le questionnaire est long, elles sont regroupées par catégories.

Vous pouvez inclure toutes vos hypothèses, questions, objectifs ou buts, ainsi que les données nécessaires pour répondre à chacun d'eux et les mesures prises pour collecter les données. Enfin, décrivez la méthode que vous utiliserez pour analyser les données.

Les données résultant des observations peuvent être présentées sous forme de tableaux, diagrammes, graphiques, ou par toute autre technique de présentation de résumés et de tendances.

Résumé (étape 8). Enfin, résumez l'ensemble du processus. Sur la base du résumé, tirez des conclusions et formulez des recommandations pour une étude future.

Si vous écrivez une thèse de théologie, l'étude descriptive constituera probablement une section principale de l'étude seulement. Nous vous recommandons de suivre le modèle d'étude descriptive que nous avons présenté dans ce chapitre. Par exemple, une thèse de théologie pratique utilisant le modèle de Cowan pourrait avoir trois parties principales. La partie contenant l'étude descriptive, celle sur la « situation actuelle » pourrait être rédigée sous la forme d'un rapport de recherche descriptive.

En résumé

La recherche descriptive est un outil précieux pour développer le portrait précis d'une réalité actuelle. Elle permet l'établissement d'un fondement pour diagnostiquer des causes et prescrire des solutions. Elle se présente sous deux formes principales, à savoir, la forme quantitative et la forme qualitative. Les études quantitatives utilisent des sondages et des questionnaires pour recueillir des données pouvant être analysées statistiquement, tandis que les approches qualitatives reposent sur des entrevues, des groupes de discussion ou des observations personnelles. Les données ainsi collectées ne se prêtent pas à une analyse statistique.

18

Les autres types de recherches théologiques

Nous voulons clôturer notre présentation de modèles de recherche en examinant certaines méthodes qui n'ont pas besoin d'être traitées dans un chapitre en particulier, mais qui sont quand même des outils précieux pour le ministère et la recherche. Nous présentons tout d'abord le modèle IMRAD pour les rapports de recherche empirique. IMRAD est la méthode standard pour rendre compte de la recherche empirique dans les sciences naturelles et sociales. Ensuite, nous offrons des directives pour faire une critique de livre. Troisièmement, nous discutons de la manière de réaliser une étude de cas. Enfin, nous présentons quelques suggestions pour l'analyse des assemblées.

La recherche empirique (IMRAD)

Dans la plupart des sciences, il existe une structure standard qui est suivie par la grande majorité des thèses. Elle est connue sous le nom d'IMRAD, qui signifie **I**ntroduction, **M**éthodes, **R**ésultats et **D**iscussion. Si une conclusion est ajoutée, elle conduit naturellement à ce schéma d'étude :

1. Introduction.
2. Méthodes (et matériaux).
3. Résultats.
4. Discussion.
5. Conclusion.

La composante empirique d'une étude théologique peut souvent être présentée à l'aide du modèle IMRAD. Dans certains cas, l'ensemble de l'étude empirique peut être présenté dans un seul chapitre, qui couvre toutes les composantes d'IMRAD. Dans le cas d'une étude empirique à grande échelle, une partie entière de la thèse est consacrée à l'étude empirique, avec un chapitre pour chaque phase.

Introduction : quel problème a été étudié ?

« L'introduction doit fournir suffisamment d'informations générales pour permettre au lecteur de comprendre et d'évaluer les résultats [...] sans avoir à se référer à des publications antérieures sur le sujet[1] ». Selon Day et Gastel, l'introduction doit :

1. Présenter de manière claire et concise la nature et la portée du problème de recherche.
2. Passer brièvement en revue la littérature pertinente afin d'orienter le lecteur vers le sujet.
3. Indiquer et justifier brièvement la méthode d'investigation.
4. Résumer les principaux résultats de la recherche.
5. Énoncer les principales conclusions suggérées par les résultats.

Comme vous pouvez le constater, la section « Introduction » présente un résumé de l'ensemble de l'étude : problématique, littérature, méthodes, résultats et conclusions. Vous n'écrivez pas un roman, dans lequel la construction du suspense fait partie d'une stratégie littéraire. Dans les travaux académiques, votre objectif est de communiquer des informations aussi efficacement que possible. La section « Introduction » de votre étude IMRAD doit permettre à vos lecteurs de comprendre l'ensemble de l'étude sans avoir à lire les autres sections. Si les lecteurs veulent comprendre la recherche plus en détail, ils peuvent continuer à lire.

Méthodes : comment le problème a-t-il été étudié ?

La fiabilité des résultats dépend de la validité des méthodes – le choix et la mise en œuvre doivent être judicieux. Dans les sciences exactes, les chercheurs s'efforcent de décrire leurs expériences de manière suffisamment détaillée pour permettre à d'autres chercheurs de reproduire l'expérience, d'évaluer la validité des résultats et de juger dans quelle mesure les conclusions peuvent être généralisées[2]. Dans le domaine des sciences sociales, où se situent la plupart des études empiriques de la recherche théologique, il faudrait tenir compte de préoccupations similaires. Si les lecteurs souhaitent entreprendre une étude similaire dans leur contexte, ils devraient disposer de suffisamment d'informations pour le faire. Vous devez décrire et défendre vos méthodes de recherche de manière à démontrer la validité des résultats.

Le premier choix que vous devez justifier est celui d'entreprendre une étude *quantitative* ou *qualitative*. Assurez-vous d'avoir lu suffisamment de choses sur ces deux approches pour faire un choix judicieux. Nous voyons souvent des étudiants en théologie tenter de décrire

---

1. Robert A. Day et Barbara Gastel, *How to Write and Publish a Scientific Paper*, 6ᵉ éd., Cambridge, Cambridge University Press, 2006, p. 57.
2. *Ibid.*, p. 60.

et de défendre leur choix sans avoir lu suffisamment pour comprendre l'un ou l'autre. Leur ignorance des méthodes transparaît et remet en question la compétence du chercheur à entreprendre la recherche.

Si vous optez pour une étude quantitative, vous devez discuter des méthodes d'échantillonnage, de l'instrument de recherche (le questionnaire) et des méthodes d'analyse des données. Vous justifiez la méthode d'envoi du questionnaire ; si vous optez pour une enquête électronique, tenez compte de l'influence sur votre échantillon. Si vous optez pour une étude qualitative, vous devez choisir une combinaison d'approches qualitatives, telles que les entretiens, les groupes de discussion, les études de cas, l'observation ou l'enquête appréciative.

Résultats : quels sont-ils ?

La section des résultats doit *présenter les données*. Cependant, il est normalement nécessaire de sélectionner les données que vous présentez afin de représenter fidèlement les résultats sans essayer de tout présenter. « Le sot recueille les faits, le sage les sélectionne[3]. »

Si vos données sont quantitatives, c'est-à-dire qu'elles peuvent être représentées numériquement, il est souvent préférable de les présenter sous la forme de graphiques, de diagrammes ou de tableaux, accompagnés d'un texte explicatif qui facilite la compréhension de la représentation graphique. Si vos données sont qualitatives – des mots plutôt que des chiffres – vous devez les présenter sous forme narrative. Dans la plupart des cas, vous pouvez résumer les points d'accord (p. ex. « sept des dix pasteurs interrogés pensent que... »). Vous devez toujours noter les voix dissidentes. Les citations directes doivent être réservées aux commentaires ou aux énoncés si importants qu'il est impératif d'utiliser les mots exacts de la personne interrogée.

Les résultats peuvent souvent être présentés suivant l'ordre des questions d'un questionnaire ou d'un entretien. Vous énoncez la question, présentez les données, puis résumez les tendances observables dans les données. Veillez à présenter les résultats de manière brève et concise, en évitant les mots inutiles, en particulier les répétitions non essentielles (redondance).

Discussion : que signifient les résultats ?

La partie consacrée à la discussion interprète les données, en explorant et en expliquant leur signification et leur importance. Day et Gastel affirment que de nombreux projets de recherche sont solides jusqu'à ce stade, mais qu'ils sont gâchés par des discussions verbeuses qui ne parviennent pas à saisir avec précision la signification des données. Ils recommandent que cette section de l'étude :

1. Présente les principes, les relations et les généralisations implicites dans les données.

---

3. John Wesley Powell, cité dans Day et Gastel, *How to Write and Publish a Scientific Paper*, p. 67.

2. Reconnaisse les exceptions, l'absence de corrélation ou les points incertains.
3. Démontre comment vos résultats se comparent ou contrastent avec des recherches antérieures.
4. Aborde les implications théoriques et les applications pratiques des résultats.
5. Énonce clairement les conclusions, en résumant les éléments de preuve pour chaque conclusion[4].

Les critiques de livre
Les valeurs et les types de critique

Une critique de livre est une sorte de rédaction théologique particulière. Les étudiants peuvent être tenus de rédiger des critiques de livres sur des lectures demandées. Les érudits rédigent des critiques des nouvelles publications selon leur domaine d'expertise. La lecture de ces critiques est un excellent moyen de se tenir informé des nombreux ouvrages publiés. Il y a tellement d'ouvrages publiés chaque année qu'il est impossible de lire tous ceux qui traitent d'un domaine en particulier ; en lisant les bonnes critiques de livre, vous pouvez rester informé des dernières recherches.

Les recensions de livre se répartissent en deux catégories : la critique descriptive et la critique proprement dite. La critique descriptive résume simplement un livre. Notre intérêt réside plutôt dans la critique proprement dite. Elle décrit et évalue les livres. Elle est faite selon les normes établies et soutient son évaluation avec des preuves.

Les éléments d'une critique de livre

La première étape d'une critique de livre est de le lire attentivement en prenant des notes. Vous devriez le lire au moins deux fois, de préférence avec un écart de temps entre les lectures. Lors de votre première lecture, familiarisez-vous avec le livre et formulez vos premières impressions. Lors de la deuxième lecture, revérifiez vos impressions et recueillez des preuves pour appuyer vos conclusions[5].

Il y a plusieurs façons de rédiger une critique de livre. En règle générale, la critique doit avoir une thèse centrale (point principal) et être organisée de façon logique pour soutenir cette thèse[6]. La critique doit être composée de quatre éléments, qui peuvent servir ou non de titres de section : les détails du livre, les informations sur l'auteur, la description du but et l'évaluation du livre.

---

4. Day et Gastel, *How to Write and Publish a Scientific Paper*, p. 70.
5. Grenville Draper, « Writing Book Reviews », 2007, consulté le 8 décembre 2007 sur http://library.uwaterloo.ca.
6. Ian Colford, « How to Write a Book Review », 2000, consulté le 8 décembre 2007 sur www.library.dal.ca.

1. Détails du livre

Présentez une notice bibliographique complète du livre. Incluez le nombre total de pages. Certaines critiques mentionnent aussi le prix et le numéro ISBN.

2. Informations sur l'auteur

Effectuez quelques recherches sur l'auteur : ses compétences, son arrière-plan, son mouvement d'églises, son rôle et ses expériences dans le ministère, ses publications précédentes, et ainsi de suite. Notez *brièvement* tout ce qui pourrait vous éclairer sur le livre[7].

3. Description du but

La description ne doit *pas* être un résumé du livre. Elle doit plutôt présenter le but ou la thèse principale de l'auteur au moyen d'extraits (les auteurs mentionnent généralement leur but dans la préface ou l'introduction). Ensuite, décrivez comment l'auteur s'y prend pour atteindre son but et développer sa thèse. Ceux qui lisent votre description doivent avoir une compréhension claire du but principal du livre et de la façon dont l'auteur s'y est pris pour l'atteindre.

4. Évaluation du livre

La partie la plus longue et la plus importante d'une critique est l'évaluation du livre : (a) Dans quelle mesure l'auteur a-t-il développé efficacement sa thèse ? (b) Dans quelle mesure a-t-il atteint son but ? Il est essentiel d'évaluer le livre en tenant compte du but mentionné par l'auteur. Si un auteur a entrepris d'écrire un commentaire d'édification pour adolescents, il serait injuste de le critiquer pour avoir omis d'évaluer des variantes textuelles. De même, vous ne pouvez pas blâmer quelqu'un qui a écrit un « guide de doctrines bibliques pour laïcs » d'avoir laissé de côté certaines informations techniques. Par contre, un commentaire critique qui néglige des variantes importantes ou une monographie académique qui ne cite pas de sources essentielles doivent être critiqués.

Indiquez dans quelle mesure vous pensez que l'auteur a atteint son but, puis confirmez votre conclusion avec des éléments de preuve tirés du livre. Voici quelques critères que vous pourriez utiliser pour évaluer un livre de théologie :

- *Bible.* L'auteur cite-t-il l'Écriture correctement ? Son exégèse est-elle cohérente et fidèle ?
- *Érudition.* L'auteur démontre-t-il une certaine connaissance des études pertinentes récentes ? Les traite-t-il d'une manière appropriée et suffisante ?
- *Présupposés.* L'auteur énonce-t-il ses hypothèses avec honnêteté ? Sont-elles appropriées ? Ses préjugés portent-ils atteinte à son objectivité ou à son jugement ?

---

7. Los Angeles Valley College, « How to Write a Book Review », 2005, consulté le 8 décembre 2007 sur www.lavc.edu.

- *Organisation.* La structure du livre est-elle claire et logique ? Contient-il suffisamment d'outils appropriés pour soutenir son but (p. ex. des tableaux, des index, des transitions et des titres) ?
- *Méthodologie.* Si c'est un travail de recherche, la méthodologie de l'auteur est-elle correcte et appropriée ? Est-elle décrite avec clarté ?
- *Exactitude.* L'auteur a-t-il fait une recherche complète ? Avez-vous remarqué une erreur quelconque ? Présente-t-il les points de vue des autres d'une manière équitable ?
- *Pertinence.* Le livre est-il réellement pertinent pour son public cible ? Est-il compréhensible ? Est-il intéressant ? Est-il utile ?
- *Comparaisons.* Comment le livre se compare-t-il aux autres ouvrages dans le même domaine ? Quel est son apport ? Est-il conforme aux normes établies ?
- *Impact.* Quelle influence le livre peut-il avoir ? Comment avez-vous réagi personnellement ?

Le langage et la structure d'une critique

Le ton de votre critique doit refléter une attitude courtoise et aimable. Même si vous êtes en désaccord avec l'auteur, écrivez de manière respectueuse. De nombreux débats universitaires se déroulent d'une manière indigne de l'Évangile de Jésus-Christ. Certains érudits utilisent un langage agressif pour humilier ceux qui ont des opinions opposées. Nous vous invitons, dans tous vos écrits, à traiter les autres comme des frères et sœurs en Christ.

Vous pouvez structurer votre critique en utilisant les quatre éléments précédents (voir plus haut) comme des titres, mais vous n'aurez peut-être pas besoin de le faire. Beaucoup préfèrent regrouper les éléments 2 à 4 dans un texte fluide. Donc, si vous écrivez votre critique dans cette forme-ci, organisez-la autour de la thèse centrale de votre évaluation et utilisez une structure de base en trois parties : introduction, développement et conclusion.

- *Introduction.* La formule d'introduction doit donner le ton à la critique. Colford suggère que ce soit une déclaration au sujet (a) de la thèse de la critique, (b) du but de l'auteur ou (c) de l'importance du livre[8].
- *Développement.* Le développement doit présenter votre critique d'une manière claire et organisée. Il doit incorporer la description et l'évaluation du livre, et appuyer les critiques sur des preuves.
- *Conclusion.* « Le paragraphe de conclusion peut résumer ou reformuler votre thèse, ou rendre un jugement final sur le livre. Il ne faut pas introduire de nouvelles informations ou idées dans la conclusion[9] ».

---

8. Colford, « How to Write a Book Review », en ligne.
9. *Ibid.*

Même si vous utilisez les quatre éléments comme titres, vous pouvez quand même appliquer cette structure en trois parties sous les deux principaux titres, à savoir, la description et l'évaluation.

En résumé

Les critiques de livre font partie des écrits théologiques les plus importants. Ils permettent aux lecteurs de se tenir au courant des tendances récentes sans avoir à lire tous les nouveaux ouvrages dans un domaine particulier. Bien que les critiques descriptives aient une certaine valeur, les critiques de livre sont beaucoup plus précieuses.

L'objectif de la critique de livre est d'évaluer le but d'un auteur et la façon dont celui-ci a cherché à atteindre ce but. Elle doit indiquer si l'auteur a atteint son but ou non, en soutenant ses conclusions avec des preuves tirées de l'ouvrage.

Les études de cas

Vyhmeister décrit une étude de cas dans la recherche pastorale comme suit :

> Elle considère une situation, les activités d'un groupe, ou un incident. Naturellement, l'étude de cas d'un pasteur porte sur un événement, une personne ou une situation en rapport avec le ministère. Elle doit analyser le contexte de l'incident, tous les facteurs qui contribuent à une interaction, et ce qui se passe réellement[10].

Une étude de cas dans un ministère pastoral comprend les quatre étapes suivantes[11] :

1. *Observation.* Le cas lui-même est décrit sur la base d'une observation minutieuse. Vous pouvez utiliser n'importe quel outil de la recherche descriptive (y compris les observations personnelles) pour décrire le cas. Tous les détails essentiels doivent être inclus dans la description du cas.

2. *Analyse.* « Après la description du cas, l'étape suivante consiste à analyser soigneusement les événements, interactions et réactions des individus concernés. […] La tâche de l'analyse est de comprendre et non de juger en bien ou en mal les actions de la personne. »

3. *Interprétation.* Il faut maintenant examiner le cas d'un point de vue théologique. « La question clé est : que disent la Bible, la théologie et les traditions et doctrines de l'Église au sujet de ce cas ? »

---

10. Vyhmeister, *Quality Research Papers*, p. 54.
11. *Ibid.*, p. 55-59 et *passim*.

4. *Action.* L'étude se termine par l'élaboration d'un plan d'action dans lequel « il faut évaluer toute action déjà entreprise et planifier les grandes lignes des prochaines démarches pastorales appropriées envers ce cas ».

La longueur d'une étude de cas peut varier d'un court article à une thèse de doctorat. C'est essentiellement une forme particulière de recherche dans la théologie pratique, liée de près au modèle de Cowan. L'analyse de la congrégation est un exemple d'étude de cas qui peut avoir une grande valeur dans le ministère.

Analyse des assemblées locales

Hendriks a élaboré un excellent modèle de recherche pour l'étude des Églises locales, *Studying Congregations in Africa*[12]. Nous recommandons vivement son livre, à la fois comme une précieuse introduction à la théologie pratique et, surtout, comme un plan détaillé pour l'étude d'une église. La pensée de Hendriks est trop détaillée pour être résumée brièvement ici. Ce que nous pouvons offrir, c'est un guide très simplifié pour l'analyse des assemblées locales, qui pourrait aider les responsables à prendre des décisions éclairées.

La méthode simplifiée comprend quatre étapes. Elle exige une étude détaillée de l'histoire de la congrégation, de sa culture, sa théologie et ses expériences. Voici neuf questions auxquelles vous devez essayer de répondre :

- Quelle est l'histoire de votre église locale ?
- Quelle est la culture du milieu dans lequel vous vivez ?
- Quelles sont les cultures représentées dans votre église locale et comment la culture de votre milieu y est-elle présente ?
- Quel est le message, ou la théologie fondamentale enseignée dans votre église locale ?
- Quelles sont les principales expériences vécues par votre église locale ?
- Quelle a été votre expérience lorsque vous êtes entrés pour la première fois dans votre église locale ?
- Qu'est-ce qui fait que vous continuiez à y aller ?
- Qu'avez-vous appris de nouveau au cours de cette étude sur votre église locale ?
- Comment une analyse contextuelle pourrait-elle aider votre église locale à prendre des décisions très importantes[13] ?

---

12. H. Jurgens Hendriks, *Studying Congregations in Africa*, Wellington, Afrique du Sud, Lux Verbi, 2004.
13. « Contextual Analysis of a Congregation », consulté le 3 juin 2008 sur www.mccchurch.org/resources/smallgroup/contextualanalysis.htm.

Tom Steffen suggère que la *recherche narrative* offre une autre façon d'étudier une congrégation[14]. L'objectif est de raconter *l'histoire de l'église*. Il propose cinq étapes dans le processus :

1. Réaliser une « chronologie de l'histoire de l'église ».
2. Mener une recherche ethnographique.
3. Organiser des groupes de discussion.
4. Faire l'exégèse des récits.
5. Annoncer les résultats et discuter des chapitres[15].

Il convient également de mentionner la méthode qualitative de mesure de la santé des assemblées développée par Christian Schwarz[16].

---

14. Tom A. Steffen, *Reconnecting God's Story to Ministry*, Waynesboro, GA, Authentic Media, 2005, ch. 8.
15. Par chapitres, Steffen entend les chapitres de l'histoire de l'Église, et non les chapitres d'un rapport de recherche.
16. Christian Schwarz, *Natural Church Development. A Guide to Eight Essential Qualities of Healthy Churches*, Carol Stream, Illinois, Churchsmart Resources, 1996.

Annexe A

Abréviations courantes

Livres de la Bible

Les abréviations des livres de la Bible peuvent varier selon les versions. L'important est de rester cohérent. Nous présentons ci-dessous les abréviations des livres de la Bible de Jérusalem, la Nouvelle Bible Segond et la Traduction Œcuménique de la Bible.

Livres de l'Ancien Testament

Gn	Genèse	Ec	Ecclésiaste
Ex	Exode	Ct	Cantique des Cantiques
Lv	Lévitique	Es	Ésaïe
Nb	Nombres	Jr	Jérémie
Dt	Deutéronome	Lm	Lamentations
Jos	Josué	Ez	Ezéchiel
Jg	Juges	Dn	Danicl
Rt	Ruth	Os	Osée
1 S	1 Samuel	Jl	Joël
2 S	2 Samuel	Am	Amos
1 R	1 Rois	Ab	Abdias
2 R	2 Rois	Jon	Jonas
1 Ch	1 Chroniques	Mi	Michée
2 Ch	2 Chroniques	Na	Nahoum
Esd	Esdras	Ha	Habaquq
Né	Néhémie	So	Sophonie
Est	Esther	Ag	Aggée
Jb	Job	Za	Zacharie
Ps	Psaumes	Ml	Malachie
Pr	Proverbes		

Livres du Nouveau Testament

Mt	Matthieu	1 Tm	1 Timothée
Mc	Marc	2 Tm	2 Timothée
Lc	Luc	Tt	Tite
Jn	Jean	Phm	Philémon
Ac	Actes des Apôtres	Hé	Hébreux
Rm	Romains	Jc	Jacques
1 Co	1 Corinthiens	1 P	1 Pierre
2 Co	2 Corinthiens	2 P	2 Pierre
Ga	Galates	1 Jn	1 Jean
Ep	Éphésiens	2 Jn	2 Jean
Ph	Philippiens	3 Jn	3 Jean
Col	Colossiens	Jd	Jude
1 Th	1 Thessaloniciens	Ap	Apocalypse
2 Th	2 Thessaloniciens		

Livres apocryphes et Septante

Estgrec	Esther Grec
Jdt	Judith
Tb	Tobie (Tobit)
1 M	1 Maccabées
2 M	2 Maccabées
Sg	Sagesse
Si	Siracide
Ba	Baruch
Dngrec	Daniel Grec

Versions de la Bible

BFC	Bible en Français Courant
BJ	Bible de Jérusalem
LSG	Louis Segond
NBS	Nouvelle Bible Segond
NFC	Nouvelle Bible en Français Courant
PDV	Parole de Vie

S21	Segond 21
BDS	La Bible du Semeur
TOB	Traduction Œcuménique de la Bible
LXX	La Septante

Autres versions de la Bible

ASV	American Standard Version
BHQ	*Biblia Hebraica Quinta*
BHS	*Biblia Hebraica Stuttgartensia*
CEV	Contemporary English Version
ESV	English Standard Version
GNB	Good News Bible (a.k.a. TEV)
GW	God's Word
HCSB	Holman Christian Standard Bible
KJV	King James Version
LEB	Lexham English Bible
LHB	Lexham Hebrew Bible
MKJV	Modern King James Version
MT	Masoretic Text
NA28	*Greek New Testament: Nestle-Aland, 28th Edition*
NASB	New American Standard Bible
NET	New English Translation (NET Bible)
NIRV	New International Reader's Version
NIV	New International Version
NKJV	New King James Version
NRSV	New Revised Standard Version
RP	*Greek New Testament: Majority Text* (Robinson and Pierpont)
RSV	Revised Standard Version
SBLGNT	*Greek New Testament: SBL Edition*
TEV	Today's English Version (a.k.a. GNB)
UBS5	*Greek New Testament: United Bible Societies, 5th Edition*

Annexe B

Abréviations pour les revues, périodiques, principaux ouvrages de référence et collections

Vous trouverez ci-dessous une liste sélective de revues, d'ouvrages et de collections, avec les abréviations acceptées pour ceux-ci.

ANTC	Abingdon New Testament Commentaries
AcOr	*Acta Orientalia*
AJBS	*African Journal of Biblical Studies*
AARDS	American Academy of Religion Dissertation Series
ABQ	*American Baptist Quarterly*
ATLA	American Theological Library Association
AB	Anchor Bible
ABD	Anchor Bible Dictionary
ABRL	Anchor Bible Reference Library
ACCS	Ancient Christian Commentary on Scripture
ACW	Ancient Christian Writers
ANQ	*Andover Newton Quarterly*
AUSS	*Andrews University Seminary Studies*
AThR	*Anglican Theological Review*
AASOR	Annual of the American Schools of Oriental Research
ANF	*Ante-Nicene Fathers*
ArBib	Aramaic Bible
Arch	*Archaeology*
AsTJ	*Asbury Theological Journal*
ATJ	*Ashland Theological Journal*
AJT	*Asia Journal of Theology*
AJSR	*Association for Jewish Studies Review*
AugStud	*Augustinian Studies*

Aug	*Augustinianum*
ATR	*Australasian Theological Review*
ABR	*Australian Biblical Review*
BBMS	Baker Biblical Monograph Series
BEB	*Baker Encyclopedia of the Bible*
BAG	Bauer W., Arndt W. F., Gingrich F. W., *Greek-English Lexicon of the New Testament and Other Early Christian Literature*, Chicago, 1957.
BAGD	Bauer W., Arndt W. F., Gingrich F. W., Danker F. W., *Greek-English Lexicon of the New Testament and Other Early Christian Literature*, 2ᵉ éd., Chicago, 1979.
BDAG	Bauer W., Danker F. W., Arndt W. F., Gingrich F. W., *Greek-English Lexicon of the New Testament and Other Early Christian Literature*, 3ᵉ éd., Chicago, 1999.
BK	*Bibel und Kirche*
BiBh	*Bible Bhashyam*
BRev	*Bible Review*
TBT	*The Bible Today*
BT	*The Bible Translator*
BHK	*Biblia Hebraica*, sous dir. R. Kittel, Stuttgart, 1905-1906, 1925², 1937³, 1951⁴, 1973¹⁶.
BHQ	Biblia Hebraica Quinta
BHS	*Biblia Hebraica Stuttgartensia*, sous dir. K. Elliger et W. Rudolph, Stuttgart, 1983.
Bib	*Biblica*
BA	*Biblical Archaeologist*
BARead	*Biblical Archaeologist Reader*
BAR	*Biblical Archaeology Review*
BI	*Biblical Illustrator*
BibInt	*Biblical Interpretation*
BR	*Biblical Research*
BTB	*Biblical Theology Bulletin*
BSac	*Bibliotheca sacra*
BJS	Brown Judaic Studies
BDB	Brown, F., S. R. Driver et C. A. Briggs, *A Hebrew and English Lexicon of the Old Testament*, Oxford, 1907.
BBR	*Bulletin for Biblical Research*
BBS	*Bulletin of Biblical Studies*

BASOR	*Bulletin of the American Schools of Oriental Research*
BASORSup	Bulletin of the American Schools of Oriental Research: Supplement Series
CTJ	*Calvin Theological Journal*
CBC	Cambridge Bible Commentary
CGTC	Cambridge Greek Testament Commentary
CML	*Canaanite Myths and Legends,* sous dir. G. R. Driver.
CJT	*Canadian Journal of Theology*
CBQMS	Catholic Biblical Quarterly Monograph Series
CBQ	*Catholic Biblical Quarterly*
CHR	*Catholic Historical Review*
ChrCent	*Christian Century*
ChrLit	*Christianity and Literature*
CH	*Church History*
CQ	*Church Quarterly*
CQR	*Church Quarterly Review*
Chm	*Churchman*
CW	*Classical World*
Colloq	*Colloquium*
CUL	*A Concordance of the Ugaritic Literature,* sous dir. R. E. Whitaker, Cambridge, Mass., 1972.
CTM	*Concordia Theological Monthly*
CTQ	*Concordia Theological Quarterly*
Cont	*Continuum*
CTR	*Criswell Theological Review*
CRBR	*Critical Review of Books in Religion*
Crux	*Crux*
CurBS	*Currents in Research: Biblical Studies*
CurTM	*Currents in Theology and Mission*
DSD	*Dead Sea Discoveries*
Di	*Dialog*
DCH	*Dictionary of Classical Hebrew,* sous dir. D. J. A. Clines, Sheffield, 1993-2015.
DissAb	Dissertation Abstracts
DRev	*Downside Review*
DOP	*Dumbarton Oaks Papers*
EncJud	*Encyclopaedia Judaica,* 16 vols, Jerusalem, 1972.

ER	*The Encyclopedia of Religion*, sous dir. M. Eliade, 16 vols, New York, 1987.
ERE	*Encyclopedia of Religion and Ethics*, sous dir. J. Hastings, 13 vols, New York, 1908-1927, réimpression, 7 vols., 1951.
EECH	*Encyclopedia of the Early Church*, sous dir. A. di Berardino, trad. A. Walford, New York, 1992.
ETR	*Études théologiques et religieuses*
EuroJTh	*European Journal of Theology*
EvJ	*Evangelical Journal*
EvQ	*Evangelical Quarterly*
EvT	*Evangelische Theologie*
EDNT	*Exegetical Dictionary of the New Testament*
ExpTim	*Expository Times*
FCB	*Feminist Companion to the Bible*
FoiVie	*Foi et vie*
GOTR	*Greek Orthodox Theological Review*
GRBS	*Greek, Roman, and Byzantine Studies*
L&N	*Greek-English Lexicon of the New Testament: Based on Semantic Domains* (Louw et Nida)
Greg	*Gregorianum*
HBD	*HarperCollins Bible Dictionary*
HTR	*Harvard Theological Review*
HTS	*Harvard Theological Studies*
HAR	*Hebrew Annual Review*
HS	*Hebrew Studies*
HUCA	*Hebrew Union College Annual*
HvTSt	*Hervormde teologiese studies*
HeyJ	*Heythrop Journal*
HR	*History of Religions*
HolBD	*Holman Bible Dictionary*
HBT	*Horizons in Biblical Theology*
IJT	*Indian Journal of Theology*
ICC	*International Critical Commentary*
ITC	*International Theological Commentary*
Int	*Interpretation*
IBC	*Interpretation: A Bible Commentary for Teaching and Preaching*
IB	*Interpreter's Bible* (sous dir. G. A. Buttrick, 12 vols.)
IDB	*The Interpreter's Dictionary of the Bible*

IBS	*Irish Biblical Studies*
ITQ	*Irish Theological Quarterly*
IEJ	*Israel Exploration Journal*
IOS	*Israel Oriental Society*
JB	Jerusalem Bible
JBQ	*Jewish Bible Quarterly*
JE	*The Jewish Encyclopedia*
JQR	*Jewish Quarterly Review*
JSQ	*Jewish Studies Quarterly*
JSSR	*Journal for the Scientific Study of Religion*
JSNT	*Journal for the Study of the New Testament*
JSNTSup	Journal for the Study of the New Testament: Supplement Series
JTC	*Journal for Theology and the Church*
JBR	*Journal of Bible and Religion*
JBL	*Journal of Biblical Literature*
JCS	*Journal of Cuneiform Studies*
JECS	*Journal of Early Christian Studies*
JEH	*Journal of Ecclesiastical History*
JFSR	*Journal of Feminist Studies in Religion*
JJS	*Journal of Jewish Studies*
JNES	*Journal of Near Eastern Studies*
JNSL	*Journal of Northwest Semitic Languages*
JR	*Journal of Religion*
JRE	*Journal of Religious Ethics*
JRelS	*Journal of Religious Studies*
JSS	*Journal of Semitic Studies*
JSem	*Journal of Semitics*
JAAR	*Journal of the American Academy of Religion*
JAOS	*Journal of the American Oriental Society*
JETS	*Journal of the Evangelical Theological Society*
JTS	*Journal of Theological Studies*
JTSA	*Journal of Theology for Southern Africa*
Jud	*Judaica*
KD	*Kerygma und Dogma*
KBL	*Lexicon in Veteris Testamenti Libros* (Koehler et Baumgartner)

HALOT	*The Hebrew and Aramaic Lexicon of the Old Testament* (Koehler, Baumgartner et Stamm)
LD	Lectio divina
LTQ	*Lexington Theological Quarterly*
LCC	Library of Christian Classics
LSJ	*A Greek-English Lexicon* (Liddell, Scott et Jones)
LB	*Linguista Biblica*
LCL	Loeb Classical Library
LQ	*Lutheran Quarterly*
MSJ	*The Master's Seminary Journal*
MDB	*Mercer Dictionary of the Bible*
Mid-Stream	*Mid-Stream*
MM	*The Vocabulary of the Greek Testament* (Moulton et Millligan)
Neot	*Neotestamentica*
NAC	New American Commentary
NCE	*New Catholic Encyclopedia*
NCB	New Century Bible
NIBCNT	New International Biblical Commentary on the New Testament
NIBCOT	New International Biblical Commentary on the Old Testament
NICNT	New International Commentary on the New Testament
NICOT	New International Commentary on the Old Testament
NIB	*The New Interpreter's Bible*
NPNF[1]	*Nicene and Post-Nicene Fathers,* Series 1
NPNF[2]	*Nicene and Post-Nicene Fathers,* Series 2
NovT	*Novum Testamentum*
Numen	*Numen: International Review for the History of Religion*
OTE	*Old Testament Essays*
OTL	Old Testament Library
OTS	Old Testament Studies
Or	*Orientalia* (NS)
ODCC	*The Oxford Dictionary of the Christian Church*
PEQ	*Palestinian Exploration Quarterly*
PSTJ	*Perkins (School of Theology) Journal*
PRSt	*Perspectives in Religious Studies*
Per	*Perspectives*
Pneuma	*Pneuma: Journal for the Society of Pentecostal Studies*

Presb	*Presbyterion*
PSB	*Princeton Seminary Bulletin*
PIBA	Proceedings of the Irish Biblical Association
QR	*Quarterly Review*
QC	*Qumran Chronicle*
RechBib	Recherches bibliques
RTR	*Reformed Theological Review*
RelSoc	*Religion and Society*
RelEd	*Religious Education*
RelS	*Religious Studies*
RelSRev	*Religious Studies Review*
ResQ	*Restoration Quarterly*
RevExp	*Review and Expositor*
RevistB	*Revista biblica*
RB	*Revue biblique*
SP	Sacra pagina
SJOT	*Scandinavian Journal of the Old Testament*
SJT	*Scottish Journal of Theology*
ScrB	*Scripture Bulletin*
SecCent	*Second Century*
Semeia	*Semeia*
SemeiaSt	Semeia Studies
STRev	*Sewanne Theological Review*
SOTSMS	Society for Old Testament Monograph Series
SNTSMS	Society for New Testament Monograph Series
SBL	Society of Biblical Literature
SwJT	*Southwestern Journal of Theology*
SLJT	*St. Luke's Journal of Theology*
SBTQ	*St. Vladimir's Theological Quarterly*
StudBib	Studia Biblica
SJ	Studia Judaica
NovTSup	Supplements to Novum Testamentum
VTSup	Supplements to Vetus Testamentum
Tarbiz	*Tarbiz*
Text	*Textus*
Them	*Themelios*

Theol	*Theologica*
TDNT	*Theological Dictionary of the New Testament* (Kittel, Friedrich et Bromiley)
TDOT	*Theological Dictionary of the Old Testament*
TTE	*The Theological Educator*
TNLT	*Theological Lexicon of the New Testament*
TLOT	*Theological Lexicon of the Old Testament*
TS	*Theological Studies*
TWOT	*Theological Wordbook of the Old Testament*
TD	*Theology Digest*
ThTo	*Theology Today*
TimesLitSupp	*Times Literary Supplement*
TJT	*Toronto Journal of Theology*
TJ	*Trinity Journal*
TTJ	*Trinity Theological Journal*
TynBul	*Tyndale Bulletin*
TNTC	Tyndale New Testament Commentary
TOTC	Tyndale Old Testament Commentary
USQR	*Union Seminary Quarterly Review*
VT	*Vetus Testamentum*
VTSup	*Vetus Testamentum Supplements*
VC	*Vigiliae christianae*
WDB	*Westminster Dictionary of the Bible*
WTJ	*Westminster Theological Journal*
WW	*Word and World*
WBC	Word Biblical Commentary
ZAW	*Zeitschrift für die alttestamentliche Wissenschaft*
ZNW	*Zeitschrift für die neutestamentliche Wissenschaft und die Kunde der älteren Kirche*

Bibliographie sélective

Ouvrages et articles en français

Beaud Michel, *L'art de la thèse. Comment préparer et rédiger un mémoire de master, une thèse de doctorat ou tout autre travail universitaire à l'ère du Net*, Paris, La Découverte, 2006.

Grudem Wayne, *Théologie systématique*, deuxième édition révisée et augmentée, coll. Ouvrages de référence, Charols, Excelsis, 2023.

Ministère de l'Éducation nationale, de l'enseignement supérieur et de la recherche, « Guide pour la rédaction et la présentation des thèses à l'usage des doctorants », 2005, disponible sur : http://www.afsp.msh-paris.fr/observatoire/dossiers/doctorat/guidoctministere2005.pdf.

Richelle Matthieu, *Guide pour l'exégèse de l'Ancien Testament. Méthodes, exemples et instruments de travail*, coll. Interprétation, Charols, Excelsis, 2012.

Shaw Ian, *L'encadrement des doctorants dans les institutions théologiques évangéliques. Guide pratique pour les directeurs de thèse*, coll. ICETE, traduit de l'anglais par Joëlle Giappesi, Carlisle, Langham Global Library, 2019.

Shaw Ian, Cunningham Scott, Ott Bernhard, *Bonnes pratiques pour la formation doctorale en théologie*, coll. ICETE, traduit de l'anglais par Joëlle Giappesi, Carlisle, Langham Global Library, 2018.

Ouvrages et articles en anglais

Alexander Patrick H., Kutsko John F., Ernest James D., Decker-Lucke Shirley, Petersen David L., sous dir., *The SBL Handbook of Style. For Ancient Near Eastern, Biblical, and Early Christian Studies*, Peabody, Hendrickson, 1999.

American Psychological Association, *Publication Manual of the American Psychological Association*, 6e éd., Washington, American Psychological Association, 2001.

Banz C., *Research Methods*, Landsdale, Calvary Baptist Theological Seminary, 2003.

Barber Cyril J., Krauss Robert M., *An Introduction to Theological Research. A Guide for College and Seminary Students*, 2e éd., revue et augmentée, Lanham, University of America Press, 2000.

Browning Don. S., *A Fundamental Practical Theology. Descriptive and Strategic Proposals*, Minneapolis, Fortress, 1991.

Cowan Michael A., « Introduction to Practical Theology », dans *Loyola Institute for Ministry*, 2000, consulté le 2 juin 2006 sur http://loyno.edu.

Danker Frederick W., « Multipurpose Tools for Bible Study », Minneapolis, Augsburg Fortress, 2003.

DAY Robert A., GASTEL Barbara, *How to Write and Publish a Scientific Paper*, 6ᵉ éd., Cambridge, Cambridge University Press, 2006.

HENDRIKS H. Jurgens, *Studying Congregations in Africa*, Wellington, Afrique du Sud, Lux Verbi, 2004.

ISAAC Stephen, MICHAEL William B., *Handbook in Research Evaluation*, San Diego, EDITS, 1971.

LATEGAN Laetus O. K., sous dir., *An Introduction to Postgraduate Supervision*, Stellenbosch, Afrique du Sud, Stellenbosch University Press, 2008.

LEEDY Paul D., *Practical Research. Planning and Design*, New York, MacMillan, 1993.

LESTER James D., *Writing Research Papers. A Complete Guide*, 4ᵉ éd., Glenview, Illinois, Scott and Foresman, 1984.

MOUTON Johan, *How to Succeed in your Master's and Doctoral Studies*, Pretoria, VanSchuik, 2001.

MYERS William R., *Research in Ministry. A Primer for the Doctor of Ministry Program*, Chicago, Chicago Theological Seminary, 2000.

OSMER Richard R., *Practical Theology. An Introduction*, Grand Rapids, Mich., Eerdmans, 2008.

PATTON Michael Q., *Qualitative Research and Evaluation Methods*, Londres, Sage Publications, 2002.

RITTER Robert M., *The Oxford Guide to Style*, Oxford, Oxford University Press, 2002.

SILVA Paul J., *How to Write a Lot. A Practical Guide to Productive Academic Writing*, Washington, American Psychological Association, 2007.

SWALES J. M., FEAK C. A. B., *Commentary for Academic Writing for Graduate Students. A Course for Nonnative Speakers of English*, 2ᵉ éd., Mich., University of Michigan Press, 2004.

TAYLOR Stan, BEASLEY Nigel, *A Handbook for Doctoral Supervisors*, Londres, Routledge, 2005.

TURABIAN Kate L., *A Manual for Writers of Research Papers, Theses and Dissertations*, 7ᵉ éd., sous dir. W. C. Booth, G. G. Colomb et J. M. Williams, Chicago, Chicago University Press, 2007.

VYHMEISTER Nancy Jean, *Your Indispensable Guide to Writing Quality Research Papers. For Students of Religion and Theology*, Grand Rapids, Mich., Zondervan, 2001.

VYHMEISTER Nancy Jean, *Quality Research Papers. For Students of Religion and Theology*, 3ᵉ éd., Grand Rapids, Mich., Zondervan, 2014.

Table des matières

Préface v

Avant-propos vii

Partie A : La rédaction d'un travail académique

1 La rédaction de travaux universitaires..3

2 Les travaux d'érudition..11

3 Les références placées directement dans le texte...............................21

4 Les références dans les notes de bas de page..................................33

5 La bibliographie 43

6 Le plagiat 59

7 La mise en forme d'un travail académique 65

8 Les logiciels bibliques..81

Partie B : La recherche théologique

9 Conditions et prérequis pour les mémoires et les thèses 97

10 Le projet de recherche 101

11 La problématique de recherche..109

12 Le plan de la recherche..125

13 L'exégèse biblique...135

14 La théologie systématique..143

15 La théologie pratique 155

16 La revue de littérature 165

17 La recherche descriptive 173

18 Les autres types de recherches théologiques..................................187

Annexe A : Abréviations courantes...197

Annexe B : Abréviations pour les revues, périodiques, principaux ouvrages de référence et collections...201

Bibliographie sélective 209

Langham Literature, et sa branche éditoriale, est un ministère de Langham Partnership.

Langham Partnership est un organisme chrétien international et interdénominationnel qui poursuit la vision reçue de Dieu par son fondateur, John Stott :

> *promouvoir la croissance de l'Église vers la maturité en Christ en relevant la qualité de la prédication et de l'enseignement de la Parole de Dieu.*

Notre vision est de voir des églises équipées pour la mission, croissant en maturité en Christ, par le ministère de pasteurs et de responsables qui croient, qui enseignent et qui vivent la Parole de Dieu.

Notre mission est de renforcer le ministère de la Parole de Dieu de trois manières :

- par la mise en place de mouvements nationaux de formation à la prédication biblique ;
- par la rédaction et la distribution de livres évangéliques ;
- par la formation d'enseignants théologiques évangéliques qualifiés qui formeront ensuite des pasteurs et responsables d'églises dans leurs pays respectifs.

Notre ministère

Langham Preaching collabore avec des responsables nationaux en vue de la création de mouvements de prédication biblique dirigés par les nationaux eux-mêmes. Ces mouvements, qui naissent progressivement un peu partout dans le monde, rassemblent non seulement des pasteurs, mais aussi des laïcs. Nos équipes de formateurs venus de beaucoup de pays différents proposent une formation pratique qui comporte plusieurs niveaux, suivie d'une formation de facilitateurs locaux. La continuité est assurée par des groupes de prédicateurs locaux et par des réseaux régionaux et nationaux. Ainsi nous espérons bâtir des mouvements solides et dynamiques, constitués de prédicateurs entièrement consacrés à la prédication biblique.

Langham Literature fournit des livres évangéliques et des ressources électroniques par la publication et la distribution, par des subventions et des réductions à des leaders et futurs leaders, à des étudiants et bibliothèques de séminaires dans le monde majoritaire. Nous encourageons aussi la rédaction de livres évangéliques originaux dans de nombreuses langues nationales par le biais de bourses pour des écrivains, en soutenant des maisons d'édition évangéliques locales, et en investissant dans quelques projets majeurs comme *le Commentaire Biblique Contemporain*, qui est un commentaire de la Bible en un seul volume rédigé par des auteurs africains pour l'Afrique.

Langham Scholars soutient financièrement des doctorants évangéliques du monde majoritaire dans le but de les voir retourner dans leurs pays d'origine pour former des pasteurs et d'autres chrétiens nationaux en leur proposant un enseignement biblique et théologique solide. Cette branche de Langham cherche donc à équiper ceux qui en équiperont d'autres. Langham Scholars travaille aussi en partenariat avec des séminaires dans le monde majoritaire, afin de renforcer l'éducation théologique évangélique sur place. De ce fait, un nombre croissant de « Langham Scholars » (le nom « Scholars » signifie « boursiers ») peut aujourd'hui suivre des programmes doctoraux de haut niveau au cœur même du monde majoritaire. Une fois leurs études terminées, ces « Langham Scholars » vont non seulement former à leur tour une nouvelle génération de pasteurs, mais exercer une grande influence par leurs écrits et par leur leadership.

Pour plus d'informations, consultez notre site : langham.org.

www.ingramcontent.com/pod-product-compliance
Lightning Source LLC
Chambersburg PA
CBHW060313240426
43661CB00059B/2746